高校大学生管理模式与创新研究

黄梨锦　韦家旭　庞汉彬◎著

中国纺织出版社有限公司

内容提要

本书以"高校大学生管理模式与创新研究"为主题，探讨高校大学生管理工作的创新，梳理和总结了高校学生管理的模式和实践创新。内容包括高校大学生管理概述、高校大学生管理的既有模式分析、高校大学生管理模式的多元发展、高校大学生管理的法治化建设、高校大学生管理的信息化创新、高校大学生管理队伍的建设等，紧紧围绕新时代对高校学生管理工作者的新要求，基于工作实践从多个具体的层面探讨了地方高校学生管理的具体路径，对从事学生管理的工作者颇具启示和指导。

图书在版编目（CIP）数据

高校大学生管理模式与创新研究 / 黄梨锦，韦家旭，庞汉彬著 . -- 北京：中国纺织出版社有限公司，2024.3
ISBN 978-7-5229-1651-4

Ⅰ.①高… Ⅱ.①黄… ②韦… ③庞… Ⅲ.①大学生-高校管理-研究 Ⅳ.① G647

中国国家版本馆 CIP 数据核字（2024）第 071753 号

责任编辑：张　宏　　责任校对：王惠莹　　责任印制：储志伟

中国纺织出版社有限公司出版发行
地址：北京市朝阳区百子湾东里 A407 号楼　邮政编码：100124
销售电话：010—67004422　传真：010—87155801
http://www.c-textilep.com
中国纺织出版社天猫旗舰店
官方微博 http://weibo.com/2119887771
北京虎彩文化传播有限公司印刷　各地新华书店经销
2024 年 3 月第 1 版第 1 次印刷
开本：787×1092　1/16　印张：12.75
字数：225 千字　定价：98.00 元

凡购本书，如有缺页、倒页、脱页，由本社图书营销中心调换

前　言

高校是我国人才培养的重要场所，高校大学生管理是高校管理工作的重要组成部分，以培养具有创新精神和实践能力的高层次人才为培养目标，主要包括学生日常管理和学生思想政治工作。如何有效地开展这一工作，将完成人才培养使命与建立和谐社会目标相统一，是高校工作者要深入研究的问题。随着社会主义市场经济体制的逐步完善，高等教育事业的快速发展以及信息时代对大学生思想观念的影响，大学生的思想观念日益复杂，高校学生工作管理面临着严峻的挑战。

长期以来，我国高校大学生管理工作存在诸多不足，在管理模式上，只保证大学生的基本安全和课程学习，忽视了对大学生的人文关怀及学生多方位全面发展的需求；传统的学生管理观念、管理模式和手段已难以适应形势发展的需要。本书紧紧围绕新时代对高校大学生管理工作者的新要求，基于工作实践从多个具体的层面探讨了地方高校学生管理的具体路径，对从事学生管理的工作者颇具启示和指导。在人才竞争日益激烈的新形势下，高校大学生管理必须在管理理念、管理制度、管理模式、管理方式等方面开展改革，创新思路，以培养出适应时代发展、符合时代需求的高质量人才，为我国的多元化建设贡献一份力量。

本书在编写过程中，搜集、查阅和整理了大量文献资料，在此对学界前辈、同仁和所有为此书编写工作提供帮助的人员致以衷心的感谢。由于编者能力有限，编写时间较为仓促，书中难免有错漏之处，还请广大读者给予理解和不吝指教！

黄梨锦

2023 年 11 月

目　录

第一章　高校大学生管理概述 ······································· 1
第一节　高校大学生管理的内涵与特点 ····························· 1
第二节　高校大学生管理工作的目标及重要性 ····················· 15
第三节　高校大学生管理工作的新机遇与新挑战 ··················· 21

第二章　高校大学生管理的既有模式分析 ··························· 25
第一节　高校温情化管理模式 ····································· 25
第二节　高校精细化管理模式 ····································· 27
第三节　高校网格化管理模式 ····································· 35
第四节　高校书院制学生管理模式 ································· 41

第三章　高校大学生管理模式的多元发展 ··························· 47
第一节　高校教育管理层面 ······································· 47
第二节　高校学生管理层面 ······································· 58
第三节　高校大学生社会实践管理模式 ····························· 66

第四章　高校大学生管理的法治化建设 ····························· 73
第一节　高校大学生管理工作法治化的必要性 ····················· 73
第二节　健全高校大学生管理机制 ································· 82
第三节　加强高校管理者及大学生的法治教育 ····················· 89

第五章　高校大学生管理的信息化创新

第一节　高校大学生管理工作理念的创新方向 …… 97
第二节　高校大学生管理工作的信息化创新思路 …… 108
第三节　高校大学生管理工作的信息化构建方法 …… 116

第六章　高校大学生管理制度创新

第一节　高校学生社区化管理的探索实践 …… 127
第二节　高校学生社会实践规范化管理创新 …… 133
第三节　高校学生宿舍管理制度实践 …… 146

第七章　高校大学生管理模式的创新路径

第一节　高校大学生管理模式创新的重要性 …… 155
第二节　高校学生管理新型模式的职能 …… 157
第三节　高校学生管理模式创新的路径 …… 161

第八章　高校大学生管理队伍的建设

第一节　高校大学生管理队伍建设的重要性 …… 175
第二节　高校大学生管理队伍建设的内容 …… 177
第三节　加强高校学生管理队伍建设的途径 …… 185

参考文献 …… 195

第一章
高校大学生管理概述

第一节 高校大学生管理的内涵与特点

一、高校大学生管理的内涵

（一）高校大学生管理的概念

学生管理，又称为学生事务管理，最早从美国起源并被广泛运用于学术界，是指辅助、监督、管理学生以此促使其能够全方位、均衡式进步成长的非学术性组织式工作。作为高校管理的主要构成环节，学生管理工作与高校的生死存亡、前进发展、文化底蕴等各个方面均具有最直接的关联。因此，落实好我国高校的学生管理工作，不仅仅是高校的任务，更是当前社会赋予高等教育的一项重要职责。

1. 高校大学生管理概念的形成

教学管理最早创造、使用"学生管理"一词，其定义是从学生学籍的注册与管理、考勤、奖惩、毕业安排等角度出发的。渐渐地，随着学生事务管理范畴的扩大，"学生管理"这一专业术语也逐步从教学管理人员中剥离，演变为学生管理工作人员常常会用到的专业词汇。我国的高等院校普遍于20世纪80年代设立学生管理工作机构，早前本该由学校后勤部门管理的诸如学籍、奖罚、考评等事务，逐渐归并到了学生管理工作部门的名下。

当前，诸多教育改革已经在我国高等教育领域发生了暴风骤雨式的演进，因而高校学生管理工作的范畴也随之得以拓展，且越来越细化。学生管理方面的新生事物，如学生资助、勤工助学、就业指导等引人关注，"学生管理"这一概念的含义更加丰富了，既要管理学生（人），还要管理学生工作（事）。

2. 高校大学生管理的定义

学生管理工作的定义有广义和狭义两种。从广义上来说，学生管理工作通常指学生工作；狭义的学生管理工作单指学生事务管理的内容，更偏重校务中的日常性事项而非主题教育教学事项。学生事务管理是一项基本的专门性工作，是辅导员工作的重头戏，是整个学生管理工作的开端。缺乏这一基础，其他的像思想教育、科学创新教育等会缺乏基础保障。

高校学生管理涉及两大主体，一方是作为管理者的辅导员，一方是被管理的大学生，二者相辅相成，互相促进。进入21世纪以来，随着高校扩招力度的加大以及我国社会经济的发展，思想观念、工作、学习实践等诸多领域都有了不同以往的重大变化，我国高等教育面临的新问题、新矛盾、新状况不断在学生管理工作中涌现，学生管理模式面临前所未有的挑战。由此，认准当代大学生的特质特征、革新管理体系、提升学生管理工作的水准已刻不容缓。

（二）高校大学生管理的相关理论

1. 科学管理理论

泰罗是科学管理理论的代表人物之一，被称为"科学管理之父"。科学管理理论作为20世纪西方管理理论的主流学说之一，引起了社会的广泛关注。继泰罗之后，又有很多学者和专家丰富发展了该理论，至今仍具有强大的生命力。1911年，泰罗出版了《科学管理原理》一书，首次阐述了科学管理理论，即应用科学方法确定从事一项工作的"最佳方法"，其观点很快在世界范围内传播开来且被不少管理者应用。在书中，泰罗提出了科学管理的原理。

（1）用科学方法（系统化的知识）代替经验方法。

（2）科学地挑选工人并开展培训，从而使工人和企业都取得最大的成就。（在过去，工人自己挑选工作，尽可能自我培训。）

（3）管理者应与工人彼此合作，承揽工人不能胜任的工作，以保证一切工作都按已形成的科学原则去办。（在过去，几乎所有的工作和大部分责任都被推到了工人的头上。）

（4）最大化产出量，而不是限制产出量。

科学管理法提出了新的管理理念：通过管理科学化来提高劳动效率，从而增加利润；提高效率的决定因素不是经验，而是管理体制的创新；通过管理者与工人的职责分工，增强劳资之间的利益相关性与调和矛盾的可能性。科学管理法系统地分析了生产过程，且首次在理论上科学研究了管理。科学管理法的管理理论，不仅在20世纪初，甚至在今天，仍被广泛运用。通过分析科学管理理论可知，管理人员和教师要深刻理解管理效率提高的重要意义，认识到学生管理的实质在于管理者与学生的密切合作，而管理者和学生密切合作的基础在于建立利益相关机制和加强思想情感的沟通，因而管理者应正确认识技术与管理的关系，在重视技术的同时，也要重视管理理念，在引进技术的同时更要引进科学管理理念。

2. 人本管理理论

人本管理，是以人为本管理的简称。人本管理往往把人作为考虑一切问题的根本，因而也可以称为以人为根本的管理。早在20世纪30年代，西方的很多企业就把员工作为企业最重要的资源，他们根据员工的兴趣、特长、能力、心理状况等情况科学合理地为其安排最合适的工作。这是参考了早期马斯洛的需求理论，在工作中兼顾员工的成长和价值，通过使用科学的管理方法，在工作中充分调动员工的积极性、主动性和创造性，进而提高工作效率，以求让员工能够在实现企业目标的过程中发挥最大的作用。著名管理学家陈怡安教授把人本管理提炼为三句话："点亮人性的光辉、回归生命的价值、共创繁荣和幸福。"

而人本管理对高校学生管理而言，主要是要求高校学生管理做到区别于传统以物为中心的物本管理，要求高校开展学生管理工作既要依靠原则规定、制度约束等硬性手段，更要通过培养、调动和锻炼学生的情感、意志、思想等方法加以完善，这就从人本的角度对目前的高校学生管理工作提出了新的要求。

因此，高校在开展学生管理工作的过程中，更要注重以人为本的管理理念，学校各级管理者首先应该树立"以人为本"和"管理育人"的理念，积极创造民主、自由、平等、有效的育人环境，制订和实施正确的管理政策、措施。在开展学生管理工作的过程中要把学生当作学校管理之本，强调以学生为中心，特别要重视学生作为青年人的特征，充分尊重其爱好和兴趣，最大限度地满足其合理需要，维护其利益，充分调动其积极性，切实为学生服务。

3. 目标管理理论

1954年，美国管理学专家彼得·德鲁克在其《管理实践》中首次提出了目标管理的概念。当时，经济的蓬勃发展促使企业组织的规模越来越大，企业分工越来越细，专业性越来越强，而整体的一致性和协调配合等问题则更容易被忽视。在这种情况下，如果管理者不能及时地应对外部环境的变化，继续使用以往忽视人性的管理模式，仍然采用家长式的"压迫式"管理，已不再能控制整个局面，同时也会造成管理者与被管理者对立的局面。

因此，管理学专家彼得·德鲁克结合管理的实质，提出了"目标管理"理论，该理论在重视理性管理的同时也兼顾了人性的管理，通过设定目标，激发人的动机，引导人的行为，使人的需求与个人的期望和目标挂钩，以充分调动人的积极性和创造性。新的管理方法在总目标确定的基础上，同时再确定一定的分目标，并为努力实现这一分目标而进行进一步的组织管理和控制。用"目标"代替手段实现对下属的管理是其精髓所在。

21世纪以来，随着高等教育改革的不断深化，高校学生管理工作也面临许多新情况，单是招生和就业制度的改革就给高校学生管理带来了较多挑战，再加上教育教学内容及方式的改变，学生个体情况也发生较大变化，以及网络设备及新媒体的突飞猛进，这些都给高校学生管理工作带来了较大的不确定性。

因此，高校在开展学生管理工作的过程中可以参照企业目标管理的理念，首先重视人的因素，让学生和一线学生管理人员参与目标的制订，同时也要注意建立目标体系，当确立总体目标之后，必须有效分解，把学生管理工作的目标转变成人和各个部门的目标，以实现学生管理工作的高效开展。

4. 过程型激励理论

经典激励理论总的来看可分成三类：一是需要型激励理论，该理论的集大成者有需要层次理论的提出者美国心理学家马斯洛、双因素理论的提出者弗里德里克和成就需要理论的提出者戴维·麦克利兰；二是过程型激励理论，该理论的典型人物有期望理论的创建者弗罗姆、目标设置理论的创建者洛克和休斯以及公平理论的创建者亚当斯；三是行为改造型激励理论，该理论的集大成者有强化理论的创立者美国心理学家斯金纳和挫折理论的创立者亚当斯。

（1）弗罗姆的期望理论。轰动学术界的期望理论是美国心理学家弗罗姆在其著作《工作与激励》中提出的。弗罗姆教授指出，激励人达成目标的行为动力源自人的期望。人之所以愿意致力于某项工作并达到目标，是因为这些工作和组织目标能帮助他们达成自己的目标，满足自己某一方面的需求。而某一活动对人的激励力量，取决于人能得到结果的全部预期价值乘以他认为达成该结果的期望概率，即一个人若是认为奋斗能达到成功，就会更倾向于在工作中投入更多心血；若是随之取得的业绩给组织带来奖励或荣誉的概率越大，员工情愿投入的心血也就越多；若是得到的某项奖励或荣誉对员工的意义越重大，其愿意下的苦工也会越大。

（2）目标设置理论。在弗罗姆之后，美国管理学家洛克和休斯等人又提出了"目标设置理论"。总体来看，这个理论主要有三点要素。

第一，目标难度。目标应当具有较高难度，那些不费吹灰之力即唾手可得的目标毫无挑战性可言，无法激起人的斗志，其鞭策效用自然也不大。当然，那种望尘莫及、高不可攀的目标也会令人望而却步，同样也会丧失激励效果。因此，应当把目标的难度系数把握在既有一定难度，而又不超出人的承受力的水准上。

第二，目标的明确性。目标应明确、清晰、量化、具体，像"尽可能做好""好好工作"等模糊抽象的目标，激励效用甚微。而一个科学合理、具有量化可测性的具体目标，则能让人具备明晰的努力目的，而且认清自身的不足，这才能有效起到激励作用。

第三，目标的可接受性。职工只有接纳了组织目标，且与其自身的个人目标结合，目标才能展现其激励作用。因此，与其让管理者把工作目标强行施加到员工身上，不如让员工共同参与组织目标的拟定，这不仅能提升目标的可接纳度，同时也能让员工将完成目标视为己任，由此实现目标的激励效用。

（3）公平理论。该理论由美国心理学家亚当斯于1965年提出。高校大学生因为自身成长环境的特殊性，难免会呈现出一些弱特点，如心理素质差、实践能力弱等，需要施以适度的奖惩教育进行引导。

另外，高校学生管理工作中除了作为主体的学生外，辅导员也同样需要被认可和激励，也希望被公平对待，当他们出现倦怠情绪时，也需要得到肯定和支持。由此，过程型激励理论应当作为一项基本理论在当前的高校学生管理工作中大力推广。

（三）高校大学生管理的内容

高校学生管理是高校对大学生从入学到毕业这一在校阶段的管理，涉及的内容很多，其中较为主要的有十个方面。

1. 德育管理

高校在开展大学生管理工作时，德育管理是一项十分重要的内容。所谓高校学生的德育管理，就是高校根据大学生的身心发展特点和品德形成规律，有目的、有计划、有组织地在心理上对大学生施加系统的影响，把一定的思想和道德转化为大学生个体的思想品德的过程。也就是说，高校在开展大学生管理工作时，要注意与德育教育相结合。

2. 学习管理

高校作为培养人才的主要阵地，应培养出德、智、体、美、劳全面发展的，具有创新精神、实践能力和社会责任感的高级专门人才，以期为社会主义的现代化事业贡献自己的力量，所以高校学生管理的首要任务是学习管理和思想引领，把学生培养为专业知识丰富、业务技能过硬的高素质人才。

在新时代的今天，互联网技术日益发达，改革开放的层次越来越深，力度越来越大，在学习方面，学生不仅要学习专业知识，还要广泛阅读各个领域的书籍，开阔眼界，同时树立全局意识。

3. 学籍管理

高校学生的学籍管理，就是高校按照党的教育方针、教育自身的规律以及大学生的身心发展特点对取得学习资格的学生，在入学注册，成绩考核与记载，升、留（降）级，转系（专业）与转学，休学、复学、退学，奖励与处分，毕业与毕业资格审查等方面实施的管理。

具体而言，高校学生的学籍管理需要做好三个方面的工作。第一，做好大学新生的入学审查。第二，做好大学生的成绩管理。这对了解和掌握教师的教学质量和学生的学习情况，从而发现问题且据此采取措施改进教学、激发大学生学习的积极性具有重要的作用。第三，做好大学生的毕业资格审查。

4. 生活管理

高校学生的生活管理，在内容方面包括对大学生在校期间的一切生活活动的管理，如饮食管理、起居管理、着装管理、健康管理等。在高校学生管理工作中，大学生生活方面的管理是一项十分重要的内容。这不仅决定了大学生的身心能否得到健康发展，还决定大学生能否建立正常的学习、生活和工作秩序，甚至会决定高校的人才培养目标能否得到有效实现。因此，高校必须对大学生的生活管理予以足够的重视。

5. 日常行为管理

高校作为育人的基地，不仅要传授知识、培养人才，还涉及很多方面的工作，而与学生最密切相关的一项工作便是对其日常行为的管理。日常行为管理的范围非常广泛，涉及学生在课外之余所有事项的管理，主要包括学生宿舍生活管理的各个方面，如上网、玩游戏的监管，交友和恋爱方面的引导，等等。这些看似很微小的工作，其实对大学生的成长与发展有着至关重要的影响，甚至会影响其以后的人生选择与发展。

需要注意的是，不同的专业，生活管理涉及的内容也不尽相同。例如，面对体育专业的学生，就要多关注他们的情绪波动，因为他们不仅要学习理论课程，还要接受实际训练或者参加一些体育比赛，这就需要教师和其他学校管理人员关注其情绪变化，提升其抗压能力。

同时，由于大多数学生是首次离开父母生活，有的甚至是离开父母到遥远的城市去读书，因而需要心理上的慰藉。辅导员或者其他教师要多关注他们的心理动态，与其多交流，关心其情感。大学是一个比高中更加开放和自由的场所，许多的学生虽然已经年满18岁，是成年人，可由于经历的事情不多，经验不足，对事情的处理能力也不足，这就需要教师的指导和引领。

6. 资助管理

大学生资助是指在高等学校资助体系的框架下，对普通高等学校本、专科在校学生中的经济困难学生给予经济上的帮助，使其能够通过各种资助形式，解决经济困难，顺利完成学业，健康成长、成才。大学生经济资助是实现教育机会均等的重要途径，是保障公民受教育权和培养人才的迫切需要，是调节人才供求关系与流向的有效手段。

在党中央、国务院的关怀下，教育部、财政部等有关部门和各地政府结合高校的实际情况，建立了一套比较完善的资助困难学生的政策体系，主要包括"奖学金、助学贷款、助学金、困难补助、减免学费"等五个部分，简称为"奖、贷、助、补、减"。

7. 体育管理

大学生要想成才，为我国的社会主义现代化建设作出贡献，首先要有健康的身体。因此，在高校学生管理工作中，大学生的体育管理也是一项不可忽视的内容。

所谓高校学生的体育管理，就是由高校组织指导大学生按照一定的体育锻炼标准，有目的、有计划、有组织地开展体育锻炼，从而造就健康的体魄，以应对在校紧张的学习和日后的工作。此外，高校学生的体育管理要想取得良好的成效，应特别注意四个方面。一是高校学生的体育管理必须与大学生的身心特点相符合；二是高校学生的体育管理必须与教育规律相符合；三是高校学生的体育管理必须与学校的体育管理原则相符合；四是高校学生的体育管理要尽可能以最少的投入获得最佳的体育效益。

8. 卫生管理

高校学生的卫生管理也是高校学生管理的一项重要内容，具体涉及十个方面。一是大学生的身体卫生管理；二是大学生的教学卫生管理；三是大学生的课外活动卫生管理；

四是大学生的体育锻炼卫生管理；五是大学生的校园环境卫生管理；六是大学生的教学设备卫生管理；七是大学生的膳食卫生管理；八是大学生的供水卫生管理；九是大学生的住宿卫生管理；十是大学生的心理卫生管理。

9. 课外活动管理

高校学生的课外活动管理涉及两个方面。一是高校学生校内课外活动的管理；二是高校学生校外课外活动的管理。在具体开展这一管理活动时，要特别注意四个方面。

一是要确保课外活动有正确的方向，以便真正丰富大学生的精神生活，陶冶大学生的高尚情操。

二是要确保课外活动能够提高大学生的思想政治觉悟，为大学生形成科学的世界观和共产主义道德品质奠定基础。

三是要确保课外活动能够使大学生获得较高的人际交往能力，以有效培养大学生的社会适应能力。

四是要确保课外活动能够有效培养和发展大学生的兴趣、爱好，发挥其特长。

10. 政治活动管理

我国的大学教育有公开、明确的政治任务，不仅要求大学生具有良好的专业素质，更要求大学生认同社会主义的政治理念，坚定社会主义的政治方向。而政治活动是大学生学习政治的重要方式。

政治活动主要是围绕国家政权和社会公共权力而展开的活动。大学生开展政治活动是学习政治、参与政治的过程；是了解和认同社会政治价值，熟悉社会政治制度，了解国家法律法规且规范行为，提高个体政治素质的有效途径。

大学生开展政治活动的形式有参与民主选举活动、进行民主管理等。值得注意的是，当前，大学生的政治活动有网络化、电子化、虚拟化的特点，这给高校学生管理工作提出了新的研究课题。

（四）高校大学生管理的方法

1. 调查研究

高校大学生管理的调查研究方法，就是在开展高校大学生管理工作时，要经常性地、全面地、客观地调查、了解与分析学生的实际情况，从而以此为依据及时采取相应的措施以促使高校学生管理工作取得实效。

高校学生管理在运用调查研究时，要确保取得良好的成效，必须做好三个方面的工作。

（1）在调查研究大学生时，要科学合理地规划调查对象、调查目的、调查方法等，切不可临时应付，粗心对待。

（2）在调查研究大学生时，应实事求是，切不可囿于条条框框或别人的指示、意见等。

（3）在调查研究大学生时，要切实从马克思主义的立场、观点、方法出发，合理地分析与研究调查材料、调查事物。

2. 建立规章制度

高校在开展大学生管理工作时，建立科学有效的规章制度也是一个十分有效的方法。在建立规章制度时，要特别注意两个方面。

（1）高校建立的规章制度应与教育规律和德、智、体培养目标的要求相符。

（2）高校建立的规章制度应与大学生的身心发展特点以及发展现实相符。

3. 运用经济手段

高校在开展大学生管理工作时，适当地运用经济手段也能够促使工作取得良好的成效。例如，在高校大学生管理活动中，对学生给予必要的物质奖励或惩罚就属于经济手段。通常来说，高校大学生管理工作在运用经济手段时，需要与行政方法有效配合。这是因为高校在开展大学生管理工作时，如果只重视用经济手段而忽视日常的教育和引导、忽视行政管理的作用，很容易导致经济手段无法发挥出最大的效用，继而导致高校学生管理工作无法达到预期的目标。

（五）高校大学生管理的对象

所谓管理对象，是指"管理活动的承受者"。随着人类认识的深化和管理的科学化、复杂化，不同学者对此有不同的见解。一是指管理活动作用的各种具体对象。最初是人、财、物三要素，后增加了时间、空间，成为五要素，又增加了信息、事件，成为七要素。二是指管理活动作用的特定系统，即把管理对象看作由多种因素组成的有机整体。高校学生管理作为高等学校管理工作的重要组成部分，对应的工作对象无疑是指高校学生，从广义角度来看，这些学生应包括所有在高校求学的学生，即专科生、本科生、硕士生和博士生等。这些人都是高校学生管理活动的承受者。

（六）高校大学生管理工作的研究内容

高校学生管理牵涉诸多知识体系，包括管理学、教育学、青年心理学、政治学、人才学等，因此，高校学生管理是一门综合性、政策性很强的应用科学。它具有自己独特的研究对象，这个对象就是学生管理活动本质的、内在的联系及其发展变化的规律。

高校大学生管理作为学校管理的一个重要方面，同其他管理工作一样，都是以教育领域某一方面的特殊现象和规律为研究对象的，必然要受到教育领域总规律的支配与制约。因此，它又不同于管理工作的其他分类工作，具有相对的独立性。人们只有既认识到高校学生管理工作与其他管理工作的密切联系，又认识到它与其他管理工作的不同，才能真正揭示高校大学生管理现象本身所具有的特殊规律，使之成为一门具有特性且富有成效的管理工作。

作为一门管理工作，一般而言，总要有相应的学科知识成为其依循的工作方针，而一门学科的成立必须具备一个必不可少的条件，即它必须具有一套系统的范畴体系。范畴体系既体现了研究的角度，也展示了研究的内容。因此，准确而恰当地表述高校大学生管理学的研究内容，最好的办法是确立这门科学的框架和范畴体系。高校大学生管理工作要研究的内容应涵盖五个方面。

1. 学科理论的研究

包括高校大学生管理科学的性质、理论基础、研究对象和领域、主要研究任务、学科的地位和作用，高校大学生管理的指导思想和原则，如何抽象和概括历史的经验以纳入理论体系之中，如何移植、融合相关学科的理论，不断丰富、完善和发展高等学校学生的管理科学等。

2. 方法论的研究

研究高校大学生管理科学的方法论，一方面要研究根本的思想方法；另一方面要研究具体的管理方法，如思想政治教育管理、大学生社区管理、教学与学籍管理、校园文化管理（含网络管理）、奖惩制度管理、社会实践管理、社团管理、心理健康与咨询管理、就业管理、学生党员管理与党建管理、学生干部队伍管理、学生群体性突发事件的应急管理等。

3. 组织学的研究

高校大学生管理是一项系统工程，必须形成有效的网络系统，发挥最大的组织功效，如高校大学生管理的组织领导体制、学生管理队伍的建设、学生管理的现代化趋势等，都必须做更为深入、全面的探讨。

4. 管理制度研究

学生管理制度与国家法律法规、教育规律、教育法规、政治文明建设进程的相互关系以及相关政策法规和知识系统的研究。

5. 成长规律、心理生理特点研究

学生成长规律、心理生理特点与管理工作的有机联系研究，青年群体之间的相互作用关系与高校大学生管理工作的互动共生研究。

（七）高校大学生管理的任务

高校大学生管理工作的基本任务，不仅包括研究学生管理学的相关体系，更重要的是这种研究必须着眼于寻求学生管理工作本身蕴含的特殊矛盾，领悟和把握学生管理工作的运行规律，以更好地运用于学生管理工作的实践之中。

高校大学生管理工作的主要任务有四个方面。

第一，坚持马克思主义关于人的全面发展理论，贯彻党的基本路线，以马克思主义、毛泽东思想、邓小平理论和"三个代表"重要思想、科学发展观及习近平新时代中国特色社会主义思想为指导，以马克思主义哲学原理为方法论，认真贯彻落实新的《普通高等学校学生管理规定》，遵循党的教育方针和学校的培养目标，为培养全面发展的高素质人才服务。

第二，系统总结我国高校大学生管理工作的经验和教训。学生管理是一种既古老又年轻的社会现象，它随学校的产生而产生，有着悠久的历史传统和崭新的时代内容。

第三，批判地继承历史上的高校大学生管理工作遗产，借鉴国外学生管理工作的经验，吸纳教育学、社会学、政治学、青年心理学、系统管理学、文化学等相关学科的知识、理论，构建具有中国特色的、符合时代精神的高校大学生管理模式。中国是一个历史悠久的文明古国，先辈们在学生教育和管理中积累了丰富的经验，这是宝贵的历史文化遗产，应当批判地继承，古为今用。

第四，加强科学研究，注重实践探索，不断发展高校大学生管理工作的理论体系，推动高校大学生管理工作模式健康运行。尽管学生管理工作有着丰富宝贵的实践经验和悠久的历史传统，而就总体情况而言，它与不断发展的中国特色社会主义的形势还存在着某些不适应，还有许多亟待解决的问题。无论是从理论要求上还是实践需求上，都需要科学化、理论化、法治化、人性化等方面的规范。

因此，学生管理工作者必须加强对大学生管理工作的研究，大胆探索，不断创新，切实把握新时期大学生管理面临的新问题、新内容和新特点，努力用新方法、新思路和新手段去适应大学生管理的新规律和新形势，使学生管理的理论与方式与时俱进，得到不断的丰富和完善。

二、高校大学生管理工作的特点

（一）高校大学生管理工作的层次性

当前，我国高校大学生管理工作的主体是一支以专职学生工作人员为主，兼职教师为辅的数量庞大、覆盖面广的教育管理队伍。具体而言，学生管理的组织机构按照层次划分，可分为三个层级。

1. 高层管理机构

高层管理机构主要是指对全校的大学生管理工作进行统筹规划、组织领导、做出决策的机构，一般校党委会，主要的领导者是主管学生工作的党委副书记。

2. 中层管理机构

中层管理机构是在学校高层管理机构的领导下，认真贯彻上级主管部门和学校的方针政策，制订学生管理工作计划和方案，领导全校开展各项学生管理工作的职能部门，主要指学工部、学生处、校团委以及宣传部等部门。

3. 基层管理部门

基层管理部门是指在高层和中层领导部门的领导下，具体开展各项学生管理工作的部门。它是高校学生管理工作的基石，主要指院系党总支以及其领导下的院系分团委、学生工作办公室。

在这个三层级的体系中，既有以学校分管学生管理工作的党委副书记、学工处处长、党总支书记、分团委书记、辅导员、班主任为主体的专职队伍，也有由校党委宣传部、组织部等政工部门和机关各行政部门有关人员、专业课教师组成的专职人员。可以说，高校大学生管理工作的主体具有专兼结合、多层次、多格局的特点，基本实现了对在校大学生的全员、全程、全方位的"三全"管理。

（二）高校大学生管理工作的专业性

新时期，高校大学生管理工作已成为一门值得研究的学科。它有着独立的模式和科学的体系，与社会的其他领域相比更为规范化、科学化。

因此，高校大学生管理工作的专业性显而易见，而这种专业性必须体现在实际工作当中。高校应以全新的视角和模式开展大学生管理工作，遇到问题及时解决。

当然，要想使高校大学生管理工作成为高校大学生教育管理的主渠道，只在思想上重视远远不够，一定要打破传统、更新理念，让高校大学生管理工作汲取更多的科学管理手段及方法，推进高校大学生管理工作全面走向专业化。

（三）高校大学生管理客体的多重性

随着经济的发展和时代的变迁，当今在校大学生呈现出多重性的特点，主要表现在四个方面。

1. 年龄结构

从年龄结构上看，在校大学生的年龄一般在 18～23 岁，处于青春期的后期和青年期的早期，生理和心理的变化是人一生中最为剧烈的时期。就学生个体而言，每个人都是一个复杂多变的矛盾体。

2. 群体结构

从群体结构上看，随着高校招生规模的不断扩大，高等教育从精英教育向大众教育转变，学生群体成分复杂，既有经济拮据的贫困学生，又有家境殷实的富裕子弟；既有得到充分锻炼的"阳光"学生，又有受到父母溺爱的"温室"学生。

3. 理想信念和价值观

从理想信念和价值观层面上看，有的在校大学生理想远大，具有多元化的价值观，而且树立了正确的人生观、价值观和世界观，能够自觉践行社会主义核心价值观；有的在校大学生则缺乏远大的理想，功利心很强，做事总是要求有现实的回报，缺乏明辨是非的能力。

4. 实践能力

从实践能力层面上看，有的在校大学生努力勤奋，积极参加各项社会实践活动，善于在实践活动中创新，很好地将理论和实践结合在了一起，具备很强的动手能力；而有的在校大学生则整天无所事事、磨洋工，做一天和尚撞一天钟，学习成绩很差，更不用提动手能力了。

（四）高校大学生管理环境的复杂性

随着社会主义市场经济的逐步确立和改革开放的不断深入，中国与世界各国的政治、经济和文化交流越来越紧密，西方的思想意识形态以前所未有的规模和力度冲击着我国高校大学生的人生观、世界观和价值观，直接冲击着他们接受的传统的爱国主义教育、集体主义教育和社会主义教育。

同时，在国内全面建设社会主义经济的大潮中，市场经济对高等教育产生了不可避免的负面影响，高校教育体制改革和大规模的扩招办学使得当今高校的教育管理环境变得异常复杂。这些外在环境的变化给在校大学生的思想带来了很大的冲击。

在经济全球化、信息化、多元化、商业化的时代里，如何做好高校学生的管理工作不仅仅是教育工作面临的一个挑战，更是需要努力解决的一个重大问题。它不仅关系到高校的安全稳定和各项工作的顺利开展，更关系到社会主义建设人才的培养和国家的长治久安。

（五）高校大学生管理组织目的的明确性

高校大学生管理工作的组织目的，从宏观方面讲，是为社会主义现代化建设培养可靠的建设者和接班人；从微观层面来说，是为了创造良好的育人环境，通过一系列教育管理活动追求高校学生思想教育效益的最优化。

为了最终实现这一目的，高校管理者必须在认真贯彻执行党和国家的各项教育方针政策的基础上，紧跟时代发展的步伐，科学分析判断国内外大的政治、经济环境和高等教育面临的问题，仔细研究教育管理工作主体、教育管理客体的特性，通过制订计划、开展决策、组织领导、全面控制、具体确定大学生的思想教育目标，充分调动各方面参与学生思想教育管理的积极性和主动性，优化配置学校教育资源，力争做到资源共享，把对学生的教育管理工作落到实处。

具体而言，就是通过科学构建学生思想教育管理体制，建设一支精干、高效的管理队伍，完善评估和信息反馈制度，为高校大学生管理工作提供良好的环境氛围。

第二节 高校大学生管理工作的目标及重要性

一、高校大学生管理工作的目标

（一）目标选择

1. 实现科学管理与人本管理的有机结合

当代世界管理面临的一大难题，就是难以统一科学管理和人本管理。科学管理是基于科学的制度设计，通过规章制度来管人。其优点是非常理性，具有确定性；它的弊端是直线化，难以变通，不利于最大限度地激发成员的积极性。人本管理则刚好相反，具有非常人性和柔性的一面，却具有不确定性。

和谐管理理论指导下的学生管理，既以人为"起点"、以人为"归宿"，又发挥科学的规章制度的作用，通过规则管理约束学生的行为，倡导既以制度管人，又以情感人、以文化励人和以良好的氛围凝聚人。这对提高学生管理的成效是具有针对性和显著的作用。

2. 实现有形管理和无形管理的有机结合

自律相对于他律而言更具有可靠性和持久性，一旦生成就会成为行为准则。和谐管理最高的境界就是要达到无为而治的状态。

大学生正处在人生成长的重要阶段，对他们的管理就是要通过一系列的措施和手段使其将各种规范内化为心中的行为准则，使其自觉遵守规章制度。和谐的学生管理在管理的设计上从"无"到"有"，就是细化各项管理制度与规章；再从"有"到"无"，就是使外在的制度内化为每个学生的内在需求、素质、能力等。这是一个螺旋式上升的辩证过程，最终通过各种有形的制度、无形的氛围等促使学生朝着预定的目标努力，达到"从心所欲而不逾矩"和"无为而无不为"的管理境界。

2. 实现外在管理与自我管理的有机结合

现代人本主义管理理论从尊重人的角度出发，试图调动每一个人的积极性，使得其在自己的职责范围内，根据全局的目标自行决定自己的工作，创造性地完成自己的工作任务。高校大学生管理工作，一方面是将大学生作为管理的客体，用外界的力量来教育管理；另一方面是大学生的自我管理。显然，这两方面应该结合起来，相互依存，相互促进。外在的管理能够通过科学的制度设计使学生朝着预定的目标前进。自我管理则能尊重个人的意愿，满足其民主管理的要求，通过尊重、理解、赏识、激励，充分发挥学生的积极性、创造性，使其在和谐的情感氛围中自我管理，不断地自我发展、自我超越，从而促进个人和整个学校的发展。

（二）发展方向

1. 以生为本

以生为本是高校大学生管理的重要指导原则。以生为本就是要从学生的实际出发，一切以促进学生发展为目标，强调学生的自主性、能动性和创造性。其核心思想就是要确立学生的主体地位，弘扬学生的内在价值，通过管理服务使学生的潜能得到充分开发，使学生获得自由的、全面和谐的发展。

在实际工作中，一要把"一切为了学生"的理念贯彻到大学生管理的每一项工作中，增强学生的参与性和选择性，尽最大可能满足学生在学习和生活等方面的合理需求，努力为学生的学习、生活提供各种优质的服务；二要促进学生的全面发展，一切管理活动要有利于培养和发挥学生的主体性，增强和促进学生的主动性和创造性，通过管理服务职能的执行指导学生的发展方向，塑造有德、有才、有能力、有个性的学生。

2. 依法治校

依法治校体现在学生管理制度中，就是要加快推进大学生管理的法治化进程，将学生管理全面纳入法治化管理的轨道，充分尊重学生的人格和权利，客观、公正、全面地考核、评价学生，使学生管理工作顺畅、有序、和谐。首先，高校在制订校纪校规时要注意体现和维护学生的正当利益，表达他们的意志；其次，高校要建立完善的利益表达制度，畅通信息交流的渠道，让学生能够充分、有效地表达自己的合理见解，维护自身的正当利益，同时使学生与学生管理者加强沟通，有效提高管理的效率；最后，高校在大学生管理工作中应坚持正当程序原则，规范权力的运行秩序，使权力的行使符合法治精神，避免管理运行的无序性、偶然性和随意性，保证管理行为的合法性和高效性。

3. 公正民主

公正民主是和谐管理必须坚持的基本原则。高校大学生管理者只有发扬民主精神，坚持公正原则，才能达到和谐。现在大学生的自主意识、参与意识和民主意识日益增强，引导学生参与管理，改变学生在管理中的从属地位和被动地位，有利于消除大学生对被管理的逆反心理。

民主精神应该体现和贯穿于大学生管理的全过程，使学生民主管理制度化、规范化、程序化。同时，要公平、公正地对待每一位学生，避免有失公正引发混乱和冲突。只有公正、民主，才能最大限度地激发学生的积极性、主动性和创造性，才能把信任、爱护、依靠、沟通和指导渗透到管理工作的各个环节，才能增强管理的凝聚力，充分发挥学生的创造力。

4. 人际和谐

高校大学生管理中的人际和谐关系应该是师生之间、学生之间的和谐关系。人际和谐，就是人与人在社会交往过程中，基本利益一致，双方心理距离接近，心理相容性强，彼此感情认同。

人际和谐对大学生而言，一是具有代偿作用，和谐的同学关系、师生关系可以代偿兄弟姐妹关系、亲子关系，消除离开家庭后的失落感与孤独感，给大学生以安全感和归属感；二是具有稳定情绪的作用，有助于大学生从紧张的心理状态中解脱出来，烦恼时有人倾诉，欢快时有人分享，情绪得到调节，保持稳定；三是具有提高效率的作用，良好的氛围更有助于大学生充分发挥学习的积极性和创造性。同时，人际和谐还能使大学生感到自己为他人所接受，满足了自尊心，提高了自信心，加深了自我认识，有助于大学生客观而全面地自我评价，为早日成才创造良好条件。

二、高校大学生管理工作的重要性

（一）高校大学生管理工作的地位

我国高校的根本任务是为社会主义现代化建设培养高素质的人才。高校肩负着培养具有创新精神和实践能力的高级专门人才，发展科学技术文化，促进社会主义现代化建设的重要任务。高校大学生管理工作是高校教育教学工作的重要组成部分，它对全面贯彻党的教育方针，维护高校及社会的稳定，培养社会主义事业的合格建设者和可靠接班人具有重要意义。

1. 高校大学生管理工作与党务工作密不可分

高校大学生管理工作直接影响国家和社会的安全稳定，在一定程度上是政治工作的一部分，应归为高校党的工作。新时期，高校大学生管理工作被列为高校各项工作的重中之重，全国各大高校均应设立学生工作处作为专门教育和管理学生的职能部门。迄今为止，我国的学生管理部门都归属于党委领导。只有实行党委领导，才能使思想政治教育获得更大的保障，同时可以在思想政治方向上指导和引领学生，促进高校学生管理工作稳定发展，保障社会和谐进步。因此，要想使大学生在政治上跟党走，必须在管理上和党同行。

2. 高校大学生管理工作与教学工作紧密相连

培养人才、发展科学文化、提供社会服务是《中华人民共和国高等教育法》中规定的教育职能，三者是并列、相互交叉的关系，共同组成了高校大学生管理工作这一整体。其中，培养人才是重中之重，因此，高校的学生工作和教学工作都是其坚强后盾和有力保障。两者相辅相成，不可偏颇对待。往往有些高校只把重心放在追求教学质量上，完全将教学工作作为中心工作，这样就忽视了大学生管理工作在保障教学开展和教学质量两方面起到的巨大作用，从而无法使输出的人才适应社会的需求。教学工作和学生管理紧密相连，对学生的成长成才都起着巨大的推进作用，在全球经济快速发展的今天，为培养综合素质较高的人才提供了应有的服务，承担了应尽的职责。

随着我国教育、经济、社会的不断发展，高校大学生管理工作的地位也相应地发生了变化，高校大学生管理工作已由传统的管理学生向新型管理转变。传统的学生管理着重对人的管理，而新型的学生管理集教育、管理、服务于一身，更注重站在学生的角度，从学生的实际利益出发去开展学生管理工作。教育是指把对学生开展的思想政治教育和日常教育相结合，旨在把国家及学校的思想理念、正确的观点、正确的行为准则渗透到学生内心当中，使学生向着国家、社会还有学校希望的方向发展、成才。高校应让学生树立正确的观念，坚定爱国主义信念，由外在教育向自我教育转化。管理的最终目的是让学生服从管理，从而配合教育教学。服务是指为了使学生成为合格的社会主义人才，从学生的角度出发，制订各种服务政策。教育、管理、服务三者相辅相成，缺一不可。服务是学生教育和管理的一种升华。先进的学生管理思想离不开服务育人的观点。各高校应树立以生为本的管理理念，重视学生工作，尊重学生本身，有助于高校构建和谐的校园环境和师生关系。高校大学生管理工作是一项艰巨的、持久的工作。一味地重视服务也不能忽视和脱离教育和管理，如果学生没有受到良好的教育无法树立正确的世界观、人生观和价值观，无法开展教学工作，无法开展正常的学生管理。同时，管理也是教育的保障手段和有效措施，只有结合管理全方面教育，才能看见效果，达到理想的教育目的。教育是培养人才的一种方式，管理是其中的一种手段，服务则是更高层次地开展学生管理工作的一种形式。

3. 高校大学生管理工作是履行高校中心工作任务的根本要求

高校肩负着开展教育教学、科学研究、社会服务的重要任务，而且其功能还在不断拓展延伸。但是，人才培养始终是高校的中心工作，始终是高校最根本的任务，始终是高校区别于党政机关、企业及其他事业单位的本质特征。学生教育管理服务工作和人才培养的整体工作息息相关，既是人才培养工作的重要组成部分，又对人才培养工作的诸多方面有着重要影响。学生教育管理服务工作的水平高低，关系着人才培养质量的高低。学生教育管理服务工作的成败，关系着人才培养工作的成败。

4. 高校大学生管理工作是大学生健康成长成才的内在需要

绝大多数学生渴望提高自身的综合素质，渴望发展自己的个性特长，渴望今后能成就一番事业，渴望过上幸福的生活，帮助学生逐步实现这些愿望，是高校学生教育管理服务工作的出发点和归宿。关键是要把党和国家的外在要求和受教育者的内在需求联系起来，把要求内化为学生的需要，把压力转化为动力。

5. 高校大学生管理工作是确保校园安全、稳定的迫切需要

育人是学校的中心工作，确保校园安全是育人工作的前提。高等教育改革、发展的历程证明，只有切实维护高校稳定，才能顺利推进高校改革和发展。同时，高校的稳定工作更是事关社会稳定的全局。要保持校园的"久安"，就必须在"长治"上着力。"长治"的重要基础就是要不断加强和改进高校学生教育管理工作。

（二）高校大学生管理工作的重要性

1. 高校大学生管理工作能够引导学生健康成长

与制度规范和权益保障一样，大学生管理的完善也是一个渐进的过程。国家的法律条款、学校的规章制度能让学生明白孰是孰非，而要让大学生完成从"应该做"到"主动做"的转变，才是高校管理工作的重要任务。由此，规章制度如何融会贯通就显得极为重要。大学生管理工作从两个层面加快了这一过程的实现：首先，规章制度承认了学生的业绩，因为规章制度在保障其学习生活的同时也赋予了其各项权益权利；其次，规章制度的人性化打动了学生。二者足以实现由客观到主观的跨越式转变，实现对学生成才的科学引导。

新时期形势下，我国的教育也发生了具有中国特色的变化，现如今高等教育的发展呈大众化普及化趋势，大学生规模日益增加，由此引发催生了一系列并发症和新的矛盾，如学生自我管理能力差、团队意识和社会意识淡薄、心理承受能力过低等，这些问题引起

了全社会的关注。

在思考我国高等教育如何为社会经济服务时，我们必须关注社会转型给年轻大学生带来的冲击与影响，必须改革不适应时代需求的高校管理理念和方法。

2. 高校大学生管理工作能够增强大学生的能力

高校是培养人才的一个重要场所，这决定了高校的各项工作都必须围绕着人才培养展开。因此，在开展高校大学生管理工作时，要确保其具有培养、增强大学生能力的积极作用。例如，在开展高校大学生管理工作时，可以通过引导大学生参与社会实践活动以促进其社会实践和社会活动能力的提升。

3. 高校大学生管理工作能够深化高等教育改革

自改革开放以来，我国高等教育事业获得了巨大的发展，培养出无数优秀的合格人才。由于受到多方面因素的影响，高等教育与社会主义事业的发展仍在一定程度上存在着脱节现象。这就决定了在高等教育的发展过程中，必须立足于我国社会主义建设的发展现实，积极改革高等教育的思想、内容、方法以及学生管理工作等。事实上，有效的高校学生管理及其改革，能够在很大程度上促进高等教育改革的深化。

4. 高校大学生管理工作能够保障学生的根本权益

高校大学生管理工作应最大限度地保障学生的根本权益，比如对学生的资助与奖励关乎学生的切身利益，每个学生都很关注，因而在这方面的公平公正就体现出了学校管理的能力。诸如这样的管理工作，始终贯穿于大学生管理之中，以各类法规、制度和条例的形式保障了学生的权益。"以生为本"是高校学生管理工作的根本原则，响应了学生维护自己权利的诉求，有力地保障了学生的权益。

5. 高校大学生管理工作能够促进合格人才的培养

高校是人才培养的基地，由于高校大学生管理是高校管理的一个重要方面，因而其必须为培养合格的社会主义现代化建设人才服务。具体来看，高校大学生管理与一般的管理相比，是一种带有明显的教育性质的服务，即开展高校大学生管理不仅要促进高校各项机制的有效运行，还要尽可能达到教育的目的，使大学生成长为合格的"产品"，也就是合格的社会主义现代化建设人才。

总之，高校大学生管理是一种"管理育人"的管理，需要与高校的教学工作、思想政治工作和心理健康教育等一系列工作有机结合，以管理促进教育、以教育推动管理，真正促进大学生的成长与成才。

6. 高校大学生管理工作能够维护国家的安定与团结

我国的社会主义现代化建设事业要想顺利开展，一个重要的前提是具有安定团结的政治局面。

由于高校学生是一个特殊的社会群体，既有青年的特质，如朝气蓬勃、充满激情、追求真理、关心时事；也有着青年固有的不足，如容易冲动、互动性强、易走极端、时有盲从、阅历较浅、情绪不如成年人稳定等；是法律上的成人，而在心理上是准成人；与其他同龄人相比，掌握着更多的知识，而较之真正的知识分子，其所掌握的知识又存在结构上的缺陷和知识量上的不足；参与意识急剧增强，思想上的可塑性也极大，却很容易出现偏激的情绪，也很容易与他人发生矛盾冲突，还很容易被不良的思想所影响。

因此，高校必须严格学生管理，制订且实施相应的政策、法规和行为规范，对学生的行为有一定的约束，为其成长创造一个良好的环境，引导学生形成稳定的情绪，从而维护学校和社会的稳定。

第三节 高校大学生管理工作的新机遇与新挑战

一、高校大学生管理工作的新机遇

（一）网络环境带来的积极影响

1. 使高校大学生管理工作数字化

高校大学生管理可划分为学习管理和生活管理，涉及方方面面。网络环境为高校大学生管理提供了一个新的工作平台，让学生管理工作转向数字化、自动化、网络化。

2. 提升了管理双方的沟通效率

传统的教育管理模式利用管理者的权利是和地位强迫学生绝对地服从，学生往往敷衍了事或消极怠工。管理者一般只是通过班干部获得信息，真实性可能会大打折扣。被管理者有什么真实想法，也很难及时反馈到管理者手中。强压式的管理方式不能及时了解学生的各项需求，也不能及时发现学生存在的问题，导致整个管理过程都是单向的、被动的。

被管理者可以通过网络及时了解信息，在虚拟空间就任何一个通知、任何一件事发表自己的看法，管理者也能及时了解学生的思想动态且给予回复，这在较大程度上提升了高校大学生管理工作者与学生的沟通效率。

（二）微时代丰富了管理工作的方法

很多高校的校园网络已基本或是正在努力实现教学区和生活区的全覆盖。许多高校大学生管理工作者从工作实际出发，建立了班级、院系等不同层次的微博、微信、QQ等微媒体平台，而且把它们作为开展思想教育、学习教育和日常管理等工作的新阵地，旨在创新工作方法和手段，实现高校大学生管理方式的信息化、网络化，提高工作的时效性，增强其在学生中间的影响力和辐射力，如通过微博、微信等平台发布校园新闻、专业特色、师生风采、重要通知等资讯，使微媒体平台成为校园内学生与学生、学生与教师沟通和交流的一个窗口，拓展了学生管理工作的平台。

（三）信息化使大学生管理工作高效化

社会信息化是以互联网技术为代表的信息技术不断发展的一个必然结果。我们已经步入信息化时代，社会信息化对高校学生思想政治教育工作的影响是深远的。信息化让学生管理工作转向数字化。在以前，高校在统计学生基本信息时往往采用一个学生一张信息登记表的形式，以便辅导员或其他教师了解学生的基本情况，而现在，学生的信息统计基本上都采用了数字化的存储方式，大学生管理工作趋于高效化。

二、高校大学生管理工作的新挑战

（一）管理对象存在"特殊性"

在高校中，大部分学生是"00后"，是随着信息化和互联网时代成长起来的一批人。他们思维活跃，个性鲜明，喜欢打破传统和标新立异，能更快接受新鲜事物和新知识。同时，我们也必须清楚地认识到，一些高校大学生的综合素质不是很高，学习自主性不强，缺乏遵守校纪校规的自律性。

（二）网络环境带来的消极影响

1. 网络环境挑战了高校管理人员的权威

随着社会的发展，受教育者的自主性、民主性不断增强。过去的管理过分强调制度的权威性，很多政策、规定的制订都是有利于管理者的，强制性地要求学生无条件地服从。教育管理者是信息的唯一发布者，代表着管理层的权威。在网络环境下，大学生可以借助网络更快捷地获取信息，管理者的权威性不再占有明显优势。

网络的发展使教师不再是大学生的唯一导师。大学生对管理者枯燥而反复的说教有时显得极不耐烦，特别是对自己行为的控制和约束，使得学生觉得教师不理解自己。加上有的教育管理工作者不能耐心引导学生，更加激发了学生的对抗情绪，使师生关系处于紧张状态。

2. 网络环境侵袭了高校学生的思想观念

传统思想观念的建立基于一定的物理空间，受到人际交往圈子的限制。一般而言，处于同一社会地位的人的思想观念相近，即使某些人思想偏激，也只能影响身边的人，传播范围有限。

而网络改变了传统的社会交往方式，给人类交往以全新的内涵，人们可以自由访问各种信息资源，了解不同国家、不同民族的思想意识、价值观和生活方式。如果不正确引导网络中的不良文化，就不利于大学生形成正确的思想观念，对其世界观、价值观、人生观的形成都会产生一定的负面影响。管理者必须通过有效的管理方式，引导大学生以正确的心态抵制网络环境的种种诱惑。

3. 网络给大学生身心健康带来的消极影响

众所周知，连续上网有种种危害，如情绪低落、眼花、双手颤抖、疲乏无力、焦躁不安等；同时，不良的上网环境也会损害青少年的身体健康，甚至可能会造成人身伤亡事件。

网络人际交往中普遍存在的人际信任危机，也有可能影响到大学生网民的现实人际交往态度，出现人际关系障碍。网络人际交往的虚幻特点，使得很多学生抱着游戏般的心态参与网上交际，不仅自己撒谎面不改色心不跳，对他人的言行也觉得毫无信任感可言。这种网上的人际信任危机很可能迁移到他的现实人际交往中，进而影响与他人建立和发展良好的人际关系。

网络人际交往往往给人以虚假的安全感。学生认为待在门户紧闭的自家卧室里，坐在心爱的电脑前是最安全不过的了。这里既不可能被人发现，也不可能被人偷窥，更不可能受到侵犯。这种自以为是的安全感使其放弃了起码的戒备心，给网络犯罪以可乘之机。事实上，这个貌似安全的地方却隐藏了太多的不安全因素。不仅电子邮件随时可能被人轻而易举地偷看到，连电脑上的信息都可能被浏览或破坏。随着网络犯罪案例的增多，安全焦虑又成为笼罩在网民头上挥之不去的阴影。人们时刻担心自己的电脑被网络黑客光顾，担心自己的个人隐私被偷窥，担心电子邮件背后的病毒，担心从网上走到自己身边的"熟悉的陌生人"。

（三）微时代下高校大学生管理工作的内容更加复杂

微时代下，加强对学生的舆情引导是学生管理工作中的重要内容，而舆情引导又是一项非常复杂的工程。微时代下，信息传播出去后，就会迅速得到关注、转发，且有可能在很短的时间内形成舆论，极易在学生群体中间造成广泛影响，甚至成为引发校园安全事件的导火索。

目前，大学生通过微博、微信、QQ等媒体平台产生的主要校园舆情言论有：参与国内外重大社会热点问题讨论的言论；关于学校办学形象及声誉的言论；对学校的教学教改、管理服务、基础设施建设等相关工作的意见及建议等类型。

"微时代"以迅猛之势到来，面对复杂的局面，高校还应建立健全对微媒体使用的监督管理机制，积极引导校园舆论，为学校的健康、和谐、有序发展提供更好的保障。

第二章

高校大学生管理的既有模式分析

第一节 高校温情化管理模式

一、温情化管理的理念

学生管理工作者的管理理念对一个学生而言是非常重要的。班主任要树立正确的班级管理理念，坚持以学生为本，在学生面前树立师者风范，同时又需和学生结交为朋友，拉近距离；在学生犯错时，不能一味地严厉，要给予适当的宽容；在学生取得成绩时，要毫不吝啬地给予鼓励和表扬，让温情的味道贯穿整个班级管理工作之中，让学生从辅导员身上感受到温情。

二、温情化的管理模式

温情化的管理模式要注重五个要素，即亲情化、友情化、温情化、随机化、制度化。

（一）亲情化是幸福的渊源

大部分学生认为，家庭幸福是自己最大的幸福。家庭是亲情的所在，学生重视家庭，班主任在管理班级时，可以把家庭中的亲情融入管理之中，采用亲情化的管理模式。对待班级的学生像对待家里人一样，不用一种外人的眼光看待学生的事情，而是用一种"自己家里人的事情"的态度去对待，让学生在班级中感受到家的温暖，感受到家人的亲情无处不在。同样，班主任也要引导学生树立班级是一个大家庭的概念，同学之间是兄弟姐妹，师生之间就像是父母与孩子的关系，让亲情在整个班级中贯穿。

（二）友情化是幸福的扩展

友情是一个人亲情之外的另一种非常重要的感情寄托，和学生结为朋友，增进距离，同时可以引导学生树立正确的朋友观。在某些人眼中，师生之间的地位往往处于一个对立面，尤其是辅导员和学生。采取友情化管理模式的第一步：辅导员和学生要结为朋友。这样，辅导员可以知道学生现在的兴趣爱好，了解他们对待事物的看法，探知其心里所想，便于进行班级管理。友情化管理模式的第二步：引导学生树立正确的朋友观。辅导员要让学生明确什么样的朋友才是真正的朋友，明确朋友的真谛所在。朋友是在你最需要的时候陪在你身边，在你不需要任何言语的时候给予你默默的帮助，会在意你的一些细微的变化等。友情虽然不及亲情般血浓于水，却也是非常长久的。一个人拥有真正的友情会感觉到非常幸福。

（三）温情化是幸福的内涵

温情是一种温顺体贴的情谊。温情式的管理模式主要是调动人的内在作用。

辅导员对学生应该采取温情化管理模式。对待不同类型的学生都温顺体贴，让学生感受到辅导员在班级一视同仁，没有任何的偏袒，非常公平公正，不会让学生因为自己学习成绩差，而以为辅导员看不起自己；因为自己非常调皮，而以为辅导员讨厌自己。这样，辅导员在学生心目中的地位就会加深一步，让学生感到在这个班级，拥有这样的辅导员非常幸福。

（四）随机化是幸福的催化剂

随机化的管理模式也就是在管理之中，随意性比较强，没有任何规则可以遵循，在班级管理之中体现为学生兴趣发展的随机化。班主任应该采取随机化的管理模式，对不同学生的兴趣爱好给予鼓励和支持，而不是在其之上强加一些东西，甚至是要求统一化。学生在班级之中能够表现出自己的兴趣爱好、特长，对其本身也是一种鼓励，学生内心中也会感到非常骄傲和自豪，幸福之感油然而生。

（五）制度化是幸福的方圆

制度化的管理模式就是按照已经知道好的规则来推动班级的管理。"不以规矩，不成方圆"。做任何事情都要有一个规则或是准则来要求自己，约束自己。班规对一个班级而言是必不可少的，身为这个班级的一分子，遵守班级纪律是非常重要的。班级的管理，可以有亲情、友情、温情，甚至是随意性的管理，但要以一定的规章制度作为前提。要求大家在一定的方圆之内体会亲情、友情、温情的含义，做到自己的兴趣爱好随机性地发展。如果少了一些规矩，幸福似乎就少了一些章法。

三、温情化的管理方法

（一）语言关怀

语言是一个非常深奥的东西，是一门艺术。作为人与人之间交流的一种媒介，我们不仅要注意说话的内容，还要注意说话的语气。辅导员在和学生交流的时候，要通过自己的语言，体现出对学生的关怀：多一些鼓励性的话语，少一些讽刺挖苦的言语；多一些赏识性的话语，少一些批评的言语；多一些尊重的话语，少一些霸道的言语；多一些关怀的话语，少一些蔑视的言语，给学生充分的肯定，使学生感到喜悦，感到幸福。

（二）行为关怀

如果说语言是一门艺术，行为则是另外一门艺术。行为是我们脚踏实地地把自己的一些想法展现给他人的一种媒介。辅导员在管理班级学生时的行为关怀，形式多种多样。幸福说简单很简单，说难也很难。作为一名辅导员，从学生的幸福感需要出发，采取温情化的管理，可提高学生的幸福指数，能让学生管理工作由难变易，让事情变得更简单。

第二节　高校精细化管理模式

一、精细化管理的全面阐释

（一）精细化管理的概念

"精细化"（也有学者称为"精致化"）的概念来源于管理学领域，最早可以追溯到科学管理之父泰勒的科学管理理念，后经日本丰田公司应用于生产并发扬光大，形成了"丰田生产方式"（TPS），即精益生产的思想。关于精细化管理的内涵，国内学者给出了一些答案。汪中求认为精细化管理是管理者用来调整产品、服务和运营过程的技术方法，以规范化为前提，系统化为保证，数据化为标准，信息化为手段，把服务者的焦点专注到满足被服务者的需求上。

（二）精细化管理的特点

精细化管理是一种管理理念和管理文化，其核心是以人为本，在管理过程中必须将人放在第一位，尊重人的主体地位和主观能动性。精细化管理讲求品质管理和效率管理的统一，在管理当中强调完善的制度、明确的标准、规范的程序、高效的执行力和精细的考核评估这五个方面。精细化管理具有四个特征。

1. 强调以人为本

人是管理中的第一要素。精细化管理是一种强调以人为本，全员参与的管理理念。在学生管理上，精细化管理强调每位教职员工和全体学生既是学校管理的对象、载体和参与者，又是学校管理的主体和实施者。学生精细化管理的目标就是让学校的每位教职员工、全体学生参与到精细化管理中来，最大限度地发挥自身的潜力，成为学校竞争力的一个有机组成部分，因此，精细化不只是学校领导和学生管理工作者的事，而是学校全体成员的事情，它是一个全员参与的过程。

2. 强调责任落实

精细化管理重视过程和落实，即强调每个管理参与者要落实管理责任。明确管理参与者的职责，要求每一个教职员工尽心尽责，将自身责任落实到位。这就需要有完善的制度，用制度保障责任的落实；要有明确的标准，指导教职员工如何落实职责；要有规范的程序，约束和指导教职员工的管理行为；要求管理参与者具备较高的执行力，落实领导层的决策；也要有完善的考核体系，督促责任落实和问题的整改。

3. 强调科学化

科学化是精细化管理模式的根本前提。精细化管理模式坚持以科学规律为指导，充分借鉴了科学管理模式中注重定量分析、讲求工作效率、强调绩效评估的特点，在管理思维、工作安排、方法选择等方面均体现了科学性。

精细化管理模式的科学性具体体现在三个方面。一是现代教育技术和科学方法的应用。现代教育技术和科学方法的应用为学生管理工作者提供了新思路、新手段，使学生管理工作者能够及时、全面、深入地了解学生，把握学生的思想动态，这极大地提高了学生工作的科学性、针对性和时效性。现代教育技术和科学方法的应用是实现学生工作精细化的重要途径，它不但减轻了学生管理工作者的强度，而且提高了其工作水平和质量。在手段上，它突出科技产品在学生工作中的应用，如广播、电视、网络、手机、多媒体等，借助现代化手段，拓展学生工作的渠道和空间；在方法上，注重借鉴和吸收其他学科的优秀成果和先进的工作方法，对学生工作的育人过程实现定量与定性、人文与科学相结合的管理，形成标准化、程序化、制度化的工作流程。二是组织机构的不断优化。精细化管理模式要求有良好的工作体系来实现。学生工作是一个系统工程，其实施需要多个组织机构共同操作。这些组织机构虽然担负的职能各不相同，相互间却密切配合，既覆盖了对学生教育、管理、服务的全部要求，又不存在要求交叉、职能重叠的现象。伴随学生和学生工作事务的不断变化，构成学生工作体系的组织机构也必须做出相应的调整、优化，以适应学生工作中出现的新问题、新情况，迅速做出反应。这些组织机构只有根据新形势的发展调整体制机制，才能胜任新时期的任务要求。三是工作模式的可持续性。精细化管理模式强调可持续性的科学发展，即一方面要求把学生工作中一些好的创新做法通过规章制度的建立将其固化，促使其传承；另一方面要求采取文字、图片或视频的形式，记录下具有鲜明特色、工作成效显著的做法，以供他人学习和参考。

4. 强调绩效性

绩效性是精细化管理模式得以顺利实施的根本保障。精细化管理模式的绩效性具体体现在两个方面。一是对学生工作的绩效评估。一方面，学生工作的开展与执行情况需要有一定的标准作为评判，精细化管理本身是一种标准化、规范化的管理方式，而绩效评估是构建在常规、标准管理之上的一种评判；另一方面，学生工作不仅是做人的思想政治工作，它也涉及人力、物力、财力等物质资源的合理分配，学生工作精细化管理强调学生工作效益的最大化与最优化，而绩效评估是对一个组织或个人在一定时期内的投入产出情况的评估。投入指的是人力、物力、时间等物质资源，产出指的是工作任务在数量、质量及效率方面的完成情况。由此可见，绩效评估的目的是实现投入与产出的最大化与最优化，在这个意义上，二者具有一致性。因此，学生工作精细化管理模式必然得引入绩效评估。二是对学生管理工作者、学生的绩效考核。与利益、薪酬挂钩的绩效考核能够引起学校自上而下的重视，有利于促进学生管理工作者和学生朝着精细化的目标和要求迈进，有利于实现学生工作的精细化，有利于实现学生工作育人的终极目标。绩效考核是一个不断发现问题、改进问题的过程管理，而不是仅仅对结果的考核，它的最终目的是实现学校、教师和学生的共同成长，通过考核找到问题、找到差距以实现提升，最后实现双赢。

（三）精细化管理的内容

1. 精细化的操作

精细化的操作是指管理活动中的每一个行为都有一定的规范和要求。每一位员工都应遵守这种规范，从而让管理更加正规化、规范化和标准化。

2. 精细化的控制

精细化的控制是精细化管理的一个重要方面。它要求管理的运作要有一个流程，要有计划、审核、执行和回顾的过程。管理者控制好了这个过程，就可以大大减少工作运作过程中的失误，杜绝部分管理漏洞，增强流程参与人员的责任感。

3. 精细化的核算

精细化的核算是管理者清楚认识自己经营情况的必要条件和最主要的手段。这就要求凡与财务有关的行为都要记账、核算。管理者还要通过核算去发现经营管理中的漏洞和污点，减少利润的流失。

4. 精细化的分析

精细化的分析是管理者取得核心竞争力的有力手段，是开展精细化规划的依据和前提。精细化分析主要是通过现代化的手段，从多个角度去展现，从多个层次去跟踪经营中的问题。同时，管理者还要通过精细化的分析，研究提高生产力和利润的方法。

5. 精细化的规划

精细化的规划是容易被管理者忽视的一个问题，但精细化的规划是推动发展的一个至关重要的关键点。管理工作的规划包含两个方面：一方面是根据市场预测和经营情况而制订的中远期目标，这个目标包括了规模、业态、文化、管理模式和利润、权益，等等；另一方面是经营者根据目标而制订的实现计划。所谓精细化的规划则是指制订的目标和计划都是有依据的、可操作的、合理的和可检查的。

二、高校精细化管理模式的可行性分析

（一）精细化管理与高校人才培养目标相契合

精细化管理与高校学生工作创新的管理理念和目标相一致，两者可以实现较好的融

合。此外，精细化管理与高校人才培养目标都注重"精品"意识，精细化管理强调精益求精，追求质量和可持续发展。同样的，现阶段高校人才培养质量的要求日益提升，人才培养质量的稳定发展和提升正成为衡量高校人才培养的重要指标，同时也是高校制订人才培养目标的重要基石，两者之间不谋而合，融合基础良好。

（二）精细化管理与高校工作的制度建设相符

制度建设不仅是精细化管理的核心，也是高校学生工作的关键环节。制度建设是精细化管理和高校学生工作的共同基石，也是实现两者融合的重要基础。精细化管理是企业生产经营成功和实践经验积累的精华所在，其实践应用主要是通过制度建设，构建科学合理且规范有效的管理制度体系，以应对和处理企业生产经营中纷繁复杂的各类经营管理活动，进而提高劳动生产率和企业生产经营效益。与此相同的，高校学生工作也是千头万绪、纷繁芜杂的，精细化管理制度建设的构建思想、制度制订和实施，为高校学生工作绩效提升提供了重要的思路。借助精细化管理制度建设规范和模式，高校可以制订系统规范、覆盖面广且切实可行的学生工作制度和学生管理制度，以规范和提升学生管理工作，对加强学生行为规范和提升学习动力等都有良好的可行性。

（三）精细化管理与高校学生工作的管理过程可融合

精细化管理强调管理过程的细节，尤其是目标设定、管理流程和管理实施等方面的规范化和标准化，这一点与高校学生管理工作亦是不谋而合。高校学生工作是由学生教育、日常事务管理和学生生活等多方面组成的复杂系统。高校欲提升学生工作的成效，需要注重目标设定、制度建设和管理流程等方面的每一个细节，尤其是对学生管理实践工作中每一个细节的追踪和控制。运用精细化管理理念，有助于高校实现精确目标设定、精确制度构建、精确管理决策和精确工作考核，将繁杂的学生工作融合为一个结构完整、管理规范的统一整体。

三、高校精细化管理模式的实施步骤

（一）确定管理目标

始终本着"以人为本、因材施教、全面发展"的基本教育管理思想，将重点放在对教学质量的提升上，通过科学的管理理念与方法，以创新作为突破口，强化教学的精细化管理，从而实现教学质量的全面提升。在学生面前，要形成新形象，负担起把学生培养成才的社会职责，而且在学校教育的过程中导入精细化管理的理念，主要采用全面化的管理方法和管理流程，确保精细化管理能够达到最佳水平，突出实效，促进学生在学习的过程中发挥主动性，让学生的个性化发展得到全面提升，让教师工作更加主动。

（二）细化管理工作各流程间的关系

1. 实施流程

（1）分析细节。高校要细化学生的管理工作，以目标为起点，不断地细化目标，实现层层分解，构建团结协作目标一致的团队。在学校管理当中，组织建设是作为基础性的工作，所以高校要从组织着手，构建党政合力、责任分层管理重心下移的基本管理模式。通过制度来抓紧构建相对全面的管理体制，逐步细化工作责任制度，对各个职责明确分工，从质量抓起，树立起产品质量意识，且将其在精细化管理当中贯穿始终。

（2）强化师资。师资力量是教育管理的基本保障。高校要注重加强教师培训，创新培训形式，注重培训"走出去"与"请进来"，可以采取几种措施：通过寒暑假的时间组织各种教师外出学习、调研观摩，深入开展教学实践，切实提升理论联系实际的教学水平；邀请经验丰富的教师、教育专家对在校教师开展有针对性、有层次、有规划的在岗培训，通过试听教师讲课、查阅备课资料等方式，提出教学改进措施；有条件的要建立教育鼓励资金，支持教师自学深造，在继续教育中提高综合素质。

（3）过程管理。过程的开展应当始终本着以结果为基本导向，不断提高管理效率，其中所有的过程都应当讲究精细化，比如学习、生活、课堂等各个方面应当在学生管理当中详细规定；在教学层面以及不同环节要制订比较规范的规则，教育的目标要不断地分解，而且把教学管理从之前的传统管理把关转化成过程中的不同环节质量的控制；服务管理层面构建全天候的隐患排查机制以及应急响应机制，对学生的安全隐患要做到事先预防；饮食卫生应当采取定期与不定期的检查和抽查制度，构建详细的检查工作档案。

（4）考核评价。管理的重点在于有效落实，充分地发挥指挥棒的基本效能。谨慎选择评价结果的呈现方式，在考核过程中，本着激励为主，始终立足于教职员工的全面发展，分析过去和未来的发展；而校级的督导部门则承担对学校的全面检查和监督权，其他各级领导应当在权、责、利方面详细明确，实现人人管理、处处管理的基本原则；对之前教师评价的考核方法，从以升学率为主转向学生综合素质提升的层面；促进家长和学校之间的交流，把家长的评价当作是教师评优评先的一项重要依据；确保每月实现奖惩兑现，期末总结表彰，充分落实管理责任，有效地形成精细化管理的模式。

（5）建设校企通道。校企通道要贯穿学生管理的全过程。校企通道关系到学生的就业前景，是学生进入企业且满足岗位需要的主要基础。管理工作应将校企通道建设贯穿全过程，为学生建立实践的机会，支持企业在学校建立教育科研机构，鼓励教师深入企业了解运营流程，深入开展实践调研，了解行业动态和社会需求。通过校企通道的建设，高校最终实现教育管理的目标，帮助学生成长成才，顺利进入工作岗位，培养为社会作贡献的专业技能人才。

2. 各步骤的实施关系

精细化管理要积极地转变观念，这是实施的第一个步骤；继而转向细节分析，通过完善制度、细化责任、明确分工、加强家校合作，对学生的管理从常规化走向精细化；师资力量是精细化管理取得实效的重要保障，应注重管理教师队伍自身素质的提升；校企通道建设能够帮助学生顺利走向工作岗位。上述步骤都应注重过程管理，把质量观贯穿于精细化管理的始终。考核评价是对管理成效最为关键的一个监督点，将考核"指挥棒"的主要作用发挥到实处，才能够更好地落实管理工作。

（三）细化分解、归类管理资源

学校资源是学校持续发展的基础，根据学校的教学、管理、服务三大功能，又可以分为教育教学资源、学生管理资源、后勤服务资源。上述三类资源服务于精细化管理的各个流程，在资源分配上各有侧重，统筹安排，确保资源利用率的最大化，最大限度凸显管理合力。因此，要做到三点。

1. 加大师资队伍建设投入

人力资源是支撑学校教学任务完成、学生成长成才的重要资源。在资源分配过程中，师资队伍建设投入应占较大比例，尽可能多地将资源投入与教学、科研相关的活动中去，制订教师发展的激励政策，充分调动教师的主动性、积极性和创造性。一方面可以开展薪酬分配制度改革，将教师学术成果、教学贡献与教学实际相挂钩，激励教师队伍自我提升、自我革新，有关现金投入要较大程度地向骨干教师、教学能手倾斜；另一方面要增加教师的培训投入，分批次、有针对性地组织企业研学、专业培训等，全面提升教师的综合素质。

2. 保障学生管理资源充足

学生管理工作主要是指日常管理和连续性管理。日常管理主要包括学生的纪律要求、课堂考勤、请销假以及个人的德、智、体、美发展等方面，日常管理关乎学生的个人发展成效，高质量的学生管理可以建立很好的秩序，为学校的正常运转奠定基础。连续性管理则需要在较长一段时间内，通过建立学生个体的身心发展档案，填充足以证明学生发展过程和结果的资料，绘制个人的成长发展曲线，坚持问题导向，因势利导，促进学生的个性化发展。不论是日常管理还是连续性管理，都需要投入一定的资源予以支持，以维护学校的正常运转及学生个人的长远发展。

3. 确保后勤服务全面到位

高校重视后勤服务人、财、物的投入。高校要建立全方位、细化的公共设施管理机制，消除公共资源的浪费现象；做好现代化电子设备的管理工作，才能够改善使用效率且延长使用寿命；要强化学校的经费管理和支出管理，加强监督考核力度，构建食堂监督检查机制，尤其在饮食卫生管理方面更需要严格把关，严格控制食品的进货入口，充分落实校领导的全天候带班制度，完善学校保卫人员的夜间巡查制度，让校园安全全方位、全天候无安全死角；定期执行安全隐患报告制度并做好相关的安全检查记录，才能够很好地解决各方面的问题。

（四）精细化管理模式的实施方式

1. 细化常规管理，完善各项制度

高校要把常规管理充分地在教学、安全、后勤、师德等多个方面细化，有效落实考核督查等各项监督制度，形成完备的督查机制，在督查考察当中应当有不同的侧重点，有明确的责任。学校层面领导班子成员应当加大对校园的管理力度，充分做好统筹调度的各项工作，在学校内部应当基于一岗多责的要求，充分抓好安全工作，强化教职工师德与工作纪律的考核力度，实现管理的科学化、规范化以及制度化。

2. 细化教学管理，注重过程管理

教学精细化是高校实施精细化管理的主要内容，教学常规被细化为：集体备课、高效课堂、学科辅导和集体班会。各年级教育组按照细分的目标，促进备课计划和班级活动积极地落实，将学校计划、个人教学计划落实周到，工作中注重团结协作。各类会议、辅导都应有记录，学校通过督导、专项检查、月检、优质课评选等措施逐项检查、评估、考

核，结果与绩效挂钩。高校要落实以"教学常规"为主体的教研制度，及时推广教育科研成果。

3. 细化学生管理，提高德育实效

把学生常规细化为教书育人、服务育人、管理育人三条管理准则，积极地对待学生，呵护学生的心态，开展多种形式的主题教育，通过实践和研讨的办法培养学生，加强学生社团工作的开展，形成一种新的发展方向。充分发挥优秀学生在学生管理当中的辅助作用，逐步形成走廊文化、宿舍文化和教室文化。

4. 细化后勤服务，创建节约校园

高校可以从四个方面着手：第一，建立全方位、细化的公共设施管理机制，消除水、电、物的浪费现象；维护和管理好现代教学设备，提升利用率，延长使用周期；第二，加强学校管理经费和支出管理，加大监管力度；第三，建立食堂评价机制，组织学生、教师座谈会，对食堂服务开展评价；第四，组织学生、教师填写调查问卷，对师生的意见提出新的整改办法。

第三节　高校网格化管理模式

一、网格化管理模式的基本概述

（一）网格化管理模式的定义

近年来，随着网络信息技术的发展，网格化管理已经成为我国社会管理创新的一种新型管理模式。所谓网格化管理模式，是指按照一定评定标准将管理对象划分为规模抑制的若干网格小单元，建立起各小单元间的信息协调机制，同时利用先进的现代信息技术使各小单元高效地沟通交流，实现组织内资源的全面共享，从而达到整合资源、高效管理的现代化管理理念。

网格化管理利用网格小单元处理事务，有利于预测、及时发现问题；网格化管理通过对组织资源的统一调配、协同管理，实现对资源利用的最大化；网格化管理呈开放状，可充分调动管理对象的参与性，使管理者与管理对象深入处理问题，从而弥补一对多管理模式的不足；划分为各网格小单元使得信息在不同阶层和不同区域之间都可以无障碍传输，避免在常规管理模式中常有的盲区，有效确保了管理过程中的无缝衔接。

社会管理的组成部分就包含了高校学生管理，而高校学生管理工作的实施效果，不仅能影响到高校的人才培养计划、科学研究成果、社会名誉，还能对实现中华传统文化的传承与科研创新功能保驾护航，甚至对从中国实际出发，探索打造出具有中国特色的社会管理体系也具有深度影响的学理研究价值与现实意义。

高校学生网格化管理模式就是指建立在数字技术基础之上的，以单元网格管理为特征的一整套大学生管理思路、手段、组织、流程的总称。学生网格化管理模式可在学校传统管理体系不剧烈变动的前提下，重新设计高校学生管理运行体系、管理结构，形成管理区域内的网格小单元；通过建立及实施组织保障体系，明示学生管理工作的流程和组织；运用现代信息化技术及配置先进科学器材，形成科学的管理系统。总而言之，高校学生网格化管理就是以种种信息时代的技术手段，实现对学生管理的"块""条""点"的工作管理模式，最终实现学生管理工作的立体化。

（二）网格化管理模式的优点

1. 办理方便快捷

群众只需要通过信息平台反映问题或诉求，网格管理员统一受理，及时反馈服务结果；各种主管机构能在后台把握方向，及时把控每个环节；每个任务的处理情况快速上传平台，报告给网格管理员，以方便和群众互动，就简化了流程，从而提高了工作效率。

2. 快速响应

在网格化管理中，有一个独立的监督模块，实时地监察整个管理流程。如果出现异常情况，监察模块能迅速地做出调整，给相关机构一些调整建议。这些机构根据监察模块的建议，结合当时的实际情况，推动各部门快些响应，联动协作。

3. 资源的交叉共享

网格化管理的目的是资源共享，整合优化各种不集中的资源。例如，政府在处置突发事件的应急资源调度过程中，就要调用很多甚至所有部门的资料，实现不同部门的资源实时共享，大大提高资源利用率，也大大提升事件的处理效率。

4. 跨部门的高效联动

网格化管理中的资源共享是在各个信息结点之间流动，呈现透明高效特征。由于业务的状态和目前的处理状况都能实时获取，使监控实施更有效。在这种情况下，各部门弄虚作假、互相推诿、权责不分的现象无处可逃。

二、网格化管理模式的学理意蕴

高校学生网格化管理模式是对社会网格化管理模式的有机嫁接，是结合高校自身特点适量改造和创新的成果，这一模式的提出与运用是综合多学科研究的结晶，是充分萃取相关学科既有研究成果之精华，更是跨界研究的理论硕果，因而具有丰富的学理意蕴。

（一）哲学系统视角

系统论认为，人类社会是由诸多要素构成的有机整体，每个要素都在系统中发挥着不可或缺的作用，要素与要素之间以及要素与整个系统之间时刻发生着直接抑或间接的联系。将该理论寓之高校学生管理视域中考量，不难发现，高校学生管理亦是一个有机系统，其中包含着角色不同、职能各异等要素，且多种要素自身及其内部之间存在着千丝万缕、错综复杂的联系。例如，高校学生管理涉及学工管理系统、教务管理系统、团学管理系统、党务管理系统乃至后勤管理系统，这些系统定位不同，职责不同，在要素中的关系亦不同。学工系统涉及学生的日常管理，教务系统涉及学生的学业管理，团学管理系统涉及学生的社团管理，党务系统涉及学生的政治发展管理，后勤系统则涉及学生的衣食住行管理等。需要指出的是，这些系统在分工不同的前提下，不是一个彼此隔离、相互封闭的存在，而是你中有我、我中有你的关联。学生能否入党，不仅在于考察其思想觉悟的高低、政治素质的良莠，还要综合考查其学习成绩、日常表现、兴趣爱好乃至家庭政治背景等。基于此，学生的管理必须纳入不同的网格中，且网格间应彼此联络通畅，无缝对接，以实现对学生的整体管理、动态管理和精细管理。

（二）生态伦理学视域

生态伦理学认为，整个自然界是一个有机的整体，其中存在着多种多样的生态个体、生态种类和生态群落，而且在整个生态体系中占据一定的"生态位"。如果某个"生态位"出现缺位、错位抑或紊乱，势必造成生态伦理的破坏、生态环境的恶化，乃至整个生态系统的崩溃。同言之，高校学生管理亦是一个复杂综合的生态体系，校内各单位及学生等在整个体系内发挥着不同的作用，占据一定的"生态位"，而且该生态位职能具有确定性和不可替代性，一旦某个生态位出现缺失或错位，就会影响整体功能的发挥，给学生管理工作带来诸多不便。例如，毕业生毕业手续的办理，必须经过学生所在院系的审核、图书馆图书资料的归还、教务处学生成绩的审核、宿管单位学生退住情况的办理、财务处学生学费的清缴等多个部门、多个环节。这些环节之间是一个有机的流程，任何两个部门之间不能相互代替，否则就会出现功能越位、生态缺失的弊端，最终导致整个工作的被动。因此，只有将学生的管理纳入一定的网格之中，合理确定各级网格以及相应网格管理人员的职责，才能确保学生管理工作的有效开展、无缝对接和高效运转。

三、网格化管理模式的现实基础

（一）网格化管理的概念逐渐被学界认可

自20世纪90年代以来，国外相对先进的社会管理、城市与社区管理理论相继传入国内，如分权式模式、授权式模式、市场式模式、效率驱动模式、小型化与分权模式以及公共服务取向模式等，这些管理模式给国内城市管理理论带来了诸多启发。近年来，基于网格化管理的社会管理逐渐被国内学界接受。有学者指出，网格化管理是城市管理的科学，是城市管理的艺术，也是对传统社会管理理论的突破；也有学者认为，网格化管理融会贯通了西方的系统论、信息论、控制论和协同论等理论精华，对我国社会管理理论不失为一种有益的启迪；另有学者认为，对正在经历由传统农业社会向工业社会、信息社会变迁的当下社会而言，这一宏观背景更加迫切需要社会管理的创新与实践，网格化管理模式的出现为有效解决该问题提供了一种较为务实的方案。高校是现实社会的缩影，"象牙塔"是外部社会的生动体现，基于此，笔者认为，将社会管理领域有着广阔前景的网格化管理模式应用于高校学生管理实践是创新社会管理方式方法的题中应有之义，加之学界专家的诠释、论证和不断的支持，为网格化管理模式在高校学生管理中的运用和推广提供了现实支撑。

（二）现代信息技术在管理中的广泛应用

一种管理模式不能只是停留在理论的论证上，不能始终是坐而论道、纸上谈兵，必须有其推广的技术支撑和平台保障。目前，高校管理的数字化已初见端倪，数字化校园建设已列入大多数高校常规建设的议事日程，高校校园网的数字化平台、学籍管理的云平台、教务数据管理的网络化、学生党务系统的现代化等技术不断完善并投入使用，学生管理中的信息资源共享平台不断成熟。需要指出的是，基于上述成熟经验的实践运行平台业已完备，如基础数据平台、考核评比平台、系统管理平台、手机终端平台、三维立体地图信息平台等，这些便利条件为网格化管理模式在高校的系统推广和应用提供了天然土壤和可供借鉴的实践基础。基于此，笔者认为，社会管理网格化模式在高校推广已经具备了前期的物质和技术保障，高校需要做的工作是如何有效整合、科学融入分割的部门管理系统，以实现网格管理的共有、共享、共治，切实服务于高校学生管理、常规教学和科学研究工作。

（三）相对成熟的城市、社区的网格化管理经验

自网格化管理模式引入我国社会管理领域以来，在城市和社区管理领域得到了广泛应用并积累了许多成熟的经验。例如：北京东城区万米单元网格模式、河南漯河"一格四员"运作模式、宁夏石嘴山大武口区"4+6"运作模式以及山西长治"三位一体"管理模式等。另外，我国在这些相对成熟的城市网格化管理实践中也积累了较为丰富的经验。例如：JAVAEE 平台、SSH 框技术、GIS 数据展现、Web Service 数据共享、业务流程的动态设置、后台数据库 ORACLE 系统的运用、移动终端的访问等，实现了 PC 终端和手机移动终端的数据交互，解决了 GIS、MIS、OA 技术融合的问题。在核心功能板块上，也已形成了网格地图、业务流转、公文流转、统计报表、统计分析、短信平台、专题网站、即时通信、互动直通、督促检查、手机终端、预警机制、信息共享、绩效考核等层面的技术和实践的建设，这些成熟经验和现实条件为高校学生管理中物理网格与逻辑网格的划分，"人、地、事、物、组织"等要素信息的精细化管理、全程化管理奠定了现实基础。

四、网格化管理模式的实践值域

（一）高校学生党建管理中的应用

各级党政组织、各级党小组、各级网格服务团队、学生个体等是网格化管理模式的见证者与参与者，应力争构建"学生+网格单元+网格小组+各级网格长"的管理模式。详言之，以学生宿舍为网格单元，一个单元一般为 6~8 人，设立一个网格小组并指派一名学生党员或入党积极分子担任网格小组长，形成三级网格小组；若干个三级网格小组形成二级网格组，并指派教工党员担任二级网格组长；以二级网格组为依托设立一级网格，

由党总支书记担任网格组长。这种网格化管理模式打破了原有的班级建制,依据活动形式、学习形式和管理方式的不同而开展工作,例如,党章学习宣传网格、红色教育实践网格、英雄事迹探寻网格等,实现党建工作齐抓共管、齐头并进的新格局,切实发挥党建工作凝聚人心和宣传、引导的作用。

(二)高校学生团建管理中的应用

高等学校是团建工作的天然港湾,将网格化管理模式寓之于团建管理,具体而言就是建立以高校团委为网络中心,以班级团支部、社团团支部、公寓或宿舍楼栋团支部及网络团支部组合起来的四大联网体系。这四大网格涵盖学生的日常学习、第二课堂活动、居住场所等领域,实现了团建工作的生活化、日常化和常态化,从而有利于发挥各个体系的功能和团建工作的开展实效。例如,楼栋团支部可以有效克服宿管单位重管理轻教育、重理性轻人文的倾向,从而实现学生团建管理的全天候、无空隙;网络团支部可以有效发挥网络资源共享、超越时空、实时交互等优势,从而克服应届毕业生因实习、找工作不常在学校,管理不便的矛盾,切实实现对学生的动态管理、立体管理,最大限度地保障正常的教学、科研秩序,为人才培养提供良好的环境。

(三)高校消防安全管理中的应用

火灾猛于虎,高校消防安全不仅关乎师生生命财产安全,还是教学和科研工作顺利开展的必要前提。笔者认为,将网格化管理模式引入高校消防管理工作不失为一种可行的路径。以各宿舍、各班级、各实验室为基础成立消防安全三级网格,具体负责本网格的安全法规学习宣传、设备检查、线路排查等常规工作;以各院系为基础成立消防安全二级网格,具体通过阅报栏、校园广播、闭路电视、校园网络等媒介开展消防安全宣传;成立专门的消防安全管理工作小组作为一级网格,负责消防安全工作的整体部署和协调,从而实现消防安全管理"横向到边、纵向到底、管理到位"。

(四)高校学生突发事件管理中的应用

突发事件或突发公共事件涉及领域广、涵盖部门多,因而形成统一协同的应急体制机制是当下管理领域面临的突出难题。突发事件具有不确定性、破坏性、综合性、社会性、突发性和紧急性等特性。在突发事件的爆发前、爆发后、消亡后的整个过程中,高校应用科学的方法对其加以干预和控制,最大限度地发挥管理的作用,尽量使损失降到最低。就高校学生突发事件的管理而言，笔者认为，网格化管理模式在事件报告、事件分析、处置对策、辅助组织、制订指挥方案、预测和预警、事件的后期处理等方面具有独特的优势。在事件报告上，高校依托一线学生网格管理员，可以在第一时间，以最快速度，通过手机拍照、现场录像等方式将事件及时报送给信息中心，通过网格化管理的网格编码可以迅速获得事件位置、事件性质，同时通过数据的属性、位置，可以在现有的数据库中查找到所有的相关信息，为事件分析提供充足的信息。在处置对策与辅助指挥上，高校可以通过设立在各个楼宇的三级网格员，制订科学有效的应急方案，如分析现有的消防分布，查找最近的救援部门，分析最佳的救援路径，分析道路信息，及时疏导道路，等等。在此基础上，高校为指挥调度部门提供专业队伍、救援装备、医疗救护、储备物资等信息服务，从而最大限度减少损害，确保学生人身、生命及财产安全。

总之，高校学生网格化管理是一项复杂的系统工程，涉及面广，涵盖领域宽，这就要求我们厘清高校学生管理的特点、特质与特征，遵循管理育人的理念与原则，科学设计符合大学生成长成才要求的制度与办法，不断与时俱进，不断推进制度创新，不断研究新现象，建立新制度，解决新问题，为推动社会主义教育事业发展作出应有的贡献。

第四节 高校书院制学生管理模式

一、书院制学生管理模式的概念

书院制作为高校学生教育教学管理模式，其出发点和归宿是提高教育质量，培养优秀的人才，其本质追求是学生自由而全面地发展。教育管理的改革要以学生为本，从学生发展的角度思考问题，书院制的核心就在于坚持"以学生为中心"的教育理念。在梳理书院制理论研究和实践经验中，笔者发现书院制与"学生的全面发展"的需要相联系，无论是书院提倡的通识教育，还是欧美大学住宿学院倡导的博雅教育，都以"全人（total person）"教育为愿景，学生在拥有专业知识的同时，还应当接受通识教育的熏陶，以更好地与社会连接。这仅依靠专业学院是很难实现的，因而将学生的专业学习与素质培养、通识教育、学生事务从管理机制上分开，前者由专业学院承担，后者由书院承担，这是学生培养的一种结构性变革。书院提供完善的生活和学习设施，创设良好的学习和生活空间，实行混合住宿，为各学科专业的学生相互交流学习提供机会和条件，并开展丰富的学生活动。这些特征都与宿舍紧密联系在一起，因而，李翠芳认为，书院制是以学生宿舍为管理的空间和平台，以学生公寓为生活社区，对学生实施通识教育、思想品德教育和行为养成教育等方面教育的一种学生社区生活管理模式。书院的另外一个重要特点是实行导师制，为学生安排辅导员（supervisor）、导师（tutor）和学习指导员（director of studies），以更好地指导学生的学习和生活。

对书院制学生管理模式的概念，目前还没有很权威的说法，不同学者从不同的研究角度对书院制概念做了解释和定义。书院制就是指高等学校为实现学生全面发展和提高文化素质的目标，充分借鉴西方及港台大学书院制度，通过改革学生住宿与学生管理制度而建立的一套书院制学生管理体系。这些定义比较集中地体现了书院制的内涵和特征，具有一定科学性和合理性，但也存在着局限，如将书院制定义为实现通识教育（素质教育）和专才教育相结合，力图达到均衡教育目标的一种学生教育管理制度，显得比较笼统，未能很好地概括出书院制的特征。有的观点把书院制简单地视为国内高校对欧美大学住宿学院制的借鉴，视角比较片面。书院制是在传承中国传统书院精神，借鉴住宿学院的形式的基础上产生，在文化传承和学生培养目标等方面，两者存在着差异，不应把两者等同。

在借鉴诸多观点的基础上，本文认为书院制教育管理是坚持以学生为中心的理念，在传承中华传统书院精神，借鉴欧美大学住宿学院形式的基础上形成，以住宿社区为平台，统筹学生事务管理，实行导师制和混合住宿，开展通识教育和多元教育活动，为学生创造良好的学习和生活空间，促进学生全面发展的新型学生教育管理体制。

二、书院制学生管理模式的特征

（一）实行导师制度，指导学生学习生活

书院实行导师制是为了更好地指导学生的学习和生活，在中国传统的书院中，和谐融洽的师生关系被广泛关注和传承。各大学书院的导师制度可能存在差异，但一般来说，导师基本可以分为三类，一类是常任导师，主要由专职辅导员担任；一类是学业导师，一般由学校专业学院教师担任；还有一类是兼职导师，一般由具有管理经验的高年级学长或研究生担任。常任导师主要负责日常的学生事务工作，包括思想政治教育、心理咨询、生活指导等；学业导师通过学术讲座、学术沙龙、咨询导航、对话交流等方式，帮助解决学生在学习中遇到的问题，指导学生的课程作业和学术研究等；而兼职导师主要帮助学生解

决学习和生活中遇到的比较细节的问题，从过来人的角度给予帮助和建议。为了让导师对学生的指导有针对性和个性化，通常一位导师带 3 至 5 名学生，实行导师和学生的双向选择。书院的部分导师与学生同住书院社区，经常性地接触，师生间的感情变得熟络和融洽，导师深入了解学生，让因材施教成为现实，导师可以根据学生的个性和特质开展更加贴合的指导。在长时间的共处中，导师的一言一行也影响着学生，导师的人格魅力也在潜移默化中传递给学生，导师的学术追求也会感染着学生。

（二）实行混合住宿，促进学生交流学习

国内高校长期是按照同学院、同专业、同班级的方式安排住宿的，这种住宿方式便于集中管理，宿舍的结构比较稳定。为了弥补传统住宿方式存在的不足，很多书院实行了学生混合住宿。当前各大学书院实施混合住宿的具体方式不尽相同，但大部分书院实行的是同一学科不同专业的学生随机混合住宿。混合住宿为不同专业的学生创造了相互学习交流的环境，有利于开阔学生的学习视野，促进跨专业、跨领域的交叉学习，激发学生的创新思维和创造能力。互诘式的对话交流是学习的一种有效形式，混合住宿无疑有利于学生之间展开互诘式的对话交流。有观点认为，互诘式的使用理性可以让学生摆脱专业的假设和束缚，促进学生思维的发散与创新，使其获得广阔自由的发展。同一宿舍的同学作为一个紧密的群体，群体成员之间会产生相互影响，心理学家将这种相互影响称为同伴影响（peer influence）。学生混合住宿让这种同伴影响变得更加丰富多元，当学生在本专业学习中遇到困惑时，其他专业的同学带来的建议可能会帮助自己打开思路。混合住宿有利于扩大学生的交往半径，扩展人际关系网络，帮助学生学会友善地与他人相处，学会沟通时的理解和包容，更重要的是学会从不同角度去审视和思考问题。

（三）完善住宿功能，优化学生生活社区

书院制学生管理模式是以学生宿舍为载体展开的，书院一般具有完善的生活基础设施。书院制生活社区一般设有宽敞明亮的餐厅，提供营养均衡、干净卫生、口味丰富的餐饮，布置优雅的用餐环境，方便书院师生用餐。宿舍设有独立卫生间、洗漱间，有简单实用的家具，有的安装了空调和暖气，可以连接互联网，24 小时供应热水和饮用水。很多书院的宿舍楼内设有自助打印机、自动洗衣机、烘干机、生活药箱等公共设施和用品。在提升书院社区教育功能方面，书院设有图书馆或图书室，为学生提供阅览和借阅服务，藏书根据书院特色不同，在专业领域方面会有所侧重，如我国香港中文大学新亚书院以弘扬中

华优秀传统文化为特色，有关中华文化方面的藏书就比较丰富。书院为了拓展学习空间，开设学习室，用于学生自习，开设讨论室，方便学生交流讨论。为了丰富学生的生活，书院还设有运动健身室、文化活动室、音乐房和咖啡厅等，方便同学间的日常交往，学生还可以利用这些设施锻炼自己的个性和提升才华。有的书院配置导师的休息室和生活区，便于师生间的日常交流。有的书院还建有花园或小公园，创造休闲、怡情的优美环境，也可用来举办户外活动。书院的标志建筑也成了隐性教育的素材。

（四）开展文化活动，丰富学生课余生活

丰富多彩的文化活动是书院的重要特征之一，起到了增长学生的知识，展现学生的才艺，发挥学生的个性等作用，让学生的课余生活变得丰富和充实。梳理书院的学生文化活动，主要划分为三类：一类是学术文化类活动，包括学术讲座、学术沙龙、读书会、科技竞赛、校外交流等，如香港中文大学新亚书院钱宾四先生的学术文化讲座、汕头大学至诚书院的至诚·和君讲坛等；一类是文体活动，书院经常举办诸如音乐会、文艺晚会、舞蹈表演、体育运动会、诗词朗诵会等活动，学生在活动中可以充分展现自我天赋和才华，如西安交通大学彭康书院为了增强学生的体质，开展了集体早操等文体活动；一类是社会实践活动，书院为了增强学生的社会实践能力，开展暑期社会实践、社会调查、环境保护、户外拓展训练、公益志愿服务等活动，锻炼了学生的实践能力，同时也增强了学生的社会意识。此外，有的书院还会举行师生午餐会、创意分享会等活动。为了推动学生活动的开展，书院还会制订活动计划，成立社团组织，为活动开展提供支持，不断提升活动的质量和内涵。

三、书院制学生管理模式的现实依据

（一）社会发展对教育提出新要求

教育发展与社会的经济发展、政治文化有着密切的关联，社会发展水平制约着教育的发展进程，教育发展同时也发挥着推动社会变迁的功能。随着社会经济增长对知识的生产、扩散和应用的依赖程度进一步提高，社会进入了知识经济时代，经济发展需要优质的教育提供智力支持。国民经济和社会发展规划中将"创新"作为五大发展理念的首条理念提出，而创新需要依托高素质人才，高素质人才的培养需要依靠优质教育来实现。当前，我国经济发展方式正从依靠要素驱动向依靠创新驱动转变，处于经济发展方式转型时期，

需要培养一大批符合新型经济发展需要的创新型、复合型高素质人才，这是教育需要面对的新课题。不仅如此，随着经济全球化的进一步发展，世界各国的联系更加频繁，为了适应全球经济发展的潮流，教育应当在培养学生国际素养方面给予关注。更重要的是，我们正处于21世纪"知识时代"，在知识社会里，教育应该培养具有什么样的素养的学生，以适应这个社会发展的需要，这是教育管理最应关注的课题之一。

高校在培养人才的过程中，要回应当前社会经济新常态对人才培养提出的新要求，要为围绕21世纪知识社会人才应当具备的核心素养展开教育教学改革，书院制学生管理模式就是在这情景下的一种回应。在社会发展对人才培养提出的新要求下，书院坚持专业教育与通识教育均衡发展、培养全面发展人才的教育理念。书院制通识教育的开展，让学生在学习专业知识和技能的同时，也能够获得一般的文化素养，培养学生对社会事物的普遍性感知能力。为了让学生拥有良好的团队协作能力，能够与他人建立起良性关系，学会以恰当的方式处理解决与他人的冲突，书院在实行学生混合住宿的同时，营造良好的生活氛围，建立起一个有利于培养学生社会交往能力的环境。在教育内容方面，书院朝着多元化的方向发展，不断充实教育内容，科学的主题、生活的主题、情感的主题等都会包含其中。书院在教育方法方面，发挥生活化教育的优势，将教育内容融汇在生活中，让学生在自然而然中获得某一素养。而在教育环境方面，书院营造丰富的教育环境，发挥环境育人的作用，让学生能面对各种情景，触发内心的体悟。

（二）学生主体发展提出新的要求

在教育活动中坚持学生的主体地位，充分发挥学生的主观能动性，促进学生主体自由全面的发展，业已成为教育工作者的共识。日前，高校围绕如何培养学生的主体性、基于学生主体性的教育教学创新等问题展开了不少研究。主体的哲学意思是指对客体有认识和实践能力的人，而主体性是指人在实践过程中表现出的能力、作用、地位，即人的自主、主动、能动、自由、有目的地活动的地位和特性。虽然在教育教学活动中应当坚持学生的主体地位，然而在教育实践中，我们会发现学生的主体地位被不同程度地忽视，存在着应然与实然之间的较大差距。长期以来，高校培养学生的目标性比较强，在教学活动中往往设置了预设性目标，将学生简单地作为知识的接受者，在教学中倾向于将静态的知识经验传授给学生，而没有很好地鼓励学生去观察和思考知识的意义和发展逻辑，忽视了学生构建知识的主体性；在学生管理方面，高校一般通过科层式学生管理组织集体化管理学生，强调整齐统一的管理方式，在管理过程中多以禁止性规定约束学生，这种方格化的管理使学生的个性得不到施展，学生的主体性诉求得不到表达；在学校的文化氛围中，有些学生对知识的学习附带着"利欲"色彩，学习的内容以通常意义上的"有用"为主，学生的主体价值追求受制于专业技能学习带来的"利益"。

在书院的学生管理工作中，奉行的是一种引导性的"理顺"，而不是强制约束性的"管制"，学生的主体诉求在宽松的管理环境中也能得到自由的表达，学生管理工作者也能给予积极的回应。在学生管理中，学生不是单纯的被管理客体，同时也作为管理主体充分发挥主观能动的作用，书院通过让学生积极参与学生事务管理，在这个过程中学会自我管理、自我服务和自我教育，从而促进其主体性的发展。由于社会外界环境对学生影响越来越深刻，学生主体性的发展也呈现出多元化，特别是信息技术的发展推动了学生的学习从线性向非线性转变。非线性学习具有学习时间的碎片性、学习空间的多样性、学习内容的离散性、信息传递的拖拉性以及知识建构的主动性等特征。而书院制能够更好地适应这种非线性学习的转变，由于学生除了上课时间，很大部分时间都在住宿社区，书院就可以利用零散时间开展一些教育活动。适应学习空间的多样性，书院可以通过圆桌讨论、小组学习、线上信息共享等方式来实现。总之，书院制学生教育管理模式面对多变的外界影响，能够更加灵活地适应发展的需要，更好地促进学生主体的发展，通过提升学生的主体性，作用于学生的内心世界，让学生能够以自己的方式构建自身的知识体系和完整的自我。

第三章

高校大学生管理模式的多元发展

第一节 高校教育管理层面

一、提高管理者自身的综合素质

随着我国高等教育的逐步普及以及与国际接轨，各高校面临着激烈的竞争，高校管理者也面临着新的任务和挑战。高校学生管理者除要承担教师应尽的责任之外，还因其管理者的身份，承担更多特殊责任，这就要求其必须全面提升自身的综合素质。

（一）高校学生管理者的责任体现

一所高校的成败很大程度上取决于这所高校的领导者的水平，高校学生管理者的能力素质对高校的发展和大学生的成长成才有着至关重要的影响。然而近年来，在从事高校学生管理的这个群体中，有些管理者存在着责任感不强的现象，影响着高校的发展和大学生的健康成长成才。具体体现在：部分高校学生管理者对大学生的管理缺乏科学性，不注重调查研究工作，不注重大学生的成才规律和大学生的个性发展规律，在工作中缺乏社会责任感、持久性和稳定性，工作不得法，影响了大学生的健康成才。为了使高校学生管理者对所处的时代和所肩负的责任有一个具体深入的认知，高校学生管理者要注重自身管理能力的提高，不断地吸收新的信息，不断地实践和总结，培养良好的执行力和良好的沟通协调能力。管理能力的提高是一个学习和训练的过程，过去的知识和能力固然重要，但不等于说我们就可以用过去的知识和能力应对现在和未来，要用发展的眼光培养自我的责任意识。要注重高校学生管理方法的研究，增强自身科研素质，明确管理目的，为管理素质的提高奠定基础。高校学生管理者如将科研作为管理过程的先导，管理就能深入，就能在学生管理中不断发现问题，不断完善管理方法，不断探索新问题的发生过程，使高校学生管理活动沿着科学化、规范化的轨道研究实践。因此，高校学生管理者素质的提升是培养创新人才的保障。高校学生管理者责任体现必须围绕着高校建设发展、大学生成长成才的需要。

1. 促进高校教育发展的责任

目前，高校学生管理者基本上接受了系统的高等教育，掌握着先进的科学技术和管理方法，是高校发展中一支朝气蓬勃、出类拔萃的队伍，应该努力用自己的聪明才智为高校的发展尽一份力量，为大学生的成长成才服务，这是历史赋予高校学生管理者不可推卸的责任。在科技进步突飞猛进、知识经济已见端倪的今天，我国科技正面临着挑战。高校学生管理者接受了正规而严格的治学熏陶，领略着各门学科的无限风光，探求着自然与社会的最新宝藏，因而有能力，更有责任和义务，促进中国教育的发展，在高校竞争的舞台上一显身手，推动高校进步。高校学生管理者要对祖国的教育和人才的培养有着高度的关注和思考，对建设有中国特色的社会主义教育、办好人民满意的高校有着比较深刻的理解，能积极投身于高校建设，为不断推进高校的发展而努力。

2. 推动大学生成长成才的责任

对高校学生管理者而言，不仅要注重自我的发展，更重要的是要挑起高校教书育人的重担。高校学生管理者要勇于冲破旧势力的束缚，清除各种历史的和现实的陈腐观念，在办人民满意高校的道路上实现自身的发展和完善，以此促进高校教育的发展和大学生的健康成才。责任感的重要性是不言而喻的，责任感的培养和增强既需要高校学生管理者本身的努力，也需要社会外界条件的帮助来共同完成。引导高校学生管理者通过实践来体现责任，积极拓宽高校学生管理者与社会沟通的渠道，提供各种各样的锻炼机会，使其能够真正接触社会，以成熟的观点认识社会现象，宣传倡导良好的社会风尚，坚决批判和抵制不良社会风气和社会现象，从而培养自身辨别是非、应对复杂局面的能力。只有这样，才能帮助大学生明辨是非，树立正确的世界观、人生观、价值观。

（二）高校学生管理者的素质优化

高校学生管理者在工作中除了集思广益、博采众长外，还应具备管理、规划、发展、远景展望的能力，工作不能停留在表面上，必须有计划、有总结，这样才能保证执行的效果，在执行过程中，绝不能随遇而安，要打破因循守旧的观念，树立大胆创新的观念，自觉运用创新思维，完成高校目标，这就必须培养自我管理能力与社会责任感。

1. 注重知识更新，加强责任引导

高校学生管理者要在意识到自己责任的同时，把它升华为一种自觉的内心信念，升华为义务感，形成强烈的社会责任感。培养自我管理能力，要把高校学生管理者具备的政治素质、业务能力、增加工作经验等作为能力管理的主要内容，根据高校学生管理者的具体情况和需求，有针对性地加强学习与培训，保证获得工作急需的工作技能和方法，促使高校学生管理者运用自己的理论优势帮助大学生成才，促进高校教育的发展。高校学生管理者作为教书育人的责任主体，具有公民的权利和意识，也必须具有办人民满意高校的责任意识，从而引导高校学生管理者正确认识个人与社会的关系。认清、承担社会责任是实现自我价值的必由之路和强化构建和谐学院的思想基础。个人与社会之间既有区别又有联系，是共生共存、辩证统一的。发挥好高校学生管理者的主观能动性和创造性，使他们善于运用科学理性的思维去分析问题、解决问题，充分发挥高校学生管理者自身的优势，鼓励自我，勇于创新。青年高校学生管理者接受新鲜事物快，上手能力强，勇于创新，可以通过以老带新、亲力亲为的方式拓展渠道，根据"求新""求异"的特点，加强其社会责任感的有效引导，帮助青年高校学生管理者用理性的思维处理各种纷繁复杂的事物与矛盾，在实践中提高青年高校学生管理者的责任感和事业心。只有这样，高校才能培养出服务社会的人才，学生的自身价值也才会得到充分体现。

2. 注重能力管理，拓展创新载体

高校学生管理者要培养健康的心理素质，锻炼坚强的品质且增强抗挫折能力。高校学生管理者在工作中常常会遇到不顺心的事情，会感到委屈、郁闷，这种心情会在很大程度上影响工作的效率和准确度，甚至使得面临的情况愈加困窘，所以要注重培养自己的心理素质。高校学生管理者要有坚定的职业精神，只有对自己的本职工作付出热情和心血，才能真正做好事情。在繁重而枯燥的工作中，高校学生管理者只有选择耐心与认真，才能不折不扣地完成教书育人的任务。高校学生管理者的最终目的是为学院发展服务，为社会培养优秀合格的人才。高校学生管理者只有具备了社会责任感，才能培养出社会需要的人才。对高校学生管理者能力管理和社会责任感的培养二者良性互动，是高校学生管理者全面、和谐、自由发展的必要途径。

二、切实落实高校学生管理工作

在高校学生管理工作中，辅导员扮演着重要角色，不仅要管理学生，还要教育学生，

正确引导学生的学习和日常生活，帮助学生树立正确的世界观、人生观和价值观。分析高校学生管理工作中辅导员的角色，能促进辅导员更好地对大学生开展教育和管理工作。

高校的建设与发展也在国家改革开放以及经济社会深入发展的背景下逐步进入新阶段。在新时期，高校辅导员需要承担的责任很多，落实大学生德育教育、落实高校规章制度、组织大学生参加各种教学活动、为大学生提供专业辅导和择业辅导、疏导大学生心理、帮助大学生解决困难、在大学生中发展党员等，可以说高校辅导员责任重大，其扮演的不单是"政治辅导员"角色。高校辅导员的工作任务特点是艰巨、复杂且十分琐碎，这就要求高校辅导员心理素质、道德素质以及专业素质应该都较强。在高校管理工作中对辅导员角色准确定位，不断寻找提高辅导员管理工作效率的方法，可以积极促进高校辅导员管理工作的开展，实现对高校学生的合理、有效管理。

（一）辅导员在高校中的地位及作用

高校辅导员在教育学生、管理学生、服务学生方面肩负着重要责任，同时又是高校对大学生开展思想政治教育工作的骨干力量，组织大学生接受思想政治教育，切实落实高校思想政治教育工作，指导管理学生的日常生活。

1. 管理协调

高校辅导员要无微不至地关怀学生，做到事无巨细，让学生感到温暖，比如指导学生如何管理日常事务、如何管理班级规章制度、如何组织班级活动、如何动员和促进学风建设等，高校辅导员在班级管理工作中要付出足够多的汗水和心血。高校辅导员被高校师生公认为是"学生工作管理员"，其在工作过程中要协调校内各部门与学生之间的关系，做到校内各个环节有效衔接，充分发挥高校的管理育人力量。

2. 纽带桥梁

通过辅导员可以架起高校与学生之间沟通的桥梁，辅导员要负责收集和处理学生的意见和要求，贯彻落实高校政策法规、规章制度，组织学生开展各种校园活动。由此可见，高校辅导员加强高校与学生之间的思想沟通，能够为高校的育人工作创设和谐稳定的氛围，促进高校管理工作高效稳定运行。

3. 教育疏导

高校辅导员采取近吸式教育模式教育大学生，教育工作涵盖大学生的各个方面，不只停留在思想教育层面，重点工作是帮助大学生开展职业生涯规划，促使大学生树立远大理想，形成正确的世界观、人生观和价值观，使大学生在学习、生活和工作态度方面端正态度，为高校培养高素质人才提供保障。

4. 成才导师

辅导员会影响到学生的方方面面，如思想观念、价值取向、处事态度、行为方式以及学习成绩等，优秀的辅导员可以对大学生产生积极影响。辅导员是大学生进入大学生活后面对的第一位导师，其负责大学生四年的学习和日常生活，而且对大学生的学习和生活予以引导，直至四年后毕业。在高校阶段，学生身体发育以及思想成长逐渐成熟，辅导员对大学生能够产生潜移默化的深远影响。

（二）高校辅导员的工作策略

1. 加强学习，做个"教育通"

辅导员的一项非常重要的工作是对大学生开展思想政治教育，为学生与高校之间架起沟通的桥梁，因此，高校辅导员要努力成为"教育通"，积极引导学生参加各种思想教育活动，提高学生的思想政治觉悟。

第一，高校要积极开设思想政治教育课程，或者是专题讲座，组织学生在课程或者讲座中积极讨论，充分发表自己的见解。之后，辅导员再予以补充，让学生在学习过程中树立正确的世界观、人生观以及价值观。

第二，辅导员要引用一些经典话语对学生开展思想政治教育，做到用事实讲话。

第三，辅导员要提高自己的思想政治境界，教育学生的同时要以身作则，正确对学生开展思想政治教育。辅导员要不断提高自身的思想政治素质，努力树立在学生心目中的良好形象，为学生树立榜样。

第四，为了能够及时了解学生的思想动态，辅导员要及时与学生交流，针对学生的实际情况采取不同的教学方法。

第五，考虑到学生通过网络渠道以获取信息的特点，辅导员要充分运用网络技术对学生开展思想政治教育。

2. 身体力行，做个"好榜样"

第一，与其他课程教师相比，辅导员与学生交流的时间更长，所以很容易为学生树立良好的榜样。学生的素质直接受到辅导员素养水平的影响，因而辅导员要不断提高自身的综合素质，时刻注意自己的言行举止，做到以身作则，为学生树立良好的榜样。

第二，有很多学生可以作为榜样，教师要积极发现且善于利用，使学生能够感受到身边同学的榜样力量，激发学生的学习积极性。辅导员可以选取一些有代表性的学生为榜样，发挥其带头作用。

第三，辅导员要积极组织学生开展学习榜样活动，比如学习雷锋榜样活动，鼓励学生到社区做义工、到养老院慰问老人，充分发挥学生的助人为乐精神。

3. 全面发展，做个"多面手"

第一，辅导员是学生思想上的引路人。以提高学生的思想觉悟为出发点，辅导员要不断加强自身的思想政治素质，且积极组织学生开展党团思想教育活动，为学生树立起学习榜样。

第二，辅导员是学生学习上的引导者。辅导员在学生工作方面不仅要发挥管理者职能，也要发挥教育者职能。辅导员以教授学生有效的学习方法为出发点，积极学习，掌握相关专业知识，而且通过课程教学和活动教学等方式向学生传授学习方法。

第三，辅导员要做学生的知心朋友，要关爱学生。高校学生还处于成长阶段，辅导员要给予学生更多的关心和爱护。辅导员要及时了解学生的学习和生活状况，及时帮助学生解决学习和生活过程中遇到的问题，让学生感受到温暖，赢得学生的尊重和信任。

第四，辅导员要充当学生的心理疏导者。高校学生还没有摆脱青春期带来的烦恼，面对就业压力和升学负担，学生的心理上很容易出现问题，辅导员要积极学习且掌握相关心理学知识，及时疏导学生心理，帮助学生形成良好的心理状态，促进学生健康成长。

第五，辅导员要指导学生的就业。学生临近毕业时往往就业方向不明确，辅导员要引导学生设计职业生涯规划，让学生准确定位自己，在明确自己就业目标的前提下，制订符合自身实际的职业生涯发展规划，促进自身职业目标的实现。要积极组织学生开展职业生涯评比活动，使学生能够根据自身发展实际制订职业生涯规划。辅导员还要积极引导学生参加社会实践，让学生在社会实践中学习知识，积累经验，顺利实现就业。

总之，在法治化社会环境下，辅导员扮演的角色越来越多，面对思想活动日趋活跃的现代大学生，辅导员要不断学习相关专业知识，不断提高自身修养，提高自身综合素质。辅导员在管理学生过程中要及时了解学生各方面的状况，对其予以正确引导，让学生少走弯路，进一步提高学生的学习效率和综合竞争力，促进学生全面发展。

三、掌握高校学生管理的关键点

学生管理工作是高校整体工作的重要方面。在具体实践中，高校学生管理者应注意把握其中几个关键环节，主要包括：入学教育、学生干部选拔、评优评模和组织纳新、军政教练员选拔、批评教育、开学和放假、大学生基本信息管理、就业信息提供、反馈效果与实践指导等。全面把握大学生管理的关键环节，才有可能使大学生的管理工作走上更加规范而又科学的轨道。

（一）入学教育环节

高等教育实行的是自我教育、自我管理和自我服务的管理模式，而大多数学生的自我管理能力和自我约束能力较差。因此，高中毕业生如何实现向大学生的转变和过渡，入学教育是大学生管理工作的第一个关键环节。在入学教育方面，要重点搞好军政训练，如队列、内务、学籍管理规定、日常行为规范、考试制度等方面的教育和强化训练，同时，还要加强不同专业学生的专业思想教育，使学生真正明白，科教才能兴国，中华民族要想在世界上永远立于不败之地，首先要振兴教育事业，其次要使学生了解本省乃至全国各行各业，尤其是本专业的发展现状和前景，使学生尽快树立一种"今天学知识，明天建祖国，现在准备好，将来去奉献"的职业道德观念，使"奉献自己、服务他人、努力打拼、不断创新"的信念成为其终身追求。最后，经系部初赛，评出军政训练先进班集体，在新生军政训练和入学教育总结大会上汇报表演。在入学教育的过程中，各系部的学生主管领导和辅导员应切实负起责任，加强指导和督查，确保新生入学教育的环节搞得扎实且富有成效。

（二）学生干部选拔环节

学生干部的表率作用和榜样作用是无穷的。在学生眼里，班干部的经历有助于其今后的发展，因为当了学生干部，不但荣耀，而且是党组织纳新的优先对象，同时，学生干部的经历会对其今后的就业产生积极的影响。

在选拔学生干部上，必须坚持公平原则，选拔那些品学兼优，具备一定组织能力，在学生中威信较高的学生。在选拔和配备学生干部时，辅导员应当在新生入学前首先审查新生的档案信息资料，全面掌握学生的思想政治情况和家庭基本情况，把政治上可靠、学业上优秀的新生作为学生干部的备用人选。新生报到后，辅导员可以提名一些优秀的学生担任班委会、团支部临时干部，经过1~2个月的实践考察，履行民主推荐的程序，分别确定正式班委会和团支部的学生干部人选。

（三）评优、纳新环节

在学生管理方面，评选"优秀团员""三好学生""优秀学生干部""优秀毕业生"以及评定奖学金、党组织纳新是建立良好的班风、学风和校风的重要激励机制。"优秀团员""三好学生""优秀学生干部"以及奖学金，每学年评定一次；"优秀毕业生"，每届学生评定一次；党组织纳新，一般每学年两次。每次评优、评奖和党组织的纳新工作，高校学生管理部门都会印发相关文件和要求，关键是各系部和辅导员要按照文件精神认真抓好落实，认真履行职责，真正评选出那些政治上可靠、学业上优秀的学生，把那些拥护党的领导、积极要求上进的学生早日吸收到党组织中，把评优和组织纳新的激励作用发挥到最大。

（四）批评教育环节

无论是辅导员，还是专职的学生管理者，如果只注重关心爱护，容易使学生形成姑息迁就甚至纵容心理；如果只注重严格要求，学生容易产生逆反心理，就会对教师敬而远之。关心爱护和严格要求，二者是相辅相成、缺一不可的。因此，当学生遇到生活、学习上的困难时，辅导员和专职管理者及时给予关心爱护和帮助是非常必要的。同时，当学生自由散漫、不尊敬师长、不能遵守校纪时，教育管理工作者应当注意及时对学生开展批评教育。

（五）大学生基本信息管理环节

高校中的学生来自五湖四海，来自不同的民族、省份，每个学生的生活习惯、性格、兴趣爱好等都不同。不同的民族更有着不同的民族风俗，家庭经济条件好的学生和家庭经济条件不好的学生有着不同的处世方式，尤其是单亲家庭或是家庭有重大变故的学生容易自闭和孤僻，这就需基层管理者，尤其是辅导员掌握每个学生的基本信息，建立每个学生的信息档案，包括姓名、性别、籍贯、民族、家庭成员基本概况、经济条件、联系方式、谈话记录等。经常与学生交流，使来自不同民族、不同地域、不同家庭背景的学生和谐相处，以形成良好的班风。

（六）反馈效果与实践引导

高校学生管理工作效果反馈机制的建立是高校开展学生管理的关键环节，是全面分析学生心理状态、学生学习动机、思想的重要理论依据。通过对学生管理工作反馈效果的分析，把握学生内心的变化状态，建立相适应的反馈机制，充分了解高校学生的个性化需求，尽可能为学生的健康成长创造便利条件。针对在思想与行为上需要纠正的学生，要做好教育疏导工作，引导学生深思努力学习的重要作用，树立爱国主义精神，形成与社会主流文化发展相契合的世界观、人生观、价值观。实践工作中要高度重视高校学生管理工作与校园总体发展方向的融合，针对不同学生的生活状况与自身基础水平，创建出更加适合本校工作与学生个性化并存的学生管理机制，避开在相关制度实施的过程中出现的生硬现象，达到高校管理更加民主、透明、和谐，更加适应大多数学生的心理，弥补个体存在的差异。在高校学生管理的过程中，高度重视学生学习品格的培养，引导学生具备全局观，以社会需要为学习基础，开展一系列的教育宣传活动，培养高校学生成为社会主义市场经济需要的优秀人才。

四、掌握高校学生个体管理的艺术

（一）制度功能

规范性制度和激励性制度在高校学生管理中都有其存在的合理性和价值。分析制度这两种主要功能的价值取向和限度，不是要否定规范性制度在高校学生管理中的作用，而是要注重两种制度功能的价值取向和限度，在各自的层面上发挥其有效性。大学生已具有很强的独立人格和尊严，有非常明确的是非观和价值判断，不完全受他人设计、操纵和灌输，而是基于自身理性进行价值认知和选择。规范性制度应是准确定位学生的权利和义务，保障学生完整的公民权和受教育的权利，明确大学生作为公民和学生应有的行为规则和责任。因此，规范性制度的内容是对大学生行为的基本限定，对符合大学生基本行为规范提出要求和对不符合的行为给予强制性处理。

这些制度往往与大学生的义务和责任性的内容联系在一起，只有这些义务性的内容和责任性的内容，才可以用规范性的制度加以保障和规范。某种程度上也可以认为，规范性制度具有"普识"性权利和义务的要求。不能让规范性制度的触角伸得太长，不然就陷入学生管理制度设置的固有思维方式，把管理制度定位在"管住"学生，重点放在约束学生的行为上，以不让学生出事为目的。因此，规范性制度的价值取向是向内的，通过基本的行为规范和强制性的要求，形成良好的习惯，达到品德和素质符合社会公民的要求，或达到良好公民素质，引领社会文明。

除此之外，在学生管理制度中，我们应尽可能不采用规范性制度或强制性措施达到管理的目的。在我国，高校管理制度的制定与实施具有自上而下、以行政规划与管理为主的特点，高校的科层化倾向明显，层次结构划分的是权利和责任。科层制在社会组织管理中具有良好的效率和作用，而作为培养人的高校，本具有效率意义的科层制最终成为束缚人们自由的限制，我们会将学生的生活建立在一种由科层制统治的"铁笼"里。科层制的无情扩张，以及随之而来的科层权力的无情扩张，进入高校学生管理层面就呈现出对规范性制度的重视、偏向和喜爱。

更多的高校学生管理制度应以积极引导的价值取向，激发和激励每个学生的个体价值，充分肯定和体现学生的个体价值，增强学生积极向上的欲望和动力。激励性制度可以有效地启迪、敞开学生的价值世界，提高其价值判断能力、选择的意识与能力，敞开其通向可能生活的价值路径，让学生面对开放的、无限沟通的社会生活空间，从容、自主地建构个人的价值世界，成为生活的主体。人才有基本要求，却没有一致的标准，基本要求可以通过规范性制度加以养成，而对人才自身的发展，要通过多样的激励措施和多层面的肯定加以激发。制度或规则应该只是创设一种"教育的情景"，提供学生实践个体价值的活动场所或空间，以贴近生活实际的内容，提高学生价值认识、探究和体验的能力。

（二）制度设计

高校学生管理工作创新应高度重视制度创新，且努力使之健全、规范与科学。完整、成熟、合理、先进的学生管理制度，反映着一所高校德育工作的理念与机制，反映着高校人才培养的目的与要求，反映着高校学生管理工作的思路、模式与方法，同时也综合反映着高校学生管理工作的境界与水平。理性把握学生管理工作中制度功能的特点以及制度设计的原则要求，在突出制度执行的严肃性、规范性和教育性的同时，更注重加强制度设计，注重制度激励性功能的发挥，则是实现高校学生管理工作价值创新的重要途径。

制度设计要建立健全评价机制，优化绩效考核激励机制。一般意义上，学生的行为要求与个人自身的发展目标是一致的，限制向内，开放向外。通过制度激励性功能的发挥，将对学生教育价值的引导渗透于学生个体成长的过程之中，注重对学生道德德行的养成教育，无疑应该是高校学生管理工作的基本出发点和重要归宿。教育要通过生活才能发出力量成为真正的教育，同样，德行养成教育也要而且必须通过生活发出力量才能成为真正的德行教育，日常生活是个体德行的养成之所。

制度设计就是要把个人的道德理性与生活结合起来，通过发挥制度的静态与动态有机结合的激励性功能，强调细化管理、量化管理，在生活中验证、丰富、实践个人的价值理念，并且逐步形成稳定的道德行为习惯，形成个人在日常生活中稳定的道德思考、判断、选择以及行动的基本方式，从而实现学生在综合素质提高方面保持一定的张力和维度。

（三）价值实现

当代大学生管理制度应以开放、踏实、平等、尊重的内容、方式、方法面对这个复杂多元的世界，而有效发挥制度激励性功能，对实现高校学生管理工作创新则有着显著的积极意义。

首先，激励性制度与学生个人生活紧贴，可以加强学生对个人生活世界的体悟。人是社会关系的总和，总是与周围世界发生着意义关联，通过追寻自身与他人、社会与自我的牵连而获得意义。关注这个"我"生活于其中的世界，且作为一个真实的生命体在这个"生活的世界"中去积极地交往、感觉、发现、理解，增进个人对自我生活世界的自觉意识，逐步形成个人与生活的世界之间和谐、稳定、深刻的联系。

其次，激励性制度引导学生在价值冲突中审慎决断。在生活中，我们常处于两难甚至多难的价值冲突困境之中。道德主体"只有在同环境的相互作用中，凭借自己的选择才能实现自己的发展。社会提供了无限可供选择的道德情境，个体的道德习惯便是借助自己一定的思维和感情，对这些具体的道德情境自由选择的结果"。对多元价值的冲突和选择促进个体道德理性的发展和个体道德主体性的全面提升。

再次，激励性制度可以反复强化与训练，形成行为习惯。我们反对简单灌输和对行为的控制、强制。强调在过程中发挥价值引导的作用，积极鼓励和肯定学生对自身、对他人、对社会有益的行为，在制度中加以认可，不断地对学生的有益行为加以增强和延伸，实现对个体差异的尊重，促进良好行为习惯的养成。

最后，激励性制度注重学生行为的自我反思与评价。激励性制度中肯定式的价值评价，必然会激发和引起学生自我行为的认识和思考，且通过对道德行为的不断反思和循环问答，澄明价值并促进道德理性的发展。

第二节 高校学生管理层面

一、发挥学生的主动性

大学生的自我管理，包括大学生对自身的生理、心理、行为等方面的自我认识、自我感受、自我料理、自主学习、自我监督、自我控制、自我完善。具体来说，大学生自我管理就是通过反馈分析服务好三个方面，即了解自我长处、目标管理、学会做事和与人相处。

（一）自我管理的基础

了解自我最重要的就是找到自己的长处——这是大学生首先要做的事情。也许要用整个高校的时光，但越早发现对将来的发展越有利。发现长处不能靠闭门苦想，而要通过实践检验且实施反馈分析。因此，作为大学生，要敢于尝试，在高校学习期间要尽可能地涉猎广泛的书籍，在假期时要抓住每一个实践机会。一个有效的方法是，无论何时，只要你作出了一个重要决策或采取了一项重大行动，你都要记录下你期望的结果。3至6个月后，比较实际结果与你的预期。通过尝试比较，就清楚明了在众多的抉择中，有些是自己没有天赋、没有技能干好的；而你在某些方面上却一点即通，上手很快。人生短暂，善于明白自己长处的学生就懂得学习自己擅长的东西，从"入流"向"一流"冲刺，而不会在自己能力低下的领域里浪费精力，从"非常笨拙"争取做到"马马虎虎"。一个人的成就，只能建立在长处和强势上，不可能建立在短处和弱势上。

当然，一个人的成长是动态的，特别是对可塑性强的大学生而言，其具有的长处也是不断发展补充的。长处可以靠挖掘，也可以靠培养。为了更好地生存，人的无限潜能也能帮助自己激发和形成新的长处。因此，寻找长处不是固有的模式和框架，而是不断定期反馈分析，把寻找长处、培养长处与发挥长处统一于实践，才能让长处充分发挥作用而真正成为一种竞争优势。

在高校，学生在学习生活中难免有诸多抱怨，对自己、对身边总有着这样的不满意和那样的不顺心，这很正常。也许对很多人来说，当年轻有精力时，却没有做事的外部条件；当外在条件成熟时，可能人老没精力了。善于自我管理的人，才擅于自用其才，才能在广阔天地间让长处充分发挥。

（二）自我管理的核心

在明确了自己的长处之后，接下来就是目标管理。"做'正确的事'比'正确地做事'更重要。"问目标是什么，就是"做正确的事"，它包括两个方面。

第一，设立目标，让生活有明确的方向。作为一名大学生，首先要志向远大，目标明确。设立目标，要把握三个要点，首先是你的目标一定要结合你的优点，围绕你的长处来构思。设立的目标，要能强化你的长处，专注于你的长处，把潜在的优势转化为现实的优势。其次是目标必须具体，不能含糊其词，任何人都不可能去实现一个模糊的目标。例如，你打算考某项资格证，打算毕业时考研，而且打算毕业后找一份什么样的职业等，一定要确定资格证的名称、考研的专业、职业的性质。最后是目标要适中，既不能眼高手低，也不能自卑自贱。

第二，要分解目标，让自己随时充满紧迫感。目标可分为长期目标、中期目标、短期目标三类。长期目标要瞄准"未来"，要把眼光放到毕业后的人生当中。中期目标是当你设定了长期目标后，将它分为两半的"中点"目标。若设定10年期的长期目标，就把中期目标定为5年，5年较10年，实现的可能性更大。接着将5年再分成两半，直到得到了1年期的短期目标时，再按月分。短期目标是你应该最为关注的目标，一般不要超过90天，这样能取得更好的效果。通过这样分解，你就可以把有限的精力放到当前的目标中去，全力以赴。

（三）自我管理的内容

自我管理最终是要去服务社会，融入他人，而不是一味地管理"自我"。因此，自我管理很重要的作用和意义是在于它的社会性——学会做事和与人相处。学生经过高校教育，最终是要进入社会的，所以在高校教育中，在学生自我管理的内容中，重视社会性素质能力的提高十分关键。归根结底——"学会做事做人"。做事，除了做好事、做对事外，还要提高工作效率，以最佳的方式完成。做人，除了做好人、做对人外，还要做个成长快、成功快、受人欢迎和敬佩的人。

（四）自我管理的作用

学生自我管理渐渐成为高校学生管理重要的一面，具有显著的作用。

首先，能够有效地提高大学生的主动性，增强解决实际困难的能力。"自我管理"是以大学生为主的管理模式，大学生具有管理者和被管理者双重身份，学生主动参与管理，又接受来自自己的管理，充分体现了学生的主体性。

其次，有利于塑造大学生独立性品质，增强社会责任感。"自我管理"实质上是学生的自我约束。在高校规章制度的监督下，增强学生的自我控制能力和独立感，加强学生的主观能动性，使学生在学习生活中，对自己负责，对他人负责，对社会负责。

再次，能够帮助学生认识自我，发展自我。"自我管理"是一种软性的管理，学生在高校制度的约束下，能够充分了解自己的真正需要，在自我教育的过程中，有效地弥补自身的不足，实现自我发展。

最后，有助于丰富学生的校园生活，增强学生的实践能力。学生更能积极地去开展校园活动，丰富文化生活，增强交际能力，社会实践能力也会有所加强。

（五）高校学生自我管理的实践途径

1. 改变传统的管理观念，加强对自我管理的认识

在高等教育不断普及的同时，高校学生管理正凸显一些问题。比如说，学生管理仍实行一种强制性的管理模式，学生只能遵守高校的各项规章制度，从而限制了学生的自我发展；从事学生管理工作的人员，如辅导员，整天都忙于日常事务，或从事自己的工作，没有时间去了解学生的思想动态，不知道学生的真正需要，把握不了学生管理工作的关键所在；高校领导不够重视学生工作，整天忙于高校大大小小的事务中，把学生管理置之度外；有的高校不断修建新的校区，后续的工作没有跟上，对新校区的学生采取听之任之的态度，不闻不问。上述这些情况，在很多高校都很常见。然而，这种传统的管理模式已经不再适应新时期高校管理，因此，高校学生管理者必须转变这种观念，接受新思想，树立以学生为主体的学生自我管理理念。

2. 创造大学生自我管理环境，实行有效的自我管理

环境的作用对一个人的发展有很大影响。环境包括人和物两方面。大学生是高校的主体，是建设文明校园的主力军。高校只有充分发挥学生的自我管理作用，才能建设文明校园，才能培养出合格的大学生。宿舍是学生主要的生活场所，因此，宿舍氛围的营造是一个重要方面。合理良好的宿舍环境对培养大学生的自我管理能力发挥巨大作用。教室是学生学习的地方，保持教室的安静是每个学生必须遵守的首要原则。

3. 制订大学生自我管理的一些制度，引导大学生自我管理

要使大学生有效地自我管理，就必须有相应的制度来约束。实行自我管理，并不意味着放任自流，而必须有一些制度作为底线，否则，难以把握大学生的发展方向，违背高校人才培养的初衷。因此，相关制度的建立，对大学生的自我管理，起着一定的引导和约束作用。

总之，要想大学生有效地实行自我管理，高校全体师生必须意识到自我管理的必要性，在辅导员或学生管理工作者的指导下和一些相关制度的约束下，充分挖掘学生的潜力，增强其自我控制能力，在自我管理中全面发展。

二、改变学生的思想观念

伴随社会主义市场经济的逐步发育，高校学生的思想观念呈现出多元趋向的若干新特点。

（一）价值观念的多元趋向

其一，价值取向的多向化与功利化共存。社会现象和育人、用人的新模式深深撞击着高校学生的心灵，使其价值取向向多方发展，突出表现在就业选择上，他们认识到实现人生价值有多条途径，既可以在国内生根发芽，也可以到国外拼搏；既可以到党政机关、国有企业工作，也可以到私营企业服务或当个体户。

其二，价值主体的自我化与社会化共存。改革开放以来，高校学生在进取精神得到弘扬开拓的同时，自我意识得到明显增强。他们既赞成个体社会化的道理，又全面重新审视且高度重视自我价值，崇尚价值主体的自我化。他们认为在竞争激烈、优胜劣汰的市场经济社会里，在多元经济成分、多元经济利益、多元经济分配形式共存的社会主义初级阶段，必须凭借自我的主体性、能动性和独立性，才能实现自己的人生价值，进而特别珍视发展自己的个性兴趣，期望在竞争中表现自己的个性。当前，"以自我为主体"的人生价值观在高校学生群体中得到普遍认同，"自我设计""自我成才""自我实现"的意识已充盈其脑海。因而，其思想行为常处在自我化和社会化的矛盾之中，表现出一种身不由己处于社会大潮的无奈，看问题总是从自己的角度出发衡量一切的倾向，其价值取向在一定的程度上是以自我为中心向多方辐射。

其三，价值目标的理想化与短期化共存。每个考入高校、研究生门槛的学生，在心里都拥有一幅或大或小的宏伟蓝图。为实现自己的理想，他们十分关注社会政治、经济领

域的变革。在知识择重上,往往更注重直接应用于生产、经营方面的专业知识,而较忽视和冷落见效较迟却是实现远大理想必需的基础理论知识。有些人甚至片面地认为社会活动能力,特别是社交能力是一个大学生应具备的首要素质。其价值目标的理想化和短期化两种现象矛盾地共存于一体,心目中追求价值目标的理想化,却在行动中价值取向的短期化行为又显而易见。

(二)思想情感的多元趋向

高校学生思想观念多元趋向的客观效果具有二重性:一方面反映出高校学生的思想观念随着社会主义市场经济的建立得到了极大的启迪和更新,优胜劣汰观念、自主自立观念、效益效率观念、民主与开拓精神在高校学生中得到了确立和张扬,使其对改革开放和我国的新时代建设事业更加充满信心,这无疑是积极的、有益的效应。另一方面,思想观念的多元和无序则可能导致高校学生的无所适从;无论是价值观念、是非标准,还是思想情感,在根本上只能是一元而不能是多元。否则,自我意识的恶性膨胀将导致个人主义,功利意识的盲目发展会形成功利主义和享乐主义,是非标准的多元和思想情感的多向,会使其政治、道德乃至整个人生的成长与培育失去思想基础和方向目标。

高校学生思想观念的多元现象虽然是根植于经济体制多元的社会基础之上,是社会变革、思想跃进的客观结果。不过,客观结果并不等于正常结果。绝不能让多元思想观念蔓延、演化成政治上的多元意识;也绝不能让高校学生陷在思想观念多元无序状态之中而找不着正确的成才方向。因此,如何用科学的理论武器,使高校学生的思想观念由多元走向统一,即如何加强正面教育和引导,使之扬善弃恶,已成为当前思想政治教育的当务之急。

三、提高学生的参与程度

大学生参与高校管理,既是其作为教育消费者与接受者的重要权利,又是其保障自身利益的合法权利。为更好地促进与提升高校管理中的学生参与,需要更新学生参与高校管理的观念,完善学生参与高校管理的机制和提升学生参与高校管理的品质。

随着高等教育市场化程度的逐步深入,高校收费制度和招生录取方式逐渐变化,高校与学生的关系日益从"管理者和被管理者"的关系转变为"服务提供者与消费者"的关系。伴随大学生成人意识与消费者意识的增强,其既应享有依法参与高校管理的权利,又应基于自身合法身份,获得保障自身正当权益的权利。在高等教育大众化、民主化趋势日益显著的今天，如何科学理性地赋予学生参与高校管理的权利，如何妥善合理地保障学生的权利诉求，是值得谨慎思考与深入探讨的问题。

（一）学生参与高校管理的特征

学生参与高校管理，既是学生作为教育消费者的重要权利，又是学生保障自身正当利益的合法权利。

1. 学生参与高校管理的基本内涵

学生参与高校管理的含义，典型的有"全面参与说"和"部分参与说"两种。

前者强调学生全面参与高校的各项管理。大学生参与管理是指为实现高校教育与管理目标，大学生从高校正式的组织机构中分享一定的管理权，承担一定的管理责任，在参加高校发展的计划、决策、资源协调和管理中，推进高校管理的民主化、科学化。

后者主张学生部分参与高校管理。大学生参与高校民主管理是指在高校管理过程中吸纳学生参与高校和学生利益直接相关事务的评议、管理和监督。它既是高校民主办学的重要途径，也是高校尊重、培育学生主体性，造就创新人才的重要渠道。然而，学生身心发展水平的差异性以及高校本身固有的管理职能，决定了学生参与高校管理是以促进学生主体性发展为前提，所以学生参与管理更多的是从高校的教育教学活动、校园文化建设和学生高校生活等方面来强调其主体地位和作用，促进其主体性的发展且提升学校管理的科学化水平。也就是说，学生参与高校管理的本质既是高校管理工作中的一个重要环节，又是高校学生教育的一种重要手段。

2. 学生参与高校管理的实现形式

在我国，学生委员会（学生会）是高校最基本、最普遍的学生组织和学生参与高校管理的机构，充当高校和学生之间相互沟通的桥梁和纽带。学生会的基本原则是坚持服从党的领导和维护学生利益的一致性，因此，学生会既要关心和维护广大学生的利益，又要兼顾党和国家的利益。学生会通过一定的渠道和途径参与高校的日常管理，参加对有关高校工作的监督和评议。作为学生自我管理的组织机构，学生会在理论上既是学生参与高校管理的主要途径，又是学生自我管理的重要组织。

（二）学生参与高校管理的策略

学生参与高校管理应该是一个循序渐进的过程。高校应充分重视学生参与管理的权利，落实学生参与管理的权利，为学生参与高校管理提供更适宜的环境与更完善的制度保障。

1. 重视学生权利，更新学生参与高校管理的观念

支持和促进学生参与高校管理，在本质上是尊重学生作为消费者与受教育者的合法权利与合理诉求。受传统的思想观念制约，大部分高校管理者都认为以大学生的现有能力和素质还无法胜任复杂的管理工作，所以在保证学生参与高校管理的方面通常持相对保守的态度。从人才培养的角度看，支持学生参与高校管理是促使人才全面发展、培养学生民主意识的重要手段；从高校科学化管理的角度看，支持学生参与高校管理又是促进服务水平提高的必要途径，毕竟"积极的顾客参与可以提高服务质量和顾客满意度"。学生是高校服务的直接体验者，吸纳学生直接参与到高校管理当中，不仅可以使高校的管理更有针对性，还能够加强学生的自我管理。因此，高校管理者需摆脱传统的"替代家长"观念，重视大学生在高校中的主体性地位，尊重学生参与高校管理的合法权利，信任大学生的认知和判断能力，赋予其更多、更高层次的管理决策权利。

参与必须扎根于整个组织、管理者和员工的行为和心灵中。学生只有自身认同参与高校管理的必要性和重要性，才有可能激发其参与高校管理的热情，也才能在实践中发挥其参与高校管理的主观能动性。因此，实现学生参与高校管理，必须以提高学生参与高校管理的权利意识和主观意愿为前提。首先，高校要培养学生的集体责任感和主人翁精神，改变"两耳不闻窗外事，一心只读圣贤书"的传统思想。其次，高校要引导学生正确认识、参与高校管理的活动，在对学生强调参与高校管理的重要性的同时，消除学生对参与的畏惧感与不信任感。最后，高校要为学生参与高校管理提供广泛的渠道，加强对学生参与高校管理工作的指导，将参与高校管理简化为学生力所能及的一般性事务。

2. 赋予学生权力，完善学生参与高校管理的机制

明智地分享权力并不等于削弱权力，反而可以多出成果。通过构建与完善相关的学生参与机制，更多地赋予学生参与高校管理的权力，是未来高校管理体制改革的重要趋势之一。

（1）构建并完善高校学生管理听证制度。近年来，听证制度在我国法治建设过程中发挥了举足轻重的作用，把听证制度引入高校，使其作为保证学生参与高校管理的制度保障，已经引起了人们的广泛关注。目前，我国各高校纷纷建立学生管理听证制度，探索与学生成长需求相适应的学生参与高校管理制度体系，保障学生参与高校管理的合法权利。

（2）实行高校学生代表大会提案制度。学生参与高校管理是我国现代高校制度建设的要素之一，健全的现代高校制度理应为大学生参与管理提供有力保障，借鉴教代会模

式，实行学代会提案制度，也应当成为保证学生参与高校管理的组织保障。

（3）完善学生参与高校管理的规章制度。建立和完善学生参与高校管理的规章制度是学生参与高校民主管理和高校依法治校的制度保障。近年来，国内各高校积极探索推进大学生参与民主管理的途径和办法，努力为保证学生参与高校民主管理提供有力的制度保障。

3. 优化学生参与，提升学生参与高校管理的品质

促进学生参与高校管理，不应仅仅停留在低层次、低水平的"形式阶段"，而应致力于层次的提高和品质的提升，达到有效、积极和高水平的"实质阶段"。

（1）提高大学生参与高校管理的层次。参与高校管理可分为三个层次，初级层次以行使知情权、监督权和建议权为核心，中级层次以行使行动权、咨询权和评议权为核心，高级层次以行使决策权、表决权和投票权为核心。我国大学生目前参与高校管理的途径和方式还主要集中在初级层次或中高级层次的初级阶段，如高校普遍设置的校务公开栏、校长信箱、校长接待日以及实行的学生助理制、学生评议制等。学生组织、学生干部参与管理也仅仅停留在宿舍、食堂等生活服务管理层面，根本无从参与到高校重大方针的决策中。鉴于大学生身心发展的特殊性以及群体功能的特殊性，学生参与高校管理的范围和程度可以是有限的，但学生作为高校主体参与高校各个层次管理的权利却是不可忽视的。高校应充分尊重学生参与高校重大决策领域管理的权利，让学生真正享有相应的权利。

（2）创新大学生参与高校管理的方法。随着网络技术的成熟以及高科技产品在高校的广泛应用，高校可以充分借助当前先进的技术和科技手段，拓宽学生参与高校管理的渠道。例如，通过开设微信程序专门用于校园信息咨询、交流和反馈等事务，高校不仅能够用它发布各种公告信息，还可以将其用于向学生征集各方面的提案和意见，成为"任何学生随时随地"参与高校事务管理的一种新的便捷途径。这样的形式创新与方法创新，能够打破以往高校管理工作在时间和空间上的限制，提高管理工作的效率，使学生参与高校的管理更加人性化和现代化。

（3）提升大学生参与高校管理的能力。大学生作为由成年人组成的群体，已经具备较成熟的思想和独立判断的能力，同时还兼具较强的可塑性和培养空间。高校应当重视对学生参与高校管理能力的培养，创造机会让更多学生关心和了解高校的发展并积极参与到高校管理当中，尤其要鼓励学生参与教学管理、干部选举及奖惩制度等事关自身发展和切身利益的重大事务。

第三节 高校大学生社会实践管理模式

一、高校大学生社会实践的科学内涵

高校学生社会实践是一种以实践的方式实现高等教育目标的教育形式，是高校学生有目的、有计划地深入现实社会，参与具体的生产劳动和社会生活以了解社会、增长知识技能、养成正确的社会意识和人生观的活动过程。学生社会实践是高校教育活动的重要环节，与课堂教学相辅相成，共同完成高校的人才培养任务，实现学生的全面发展。

高校学生社会实践对学生的全面发展具有重要的意义，具体表现在四个方面。

（一）社会实践帮助学生建立科学的世界观

世界观是人们对世界的一般看法和根本观点。人们在生活的过程中都会形成自己的世界观，而由于个人生活环境、所受的教育和影响不同，人的世界观也有很大差异。总的来说，世界观有正确和错误之分，而正确的世界观经过理论化、系统化就会成为科学的世界观。学生树立正确的世界观需要靠两个方面的努力：一方面是学生要经常与社会接触，不断突破事物的表面现象，深入事物的本质，从而不断校正原来从现象上获得的肤浅的或错误的认识，使自己的认识符合事物的本质及规律；另一方面是要对学生开展系统的思维训练，使学生通过学习前人正确的世界观理论了解人们在世界观上容易走上歧途的种种可能，让学生经常反思自己的世界观，而且不断地充实新的科学的内容。因此，社会实践对学生建立科学的世界观很有必要。

（二）社会实践推动学生的社会化进程

社会化是指个人与社会生活不断调适，使个人由"自然人"发展为"社会人"的过程。社会实践可以增强学生的社会责任感。很多高校组织学生到基层开展社会实践的活动使学生提高了对改革的复杂性、艰巨性的认识，增强了其社会责任感。在社会实践中，越来越多的学生认识到，社会需要的不是冷漠的旁观者，也不是抱有同情心的捧场者，而是需要热情的、直接参加这项伟大建设工程的人。

通过社会实践，许多学生克服了原来自视清高的习气，自觉且充满激情地投入到学习、生活和工作中。社会实践可以推进学生实现社会角色的转变。社会实践活动能够帮助学生找到自己和社会要求之间的差距，看到自身知识和素质上的缺陷，启发学生重新认识和正确评价自己，促使学生从过去的"唯我独尊"的幻想中回到现实，重新确立自我价值实现的基点，在纷繁复杂的社会中找到个人和社会的最佳结合点。社会实践可以促使学生与长辈沟通代际关系。当前一些学生图安逸怕吃苦，自视清高，却认为其父辈过于保守、正统，两代人之间形成了一层无形的隔膜。究其原因，主要在于有些学生对父辈缺少了解。在社会实践中，学生以普通劳动者的身份直接参加的社会财富的创造活动培养了其尊重劳动成果、尊重父辈的思想感情。总之，在社会实践中，两代人之间可以相互沟通和相互理解，消除彼此对对方的偏见，进而有效地促进两代人之间的交流和融合。

（三）社会实践有助于提升学生能力

当代部分学生在一定程度上存在着眼高手低、忽视社会实践、脱离群众、动手能力弱等缺点，而积极踊跃地参加社会实践活动有利于弥补这些不足。受片面追求升学率的思想影响，部分学生只注意书本，不注意社会实践，存在"高分低能"的状况。这严重阻碍了其在各项建设事业中发挥作用，延缓了其成才的进程。实践是成才唯一的桥梁，只有实践活动才能使书本知识与实践操作合二为一。

事实证明，社会调查、科技咨询、信息服务、义务劳动等社会实践活动不仅可以使学生的智力资源得到直接的、有效的开发，达到分数与能力的统一、书本知识与实践的结合，还可以使个性不同的学生通过实践活动各获所求，各取所需，"缺什么，补什么"，从而有效地完善现行的教学方法，弥补学生自身的不足。

（四）社会实践助力学生融入现代化进程

当代高校学生将成为21世纪初期我国社会主义现代化建设的骨干力量。按照党中央制订的"十三五"规划和两个百年奋斗目标，我们国家的社会主义建设任重而道远。学生参加社会实践的，可以在社会主义物质文明、精神文明、政治文明建设以及更深入的改革开放进程中大显身手，在树文明新风的社会实践中促进经济、政治、文化的平衡发展，从而对社会全面发展发挥积极的推动作用。

二、高校大学生社会实践的具体实施

（一）高校大学生社会实践的内容

1. 深入企事业单位，开展社会调查

学生通过深入城镇、乡村开展社会调查、考察；深入城乡各地、部队、科研院所、企事业单位开展社会考察和社会调查活动，从而了解社会、了解国情，同时对社会和企业的发展献计献策。社会调查和考察的直接目的是了解社会的实际情况，认识社会现象的本质及其发展的客观规律。这是一种收集和处理社会信息的方法，在现代社会具有越来越重要的作用。

2. 深入企事业单位，开展社会服务

学生通过深入城镇社区和贫困乡村开展文化培训、科普讲座、法律宣传和咨询活动，服务社区和乡村的两个文明建设。

科技服务活动面向经济建设主战场，面向城镇社区、县乡的中小型企业、乡镇企业。学生结合所学专业，发挥技术特长，在教师的指导下开展科技攻关、工程设计、科技成果推广、科技咨询和技术服务等活动，使科学技术为现实生产服务。

信息服务活动是指通过一定的途径把人才、工农业科学技术及社会生活等方面的信息资源的开发利用情况提供给被服务单位，而且把被服务单位的信息传递出去，以期取得一定的人才效益、社会效益和经济效益。学生通过在校的学习掌握了一定的专业知识，可以通过开展信息服务活动把信息资源的开发过程及成果传播到各个领域，进一步加以利用，在信息资源的开发利用之间架起一座桥梁。

3. 深入企事业单位，开展教学实习

高校大学生党员与城市社区党员、农村基层党员、企事业单位党员联合，积极开展创新争优、"两学一做"、主题教育、党的先进性和纯洁性教育等互动活动。

教学实习是教学计划内的社会实践，是在教学计划规定的时间内开展的，要求每位学生必须参加并取得学分，是实现专业培养目标、保证人才品格质量的必修课。教学实习包括认识实习、生产实习、毕业实习等，是理、工、农、医等专业学生社会实践的主要形式，是把生产劳动引入教学，对学生开展思想政治教育、职业道德教育、专业教学和职业训练的基本环节。

4. 深入企事业单位，开展勤工助学

勤工助学对学生个人和国家都有重要的意义。对个人来说，它有助于学生个人的成长和成才；对国家来说，它既有助于国家高科技人才的培养，也有助于国家教育制度的改革和教育的不断发展。在假期，学生做的兼职教师、推销员、打字员、秘书、酒店服务员等工作一方面可以在一定程度上解决贫困生的经济问题，另一方面也是高校开展社会实践活动、培养学生自立自强精神的有机组成部分。

具体来说，勤工助学主要包括校内公益劳动，校外社区服务活动，与企事业单位、部队、科研院所、乡村、居民委员会、商业企业等单位开展的其他形式的勤工助学活动。

（二）高校大学生社会实践的形式

1. 活动型社会实践

这种社会实践以文化、科技、卫生下乡为主，通常做法是学校与某地联合，在某地以学校为主，组织一台甚至几台文艺演出，动员群众前来观看；或组织大型的科技咨询、文化宣传、医疗服务活动，场面宏大，气氛热烈，影响也较大，但投入多，组织过程复杂，参与的学生也不是很多。这种社会实践目前已成为学生社会实践的主要形式，仍然需要改进。

2. 参观型社会实践

这种社会实践通常是组织学生到风景名胜、工厂参观考察、座谈了解，虽然能对学生起到一定的教育作用，但除了能增进学生之间的友谊、加深学生对祖国大好河山的了解外，能真正达到教育目的的可能性较小。于是，学校就把这种社会实践作为对优秀学生或学生干部的奖励，组织少量学生参加，但取得的效果不大。

3. 课题型社会实践

学校以教师牵头，各相关年级学生参加，组成课题小组承担政府或企业的课题，通过广泛深入的调查宣传活动攻关课题。学生参加这种实践的积极性比较高，而且这种活动能得到一定的社会资金支持，也能长期开展。

4. 生产型社会实践

这种社会实践的参与者以高年级学生、研究生、博士生为主，参加生产活动的某一环节，成为其中的一员。一方面，既利用自己已有的知识促进了生产的发展；另一方面，又在实践中学到了书本上没有的知识，相得益彰。这种社会实践有着较强的生命力。

5. 挂职型社会实践

这种社会实践主要是以组织的形式到机关社区、乡村当中挂任各种职务的助理，做一些社会工作的实践。这种社会实践深受机关、社区、乡村的欢迎，而目前参加的人数较少。

6. 互动型社会实践

这种社会实践的参与者既有学生（含学生党员），又有城乡基层的市民、农民（含党员）。在活动中，他们互为参照对象，相互学习、相互帮助，不仅双方共同进步，也在一定程度上促进了社会主义物质文明、精神文明和政治文明建设。

7. 学生自发型社会实践

学生在假期通过参加社会招聘活动、上门自荐活动等形式参加到各种社会生产活动中去，除能体验社会生活活动中的酸、甜、苦、辣外，还能利用自己的所长，在为社会服务的同时取得一定的报酬以用补贴学习或生活所需。这种社会实践参加的学生较多，学校支出也不是很大，应该鼓励。

三、高校大学生社会实践的制度化建设

高校应把学生社会实践纳入整体教育计划，通过制订短期规划、长远规划和配套文件，形成一套完善的学生社会实践制度。它对实践活动的指导思想、方针原则、目标要求、形式内容、方法途径、时间要求、成绩考评、工作量计算、奖励办法、组织领导以及有关政策都应做出明确的规定，且随着学校体制改革不断加以修订，使活动贴近学校的发展实际，有章可循。高校大学生社会实践的制度化建设应包含四块内容。

（一）建立社会实践领导小组制度

学校应成立由分管学生工作的党政领导和教务、科研、总务、学生处、团委等部分单位组成的学生社会实践活动领导小组，负责统筹安排全校社会实践，制订计划，组织落实。各院（系、部）成立由分管学生工作的党总支书记（副书记）、团总支书记与学工办主任等参加的社会实践领导小组，负责本院（系、部）学生社会实践计划的制订与实施。同时，也可吸收校外人士，如地方政府负责领导、地方市团委同志及企业负责同志共同组成社会实践领导小组，建立友好关系，以便于高校社会实践在地方、企业的顺利开展。

（二）完善社会实践活动基地建设制度

随着学生社会实践不断走向成熟，社会实践基地建设制度也成为一种趋势。相对于实践初期分散、随机的活动，基地活动可以有长远的计划，为培养人才制订完备的方案，同时也有利于基地方与校方建立长期互惠关系，使社会实践在双方自愿的基础上健康发展。社会实践基地制度建设包括两个方面的内容：一方面是为教学研究服务的社会实践基地的制度建设，这类基地包括城市工商企业、农业生产单位等基地。另一方面是思想政治教育和党建社会实践基地的制度建设，这类基地包括城市社区、农村基层组织、各类爱国主义教育基地（革命纪念馆、革命博物馆和烈士陵园等）等。

（三）建立社会实践指导教师队伍制度

开展学生社会实践的经验证明，社会实践要取得成效离不开教师的积极参与。因此，必须建立社会实践指导教师队伍制度。不同的社会实践需要不同的指导教师：为教学研究服务的社会实践由专业教师或相关专业的技术人员做指导教师；思想政治教育类的社会实践由政治辅导员、政治理论教师或校外政工干部做指导教师，从而能够借助指导教师在人格、理论、知识、专业上的优势增强社会实践的生命力，实现在实践过程中全方位育人的功能。

（四）建立社会实践考核与激励制度

考核激励是提高社会实践活动成效的有效方式之一。对学生参加社会实践活动定内容、计学分；对教师定任务、计工作量；对院（系、部）和教研室制订规划和考核措施。社会实践活动情况要做到"八个挂钩"，即与学生德、智、体、美、劳综合测评成绩挂钩；与奖学金挂钩；与评选先进个人和集体挂钩；与团员民主评议、推优入党和推荐免试研究生挂钩；与评选优秀党/团员挂钩；与学生的学分挂钩；与单位和个人的经济利益挂钩；与教师工作量和干部业绩的奖惩挂钩。这样，才能调动学生、广大教师干部以及社会各界、各单位参与社会实践的积极性、主动性，使社会实践形成有机运作、自我驱动、有轨发展的动力机制。

四、高校大学生社会实践的发展趋势

（一）实践组织的科学化

作为系统工程的学生社会实践能否获得理想的效果，不仅取决于实践活动的社会化程度和实践制度的规范化程度,还取决于实践组织过程中的科学化程度。学生社会实践作为高等教育的重要组成部分,社会将会对它提出越来越高的要求。实践组织的科学化正是要通过不断地研究社会实践的基本规律且严格遵循规律组织实践活动以动态地满足社会的要求。因此,实践组织的科学化就成为社会实践活动发展的必然趋势,它将贯穿于社会实践活动的全过程。而具体实践组织过程中实践组织的科学化又依赖于实践活动有机组织系统的确立和科学组织理论的指导。

(二)实践制度的规范化

实践制度规范化的目的,是使社会实践活动做到有章可循、有据可依,保证社会实践活动持续有效开展。实践制度规范化的标志是富有权威、系统全面、切实可行且具有自我发展机制的实践制度体系的建立。

(三)实践活动的社会化

学生社会实践活动作为教育活动的主要形式之一,具有三个基本的构成要素,即实践活动组织者、实践活动本体和实践活动主体。因此,实践活动的社会化也由这三个构成要素的社会化组成。这三个构成要素的社会化分别有不同的含义。实践活动组织者的社会化是指动员全社会的力量来关心、组织学生的社会实践活动,这是实践活动社会化的基本条件;实践活动本体的社会化是指具体实践活动过程的内容与形式必须以社会需要和社会提供的条件为基础,这是实践活动社会化的重要途径;实践活动主体的社会化是指通过实践活动把社会的价值体系内化为实践参加者(学生)的价值体系,使之成为合格的社会成员,这是实践活动社会化的根本目的。由此可见,实践活动的社会化就是指动员全社会的力量组织以社会需要和社会提供的条件为基础的实践活动,最终达到把学生培养成合格的社会成员的目的。

第四章
高校大学生管理的法治化建设

第一节 高校大学生管理工作法治化的必要性

一、高校大学生管理工作法治化的成就

(一) 教育法律法规体系的建立

法律体系建立是法治建设的首要任务和依法治国的根本基础。中国特色社会主义法律体系为国家经济建设、政治建设、文化建设、社会建设以及生态文明建设提供了法律保障。

自改革开放以来，我国教育法制建设取得了显著进展，颁布出台了多部法律，教育部颁发了一系列规章和高校依据法律法规自行制定了各种规章制度，为我国大学生管理法治化提供了依据。党的十一届三中全会以后，大学生管理法治化的实践进入迅速发展时期。1980年2月，第五届全国人大通过了《中华人民共和国学位条例》，这是中华人民共和国成立后由国家最高权力机关制定的第一部有关教育的法律，标志着我国大学生管理单行教育法规的诞生。1982年《中华人民共和国宪法》的颁布，为教育领域的法制建设提供了宪法依据。1990年《普通高等学校学生管理规定》的出台，标志着我国高校自制校规、校纪的开始。1995年《中华人民共和国教育法》的颁布为大学生管理法治化指明了方向。1998年的《中华人民共和国高等教育法》标志着我国高等教育法治化的开始。1999年依法治教方略的提出，标志着大学生管理法治化进入了全面推进时期。教育部2005年颁布的《普通高校学生管理规定》，是目前大学生管理最主要的法规依据。2016年12月16日

通过的教育部41号令《普通高等学校学生管理规定》于2017年9月1日起实施,该规定体现出与时俱进的特点,具有重要指导意义,将成为大学生管理法治化的重要依据。上述一系列规范高校行为的法律、法规在大学生教育管理等方面发挥着积极的作用。

此外,各个高校依据法律法规制定了各自的学校章程和制度,为高校教学秩序正常运行提供了有效保障,有效保护了大学生权利,约束与规范了高校管理行为。目前,我国教育领域初步形成了由教育法、教育专门法构成内容完备、结构合理的教育法律、法规体系。

(二)学生管理法治理念的形成

传统高校学生管理工作的观念过分重视学校的教育教学秩序,对学生合法权益重视不够,学生应有的权益救济维护不到位。随着我国改革开放的发展、社会主义现代化建设的顺利进行和依法治国方略的不断深入推进,大学生管理工作法治化得到迅速发展,逐步形成了一套完整的管理体系,学生管理工作法治化的理念也逐步深入高校管理的各个领域与各个层面。高校领导、各学生管理部门、辅导员等教育管理工作者的法治意识均有了一定程度的提高,在学生管理工作中,学工部(学生处)等管理部门、辅导员等教育管理者已经基本上能够运用相关法律法规管理学生,尊重学生的各项权利,规范学生的各种言行,维护学生的权利。

近些年来,学生与高校关系不再是单纯的教育管理关系,体现为复杂的混合法律关系。因此,高校和教育管理者更加重视对学生权利的维护和保障,高校管理法治化倾向日趋明显,法治观念逐步深入人心,管理者更加尊重学生、关心学生、激励学生,尊重学生的权利价值,关心学生的权利实现,培养学生的权利意识,激励学生的权利追求,在高校中逐渐营造了良好的法治环境。

随着我国社会主义市场经济发展变化和法治建设进程的加快,大学生的法律意识、维权意识不断增强。大学生的法治观念与权利意识增强后,大部分学生在学习、生活和工作中更加擅于运用法律手段维护自身的合法权益,法治理念逐步入脑入心。

(三)学生工作法治实践的成效

伴随依法治国、依法治教、依法治校进程的加快与深入落实,学生工作法治实践成效初显,体现在依法管理、纠纷解决、制度创新等方面。随着当下法治建设的全面推进,高校学生工作依法进行管理取得了一定的进展。在思想观念上,以辅导员为代表的一大批教育管理工作者提高了自身的法治意识，大学生的法治观念与维权意识进一步增强。另外，管理部门与管理者基本能够按照相关法律法规管理学生，让学生民主地参与政策、制度的制定和各项工作的管理。

近些年来，我国高校与大学生之间的法律纠纷屡见报端，引起了社会的广泛关注。高校与大学生之间的法律纠纷充分反映了高校学生管理法治化工作的复杂性、特殊性，而上述事件的有效解决也体现出我国高校学生管理工作法治实践初见成效。

随着国际国内形势的变化和高等教育的大众化，大学生管理呈现出更为复杂的态势，工作难度加大。面对新问题和新情况，很多高校运用法治的手段，大胆尝试大学生管理法治化，纷纷出台解决各种问题的规范、制度，目前形成了相对比较健全的大学生管理制度和管理措施，管理秩序效果较为明显。

听证便是近年来采用的较为有效的受到普遍好评的一种制度。听证制度具有科学性、民主性和法制性特点，兼具信息、咨询、参与、监督、控制、反馈多种功能，最初为西方国家普遍采用，后为我国行政机构借鉴采用。听证本身是一种"疏导阀"，它给当事者一种权利与一个机会，给管理者一个宣传管理主张的机会，增进管理者与被管理者沟通和相互理解，使管理者和被管理者能够从中获取双赢效果，使广大学生对所在高校产生强烈的心理认同感与亲和力。

（四）学生管理传统方式的转变

对推进高校学生管理法治化进程，学生管理方式的转变是一项重要内容。

要保证高校学生管理工作的民主化、规范化、程序化，就必须完善高校学生管理的相关法律法规，摒弃传统不合时宜的教育管理模式，制定与时俱进的教育管理制度。

二、高校学生管理工作法治化的必要性

（一）贯彻全面依法治国方略的必然要求

1. 依法治国的战略部署

1997年，党的十五大报告明确地提出"依法治国，建设社会主义法治国家"，依法治国成为党治理国家的基本方略。

1999年3月九届全国人大二次会议上通过的中华人民共和国宪法修正案首次把"依

法治国，建设社会主义法治国家"写入我国的根本大法——《中华人民共和国宪法》。

2014年的党的十八届四中全会又首次以中央全会的形式将"依法治国"作为主题，提出"全面推进依法治国，总目标是建设中国特色社会主义法治体系，建设社会主义法治国家"。

2017年10月，在党的十九大报告中，"坚持全面依法治国"被纳入新时代坚持和发展中国特色社会主义的基本方略，明确了"建设中国特色社会主义法治体系、建设社会主义法治国家"的总目标。

2019年2月，习近平主持召开中央全面依法治国委员会第二次会议，发表重要讲话。会议认为，做好改革发展稳定各项工作离不开法治，改革开放越深入越要强调法治。要完善法治建设规划，提高立法工作质量和效率，保障和服务改革发展，营造和谐稳定社会环境，加强涉外法治建设，为推进改革发展稳定工作营造良好法治环境。

2. 依法治校的时代要求

依法治校是在依法治国的时代背景下提出的。实行依法治教，把教育管理和办学活动纳入法治轨道，是在社会主义市场经济条件下，教育进一步改革与发展的客观需要；是教育行政部门改变领导方式，依法行政，提高行政管理效率与水平的必然选择；是培养跨世纪一代新人，实施科教兴国战略的有力保证。

依法治教，顾名思义，即依据法律管理教育事业，既包括国家和国家机关对教育事务的管理，也包括学校的内部管理。

因此，高校学生管理法治化是依法治校的重要组成部分。实行依法治校，就是要严格按照教育法律的原则与规定，开展教育教学活动，尊重学生的人格，维护学生的合法权益，形成符合法治精神的育人环境，不断提高学校管理者、教师的法律素质，提高学校依法处理各种关系的能力。上述依法治校的种种要求，具体到高校学生的管理领域，都只有通过高校学生管理法治化模式才能得以实现。因此，高校学生管理法治化，既是依法治校得以实现的关键举措，也是依法治教和依法治国的必然要求。

3. 网络空间治理的现实需要

互联网是现实生活的延伸，网络社会需要法治，这也是依法治国的重要内容和方面。全面推进依法治国，必须依法治理网络空间。

随着网络科技的迅速发展和自媒体时代信息传播的隐匿性，一些新的违法犯罪行为层出不穷，而自媒体平台成为网络犯罪的重灾区。

目前，我国网络犯罪主要有四种形式：一是利用网络从事虚假、诈骗，传播色情、暴力内容等违规违法活动；二是利用网络从事鼓吹推翻国家政权，颠覆社会主义制度，煽动宗教极端主义等带有明显政治目的和意识形态的活动；三是进行非法商业交易；四是传播网络病毒，开展网络攻击，制造网络故障等。

我国先后颁布的各类法律法规未能使网络违法行为绝迹于现实生活，这就需要我国的相关部门加快对互联网安全的立法过程，使互联网法律法规覆盖网络运行的各环节和全过程，更有效地加强自媒体时代的网络空间治理，从而更好地贯彻全面依法治国的方略。

4. 高校走内涵式发展道路的必然之举

当前，高校已进入以法治思维和法治方式深入推进高等教育综合改革、教育评价改革的新阶段，依法治校是确保高校内涵式发展的最可靠方略。高校管理工作者要因时而进、因势而新，遵循"以事实为依据"的原则和"以法律为准绳"的司法准则，使用法治的理念管理各种事务，合理解决学校和学生的各种纠纷，尊重权利双方的平等关系，让高校学生管理工作逐渐科学化、规范化、法治化。

5. 学生维权意识不断增强的必然选择

随着我国法治化进程的加快，大学生的维权意识迅速提升，给学生工作特别是学生的纠纷事件处理带来了全新的挑战。试想，如果学生工作管理者不具备相关法律常识，往往就会发生很多不必要的矛盾，特别是在学生知情权、隐私权、申述权等问题的处理上稍有不慎，就可能让学校站上"被告席"。

（二）构建和谐校园的迫切需要

1. 提升高校学生管理水平的必要举措

随着国家各行各业改革如火如荼地开展，我国的高等教育事业经历了巨大的变革，高等学校的法律地位发生了变化，同时学生开始日益重视自身权益，我国的高校学生管理工作面临许多新的问题和挑战。高校从国家完全拨款的办学机制，转变为收费制，这使高校的法律地位发生了根本变化，高校在管理上拥有相对的自主管理权，而管理权在行使的过程中，也往往涉及侵害学生个人权利的方面。

在现实的众多案例中，越来越多的高校学生不再无条件服从学校的各种管理，转而开始考虑和维护自身的合法权益，甚至有些学校已被诉至法庭。社会形势的日趋复杂和多元化以及高校学生权利意识的觉醒，使高校管理者必须正确认识时代发展的要求，运用新的教育和管理理念，创新性地开展高校学生管理工作，以保障和谐校园的建设、合格人才的培养以及高等教育事业的良性发展。

2. 化解高校危机的重要手段

作为社会的重要组成部分，高校与政府、企业及其他营利性或非营利性组织一样，会面临各种各样的危机挑战。近年来，我国高校危机事件频发，校园暴力、师生冲突、学术腐败、财政危机等现象层出不穷，社会反响强烈，严重影响了学校正常的教学秩序，影响了高校的整体形象和声誉，甚至影响校园的和谐、稳定与学生的发展。

在自媒体空前繁荣的网络时代，高校的诸多危机事件与现代网络媒体有日益复杂的联系。高校学生作为网民的一部分，常常乐于通过网络媒介对普遍关注的校园及社会热点问题，发表自己的观点和意见，开展交流和讨论。在遇到突发事件时，自媒体很容易成为负面信息或不实信息滋生、传递、扩散的渠道，甚至是形成、引发、推动高校危机发展的关键力量。

面对层出不穷的危机和自媒体这把"双刃剑"，高校管理者同样可以有效借助自媒体网络传播的巨大力量以推进高校危机事件的解决，发挥舆论领袖的作用，使高校在危机管理中能化危机为转机，最终实现危机管理有效、舆情引导到位、校园和谐稳定的目的，以促进高校的建设与发展。

（三）现代高校思想政治教育的客观需要

现代高校思想政治教育的内容非常广泛，概而言之，思想政治教育就是一定的阶级、政党、社会群体遵循学生的思想品德形成发展规律，用一定的思想观念、政治观点、道德规范、对学生施加的有目的、有计划、有组织的影响，使其形成符合一定社会、一定阶级所需要的思想品德的社会实践活动。

1. 有利于高校思想政治教育队伍建设

目前我国高校学生管理工作的主体是党委领导下的校长负责制，具体落实的主体基本是学校的学生工作处、各院系主管学生工作领导和奋战在第一战线的辅导员们。而实现高校学生管理法治化，务必要求高校的学生管理者具有较高的法律素质和先进的法治理念，以及对法律权威的尊崇。而高校思想政治教育的主体分别是学校党政干部和共青团干部、思想政治理论课教师、哲学社会科学课教师和辅导员。不难看出，学生工作处和各院系的学生工作领导及辅导员既是高校学生管理工作的主体，也是高校思想政治教育的主体，因此，实现高校学生管理工作法治化，管理者法律素质的提高，必然有利于高校思想政治教育队伍建设。

2. 有利于高校思想政治教育中的法治教育具体化

法治国家的建设，不仅需要完备的法律体系，更离不开国民法律素质的提高。若要实现高校学生管理工作法治化，在管理学生过程中，要注重法治宣传和教育，各项管理制度要严格按照法律规章进行，注重程序正义，建立完善的权利救济制度。学生在法治环境中耳濡目染，在规范的程序中规范自己日常的行为，可以形成知法、用法的好习惯，不仅能增强法治教育的效果，还可以及时反馈法治教育的成效，从而矫正法治教育中存在的不足。

3. 是现代高校思想政治教育管理科学化的必然选择

高校学生管理，其中包括高校对学生开展思想政治教育的管理，包括思想政治教育队伍管理、课程管理、方式管理、内容管理等很多方面。随着思想政治教育环境的变化，现代思想政治教育要求管理的科学化，具体体现为管理规范化、管理制度化和管理民主化，而规范化、制度化、民主化恰恰是法治化的要求。

（四）自媒体时代学生全面发展的必然要求

传统的高校学生管理工作一直把学生视为单纯的被管理者，一直忽略了学生的权利意识和主体意识，高校制订的相关管理规章也是站在高校管理权的角度上，而并未说明学生应该享受的同等权利。高校学生管理工作法治化的贯彻实施可以使学生充分发挥主体意识和提高自己的主体能力，正确意识到自己应有的权利主体身份，更好更快地提高自己的综合能力，从而在未来缤纷复杂的社会中具备快速适应的能力，也为自己综合才能的施展寻找到更广阔的空间。

（五）市场经济的发展呼求契约观念的生成

道德、宗教、哲学、政治法律思想等社会意识形态都是由社会经济基础决定，受物质资料生产方式支配的，其性质取决于在社会上占统治地位的生产关系和生产方式的性质。

近年来校生纠纷现象频发，导致学生管理工作法治化的呼声越来越高，深究其因是有着深刻的经济发展这一时代背景的。我国从政治上高度集权、经济上高度集中的计划经济体制向社会主义市场经济体制的转变，与高等教育领域的深刻变化和系列改革不无关系，也可以这么说，市场经济的发展呼唤契约观念的生成，高校扩招实现从精英教育到大众教育的转变，都是本书重点考察的时代背景。

改革开放前，中国实行高度集中的计划经济体制，政治、经济、文化等一切领域都由国家集中掌控，教育责任必然由国家全部承担，由政府代表国家举办、调控、管理教育。当时，教育基本被定位为政治上层建筑，是一个封闭的与市场无涉的领域，高等教育领域也必然如此，高校代表国家、政府管理大学生，高校和大学生是不平等的隶属关系，高校按照国家、政府意志实施教育管理职能，缺乏自主权。大学生接受高等教育，无须缴纳学费，完全屈从于高校的教育管理，高校在国家行政权力统摄下没有自主管理权。

中国社会自20世纪70年代末市场经济体制改革以来，摒弃了传统计划经济体制，由"熟人社会"进入了"陌生世界"。改革开放后，市场经济体制的建立、健全和发展，内在呼求且必然孕育、催生出一个倡导契约、法治的社会。市场经济是一种主体地位平等的经济，是一种开放的外向型经济。市场经济使社会生产力获得了巨大解放和发展，也催生了新的阶层，人与人之间的关系不再依靠血缘亲情纽带，而是在市场经济中依靠契约来确立、调整人们之间的社会关系。平等、自由、等价交换成为市场经济内在要求，这些要求在法律上的集中表现就是契约，可以说，这样的社会就是"契约社会"。

在市场经济中，契约取代了身份，其实质是在独立的主体之间建立的相互关系和联系，即人的解放，人民群众以主体地位自主地迈入社会这个大舞台。马克思认为任何一种解放都是把人的世界和人的关系还给自己，国强民兴，务必要解放个体，振兴个体主体精神。契约观念是市场经济的必然要求，在发展成熟的市场经济社会中，契约是整个社会的运作通则，契约是市场经济社会中主体双方权利平等和意志自由的产物。在某种程度上，市场经济就是契约经济，契约追求自由，即追求个人利益或幸福的自由。中国特色社会主义市场经济体制的实践表明，市场经济推崇的契约等观念，要真正付诸实施并发挥其应有作用，离不开法治国家、法治社会的规范，也离不开"'契约文化'的理念支持、扶植"。

人类社会发展过程就是一个由传统的非法治社会向近现代法治社会转化的过程。基于各国的经济、政治、文化、历史和国情诸多方面的差异，决定了其法治社会转化的实现程度，我国正在实现这种转化，我国市场经济的良性发展必须有完备的法律法规体系以规范和保障。

随着市场经济的迅速发展，市场在社会生活中的作用不断增强，社会在许多方面不再完全依附于国家，自主性也不断增强。市场有限介入，政府有限干预，高等教育领域也是如此。校生纠纷在内的学生管理问题也应放置于这种背景之下去考察和探究。中国把市场机制引进教育领域，目的是通过市场力量促进教育的质量，满足不同人群对教育的需求与渴望。

市场经济的发展，催生高校、学生、学生家长等各类主体地位的平等，市场经济引入教育后，学生、学生家长在缴纳学费付出"代价"后，若认为高校没有满足自己的诉求，或者损害到了自身权利、利益，违背市场经济规则，有违契约观念，未能遵守自己本应履行的权利义务，必然会引发矛盾纠纷。这种情况下，必须由"天生的公平派"法律去解决，必然依靠法治手段来处理，必然呼唤法治社会的到来。依法而治，解决各方的矛盾冲突，做到公正、公平，维护学校、学生等各方权益。

（六）由精英教育转向大众教育的必然要求

高等教育由精英教育发展到大众教育是历史的必然趋势，精英教育和大众教育是高等教育的两种不同模式，不是划分社会成员等级高低的依据。高校扩招反映出现代社会对高等教育水平以上人才需求的增长，大众教育阶段，高等教育成为多数人享有的一种权利。

目前，我国已经实现了高等教育大众化目标，高等教育实现了跨越式发展，正在向进一步的普及型高等教育发展。然而，回顾从精英教育到大众教育的转变过程，看到巨大成绩的同时，也伴随着诸多问题和挑战。

在高校扩招前，高校实行精英教育模式，高考可谓千军万马挤独木桥，高考入学、毕业关乎一个人的前途命运，民众对高等教育始终是渴求的状态。精英教育模式下，学生免费入学或学费较低，获得国家助学资助，国家分配工作，学生和家长无须支付"额外代价"，完全服从高校的教育管理，在这种体制下，高校处在无讼状态。1999年原国家计划发展委员会和教育部联合发出紧急通知，决定1999年中国高等教育在年初扩招23万人的基础上，再扩大招生33.7万人，这开启了大众教育的先河。从此，中国高等教育，进入快速发展而又"焦躁不安"的探索状态。中国高校开始实行扩大招生政策，同时伴随着学费改革和就业改革。高校扩大招生起初达到了国家的目的，迎合了高校、民众和用人单位的需要。

然而，旧的价值理念被打破，新的价值观念还未完全建立，高校的各种矛盾和纠纷也随之纷纷出现。高校扩招以后，有限的教育教学资源已经无法满足日益扩大的大学生群体。大学生数量猛增带来一系列消极后果，学生管理、教学质量、师资力量、后勤保障诸多问题逐渐暴露，各种矛盾错综复杂。同时大学生整体素质相对下降和生源多样化问题，加之市场经济的发展带来各种社会问题的折射，贫困生问题、心理健康问题、就业择业难问题都使学生管理工作更加复杂。大学生自费上学,缴纳巨额学费,学校法律地位发生了变化。随着公民权利意识的增强,大学生不再像过去那样完全服从高校各种规章制度管理,出现为自身权益呐喊乃至与高校对簿公堂的现象。

大众教育过程中的数量与质量关系问题和校生纠纷等深层次矛盾问题,是摆在高校学生管理工作面前紧迫而巨大的挑战。高校是培养祖国建设者和接班人的摇篮,培养具有法治意识的大学生也是其应尽义务。高校秩序的稳定和学生管理的有序,只有依靠法律手段,运用法治管理理念,才能实现校园和谐、师生和谐。以辅导员为代表的大学生管理者必须更新理念,实现大学生管理工作规范化、科学化、法治化。

第二节 健全高校大学生管理机制

一、高校管理制度概说

高校是法律法规授权行使一定教育行政职能的组织。为了有效开展教育教学与管理活动,高校需要制定内部规范文件,这些内部规范性文件属于自治规则,即高校规章制度。高校规章制度是根据教育法律法规制定的,教职员工和广大学生在高校范围内必须遵守的规则,不具有法的全部属性,也非处理一些案件的有力依据,而是对法律规范的有益补充或完善,在高校范围内对其管理对象具有一定的约束力,属于规范性文件的范畴。与法律法规、行政规章不同的是,高校规章制度本身没有法律效力,不能作为人民法院审理案件的依据,它具有预先设定性、一定的权威性和局部的强制性。合法合理的高校规章制度是高校内部管理的重要依据。高校规章制度的效力主要体现在对内部成员的约束上,是一种契约性和自治性的规范。从内容上来看,高校规章制度是高校根据法律、行政法规和行政规章而制定的具有针对性、可操作性特点的规则;或是在法律、法规未涉及的方面,高校根据法律精神、教育规律与学校实际而制定的规则,具有自律色彩,是高校自我管理、自我约束的基本依据。

目前,高校制定规章制度的程序是相关职能部门起草,学校法律法规部门或法律顾问审查,校长办公会议审议通过。制定环节缺乏一些必不可少的步骤,如征求意见。征求意见是提高规章制度质量和可执行性的重要一环，必然要求在规章制度起草过程中，听取有关部门、教师和学生代表的意见和建议，可以采取书面征求意见、召开座谈会、论证会等多种形式。但是，对涉及大学生切身利益，如重大纪律处分的规章制度，起草部门应当组织召开听证会，审查环节针对重大、疑难法律问题的，应咨询法律专家并开展论证，使制度具有合法合理性。在审议和决定环节，规章制度草案必须经校长办公会议按照规定的程序审议，经审议通过的规章制度在全校范围内公布，可采取校内公告栏公布及校报、校园网等方式公布，保证制度的公开性，确保大学生知情权的享有和实现。

为了有效开展高校学生管理工作，高校必然要制定高校学生管理方面的规章制度，即通常意义上的校规。高校在管理过程中给予大学生纪律处分时，校规通常作为对高校学生管理或处分的直接依据。目前高校校规在制定和使用方面存在一定问题，违背法治精神的现象也存在。因此，以法律法规为依据，及时修订现有校规，建立符合法律要求、社会进步发展与大学生切身实际利益的高校学生管理规章制度势在必行。确保高校规章制度的程序科学、内容合法，是高校学生管理法治化的关键，是良法之治的应有之义。高校规章制度是高校教育教学、学生管理工作、学生全面发展有序进行的必要基础，是高校提高工作及管理效率的有效手段。高校规章制度注重秩序和效率，更应注重和实现大学生的合法权益，追求公平与正义。

二、完善高校层面学生管理规章制度

当前，我国的经济、政治、教育体制都发生了较大变化，因此，对高校来说，建立适应时代发展、适应学生身心发展特点的管理机制势在必行。高校学生管理机制是指高校为了协调学生管理的内外关系，便于管理学生，以促进学生、高校健康发展为目标，按照一定程序制定，适用于全校师生的规章制度。在制定规章制度时应遵循三个原则。

第一，必须符合国家法治的要求。首先，提高管理者的法律素养。高校学生管理规章制度往往由高校学生管理的管理者来制定，而这些管理者大多出自行政、教育、管理等专业，很少有专业的法律人员，因此，在制定规章时必然存在诸多法律盲点。这就要求管理者必须学习法律知识，提高自身的法律素养，从而保证学校规章制度的合法性。其次，高校可以设立由专业法律人员组成的法治部门。法治部门可以是直属学校党政部门的处级咨询、审核和决策机构，专门负责为学校政策文件的制定开展调研、咨询和起草工作，使文件政策的出台先经法律关；积极参与、监督有关学生管理政策的修改和审订工作；开展法律服务，为学生提供法律咨询，规避法律风险。最后，学校规章制度的制定程序必须符合法律的要求。这一套程序一旦确定，不可随意更改，更不可因领导人的主观意愿而变动。

第二，必须符合法治化的价值诉求——实现人的自由全面发展。如果高校学生管理的规章制度是倾向于秩序至上的价值原则，而忽视学生作为独立人格的正常需要，那么，这种规章制度的存在就失去了它应有的意义。这就对高校学生管理的规章制度提出了三个要求：其一，在内容上要符合学生身心发展的特点；其二，在制定的过程中要充分保障学生的权利；其三，在制度实施的过程中要充分考虑到学生的差异性。而达到上述要求，最有效的方法是提高学生在管理制度制定中的参与度，这就要求管理者在制定规章制度的过程中，在保证参与人数的同时，还应充分提高学生参与的有效性。这样，高校制定的规章制度既保障了制度的民主性，也满足了学生的需求。

第三，建立学生管理制度的审查机制。所谓高校学生管理制度审查机制，是指高校制定或修改学生管理制度要由上级主管部门组织，由学生、社会法律工作者和本部门行政领导组成的审查小组审查通过后，才能在学生管理中施行的机制。为了保证审查机制的合理性，还应通过三个方面予以确认：首先，管理制度的审查程序是否合法、合理；其次，审查小组的成员是否具备专业素养；最后，审查小组是否做到了权责分明。因此，高校在组建审查队伍的过程中还应对相关人员开展专业培训，并依靠学校行政部门监管审查小组，从而做到权力制衡、互相监督。另外，审查部门要做好复查工作，对那些与法律相抵触的规章制度，要通过法治部门将之清理，在规章制度实施后反馈其实施效果，并通过法治部门修改。

完善高校层面学生管理规章制度，要注重适时修订与补充管理制度。加强制度建设是营造和强化精神文化的需要，是高校有效管理的需要。学生拥有平等的权利去享受学校管理制度赋予的一切权利，每个大学生在实施过程中都有同样的权利。高校、高校学生管理者在管理制度运用的同时，应注意对其适用性的审查。管理制度要有时代性，尽量避免因制度严重老化导致缺乏有效管理现象。高校学生管理工作随着社会发展和高等教育改革发展，出现新情况、遇到新问题，所以应适时修订与补充原有制度。制度的修订与补充须发扬民主，让大学生广泛参与进来，使得大学生认识和了解制度，从而进一步提高大学生自主管理的意识。

为提高高校学生管理工作水平，有效保证教育教学秩序，应当由专门工作人员进行相关制度的管理，保证高校管理制度的有效实施。简单来说，需要监督、清理、汇编制度（校规）等，保证制度能够得到严格实施，工作人员能及时发现存在的问题。高校学生管理制度应当得到严格实施，发挥制定制度的意义和价值，否则将会影响到学校管理秩序。在管理制度的清理过程中，一是及时予以修订或废止内容不合时宜无法满足学校当前管理工作需要的陈旧的管理制度，或者与最新现行法律法规不符、相悖的管理制度。二是要适时整理和规范不同时期针对特定领域、特定工作而制定的管理制度，做好文件间的衔接，避免相互冲突和矛盾。管理制度的清理有利于实现制度体系与法律体系的统一，维护制度的严肃性、权威性。管理制度应汇编成册，将制定、修订和废止情况的说明作为附件，管理制度应发布在校园网上，方便广大师生员工查阅、复制和利用。

三、规范学生管理制度执行

（一）执行主体范围与思维方式

高校学生管理制度执行主体就是高校全体学生管理人员，主要包括学校领导、学生工作系统人员、教务系统人员、任课教师及其他工作人员。具体来说，包括负责学生管理工作的学校领导，教务处工作人员、院系主管教务行政领导、教务秘书（教务员），学生工作部（处）、招生就业处、组织部、宣传部、保卫处、武装部、团委工作人员，院系党总支书记、副书记、辅导员、班主任，所有任课教师以及其他工作人员，如财务管理、医务管理、图书管理、实验管理等人员。

人们处理事情有着不同的思维方式，法律思维方式就是重要的一种。所谓法律思维方式，是指按照法律的规定、原理和精神思考、分析、解决法律问题的习惯和取向，其特征是讲法律、讲证据、讲程序、讲法理。以辅导员为代表的广大学生管理者，在管理学生时，特别是处理学生的问题时，要依法行事，按照高校学生管理制度的有关规定处理，不要按照传统习惯、道德思维方式办事，不主观臆断，要按照正当程序办理相关手续。

（二）学生管理制度的执行程序

学生管理法律法规和高校规章制度应当设置清晰明确且可操作性强的程序条款，遵循正当程序，规范权力运行。在现实中，大学生涉嫌违反校规校纪，校方通常很快做出处理决定，这样有利于减少或杜绝人情因素，值得肯定。而问题在于这样的处理方式缺乏大学生就事实陈述、申辩的环节，大学生也无任何充分的陈述申辩准备，因而高校应充分听取大学生的陈述和申辩，防止权力滥用。当然，正当程序不仅体现在大学生管理工作当中的惩戒大学生的程序，也反映在大学生评奖评优程序、组织发展入党程序、学生干部选拔任用程序之中。

1. 事前管理程序

事前程序关键是做好事先发布和告知环节。事前发布就是要做到将制定的规章制度通过文件、校园网、公告栏等方式公之于众，让广大学生知道和了解规章制度的内容，认识到违反学校规章制度可能带来的不利后果。告知的关键在于对学生做出处分决定之前，以送达书面通知的形式告知学生处分依据的学校规章制度、证据以及学生享有的程序性权利。在处理过程中，高校要依照法律法规和制度规定，给予拟受处分大学生相应的时间来准备申诉和辩护。

2. 事中管理程序

事中管理程序主要包括说明理由、听取申辩、举行听证、做出决定等主要环节。说明理由就是做出对大学生不利影响的处分决定时，向大学生说明给予处分决定依据的事实、规定，二者因果关系以及考虑的各种因素，听取当事大学生陈述、申辩。让大学生参与进来，便于高校严格审视决定是否真实、充分、恰当。听证其实是一种听取当事大学生意见的有组织的、较为严格的程序形式。处分若对大学生的权益有重大实质影响（如影响毕业证、学位证的获得），必须举行听证。做出决定的机构和工作人员要与案件没有直接利害关系。纪律处分决定应通过校长办公会议以学校名义发出，且必须按照程序做好书面记录。

3. 事后管理程序

事后管理程序主要包含送达、告知救济途径以及备案环节。送达就是处理决定应及时送达当事学生本人，在正常情况下，大学生本人应签字，若不能签字，要做好客观情况记载；救济途径是指告知当事学生可依据《普通高等学校学生管理规定》等法律法规和校规，向相关主管部门提出申诉；备案是指高校将处分决定上报给主管的教育部门。

四、提高大学生的管理参与度

（一）大学生参与管理的意义与现状

大学生参与管理不是可有可无的，不是一种点缀，必须形成一种制度。《普通高等学校学生管理规定》第四十条规定，学校应当建立和完善学生参与管理的组织形式，支持和保障学生依法、依章程参与学校管理。据此，大学生参与高校民主管理就有了充分的法律依据和保障。大学生参与管理也是高校民主办学的重要途径，既是高校尊重大学生主体地位的体现，也是造就创新人才的重要渠道。

而大学生参与高校管理的状况并不乐观。广大学生对当前自我教育、自我管理的学生组织和学生干部的作用认可度偏低。一定程度上来说，学生组织成了学生管理者的传话筒和管理工具，成了个别学生干部炫耀的舞台，无法真正代表广大学生，难以实现保障大学生权益的目的。大学生的知情权、建议权、决策权、监督权不能得到彻底的满足和保障，一些大学生反对或消极抵抗参与度低且不合理的规章制度、管理办法。学生代表不具有广泛性、代表性，未能了解广大学生的意愿，未能反映广大学生的心声。

（二）大学生参与管理的事项与形式

大学生参与学校民主决策和科学管理，是高校适应高教改革和推进素质教育的需要，更是培养高素质、创新型人才的重要举措，有利于促进高校教育、管理和服务工作迈入科学化、民主化和制度化的轨道，有助于管理体制创新和实现学校跨越式发展。

大学生参与高校管理是基于学校与学生有共同目标、相互信任、共同合作的基础，因而要明确大学生依法参与的原则，明确大学生对参与行为负责，认同大学生参与是大学生的基本权利，大学生参与的范围应该集中在与大学生利益相关的学校事务上，创建畅通的大学生参与途径，实行校务公开和信息公开。

大学生的参与程度是有限的，其适宜参与的事项主要体现在多个方面：高校内部规章制度（校规校纪）的制定；评估教师教学效果（评教）；部分课程的设置；教风学风建设；教学设施的配置、使用、维护；学生收费项目；学生奖助学金的评定和发放；学生违纪处理；学生评奖评优；其他与学生日常管理有关的事宜。此外，针对高校发展过程中遇到的重大问题，学生组织可在学生中开展专题调研，为高校提供建设性意见。

大学生参与管理主要采取三种方式：第一，高校、学院设立收集大学生意见和建议的渠道，比如设立意见箱，相关部门和工作人员及时处理，并给予反馈。高校职能部门领导定期参加接待日，倾听大学生的心愿，了解大学生的诉求，切实解决问题。第二，涉及大学生重大利益的事项，相关部门必须召开会议，有关部门领导、教师代表、辅导员、大学生代表参加会议，大学生代表出席并发表意见和建议。第三，高校制定、出台与大学生利益相关的政策、制度时，必须召开由大学生代表参加的听证会或座谈会，充分听取大学生代表的意见和建议。

(三)提高大学生管理参与度的对策

1. 坚持"三全"原则是前提

"三全"就是指大学生的全员参与、全面参与和全过程参与。全员参与就是努力创造机会,让广大学生关心了解高校各方面的发展情况,积极参与高校各项事务的管理,避免老师包办和学生干部代办的现象。全面参与就是指广大学生有权参与涉及自身利益的各种组织和工作,比如与大学生密切相关的教育教学管理、学生自我管理、校园文化建设等活动,赋予大学生更多的建议权、参与权、发言权、监督权和决策权。全过程参与就是指广大学生有权参与学校民主管理的全过程,全部过程都要确保广大师生的有效参与。

2. 培养参与能力是重点

高校学生的知识、经验、角色和现代高校管理的专业性、复杂性决定了大学生不可能对高校事务起关键的决定性作用,倘若放弃大学生的参与,制定决策的科学性和执行政策的有效性会大打折扣。参与管理或决策是需要必要的素质与能力的,大学生个性心理发展已经成熟,具备了自主自立精神,具备了一定的知识水平,具备了强烈的民主参与意识。高校应科学地引导和正确地培养学生,为大学生参与管理提供相应的培训,提供更多的参与管理的机会,使大学生的参与能力在实践中得到锻炼,在高校各项民主管理中发挥更加积极的作用。

3. 自治组织作用是关键

大学生是高校管理的组成部分,学生会等自治组织虽然存有不足、有待完善,却至少肯定了大学生的参与权利,是大学生参与民主管理的重要形式,也是大学生和高校有效沟通的渠道。事实上,大学生处于弱势地位,孤立的大学生个体难以主张权利,唯有通过学生自治组织来参与学校的民主管理。为了更加突出大学生的主体地位,保障大学生充分实现参与民主管理权利、合理表达大学生的诉求、了解学校的现实状况、及时提出教育教学和管理中的意见和建议,大学生要利用好学生自治组织这一增强校生间沟通的有效平台,提高教育服务的实效性、针对性。

随着高校学生管理法治化的深入,学生自治组织的作用将越来越大。从民主管理的组织形式来看,在我国,学生会是大学生参与民主管理的重要组织形式。高校应当支持学生自治组织建设,从自治组织的组成、职责权限、工作程序等方面加以完善,使之能够充分发挥参与民主管理的作用;大学生也应当以此为契机提升民主参与和管理能力,在参与中维护自己的合法权益。此外，大学生社团等都可以成为大学生参与民主管理的组织，高校应赋予这些组织，诸如参与决策、提出意见、实行监督等各项权利。

第三节　加强高校管理者及大学生的法治教育

一、提高高校大学生管理者的法律素养

高校学生管理者作为法治化进程的引导者，对法治化建设起到至关重要的作用。因此，他们更应以身作则，引领学生共创法治校园。

（一）管理者应当树立学生本位思想

学生本位思想是以人为本理念在学校教育中的延伸。以人为本的本质在于促进人身心自由、全面发展。将以人为本的理念置于教育工作中，就是强调一切从学生的角度出发，以学生自由而全面的发展为根本，做到尊重学生、相信学生、发展学生。

要尊重学生权利，树立平等意识。依法治校，保护学生权利，已成为高校健康发展和实现学生管理法治化的必要条件。法律面前，人人平等。管理者和被管理者都有各自的权利和应当履行的义务。因此，在管理活动中，学生应当被平等对待。高校学生管理者在管理过程中，要以保护学生的权利为出发点，在要求学生履行义务的同时应当首先保障其合法权利。这也意味着，管理者不应只考虑到自身的权利及学生应当履行的义务，应更多地去考虑自身的义务与学生的权利。如果学校的规则只是为管理者量身定制的，学生势必难以接受且自觉遵守。

要尊重学生的主体地位，使学生积极参与到法治化管理的进程中。在传统的学生管理中，学校管理的过程也大都由管理者一手操办，往往出现管理方式不切实际或管理过于死板等现象，这很大程度上束缚了高校管理的自主性，也阻碍了学生的自由发展。有的学生甚至一听到学生管理，就误认为是纯粹的管理工作，从而将自己完全置身于管理之外。这就要求管理者充分尊重学生的主体地位，使学生认识到自己在学生管理中的重要地位，从而提高学生参与的积极性。为此，管理者应当为学生营造良好的参与环境，如大力宣传法治文化，使学生明白自身对推动高校管理法治化进程所起的作用，或是通过各种奖励手

段，鼓励学生积极参与管理工作。另外，要为学生参与学生管理工作提供多种渠道，如建立多层次的学生参与管理的组织、多采纳学生的建议等。

（二）管理者要提高自身的法律素养

当前，高校与大学生纠纷的产生，很大原因是管理者不懂得如何在法律的范围内惩戒学生。这一方面是因为部分管理者的法律知识过于贫乏，无法判断自己的管理行为是否触犯了法律；另一方面是因为管理者知法犯法。这样的状况定然不利于学生管理的顺利开展，也不利于学生与高校的长远发展。因此，高校管理者必须努力提高自身的法律素养，主要从两个方面着手：一是学习法律知识。作为高校学生管理者，应在掌握专业知识的同时，做到与时俱进，适时学习新知识、新技能。二是要做到依法办事。应严肃处理那些知法犯法的管理者。当然，这只是采取外在的强制化手段来减少管理者的违法行为，最关键的还是在于要提高管理者依法办事的自觉性。在日常工作中，要加强对管理者的法治教育，使其认识到法律的权威及自身的义务。在管理的实践工作中，要时刻提醒广大管理者遵循依法办事的原则，切忌滥用职权。

二、树立法治化观念

（一）树立主体性观念

理念的更新是教育界乃至全社会经常讨论的话题，在现实中，观念的转变是微小的，存在搁浅状态。主体性观念是教育管理领域既熟悉又陌生的话题，熟悉源于教育个体对自身主体地位的反思和追寻，崭新在于每个历史时期都被赋予新的意蕴。主体就是指从事实践活动和认识活动的人，且能意识到自身是活动的主导者。人的主体性是人作为活动主体的质的规定性，是现代人最重要的观念之一，主体性观念反映人的情感需求、激发人的意志、唤起人的动机、调节人的行为、优化人的心理。现代社会为人的主体性弘扬提供了优越的条件，新时期高校学生管理工作也呼唤主体观念的弘扬与实现。教育者应该认识到自身不是教育的唯一主体，从更具本质含义的层面来说，教育对象是真正意义上的主体。

近些年来，随着高等教育的改革与发展，高校与大学生之间的法律关系在一定程度上具有契约特征。高校管理者应该以大学生为本，树立服务意识，关心学生、了解学生，解决学生难题。高校学生管理者在实际工作中应注意发挥大学生主体能动性，引导大学生积极参与各种管理活动，改变大学生从属和被动的地位，实现大学生自我管理。高校一般实行以辅导员为中心的学生管理方式，注重防控和严格管理大学生，容易出现管理失范现象，大学生容易形成对立情绪。高校学生管理中宜推行以辅导员为主导、以大学生自治为中心的学生管理模式，大学生在该模式下既是管理者又是被管理者，双重主体地位极大提高了大学生的积极性，明显增强大学生的主体意识。

在大学生思想政治教育和管理工作中，要充分尊重和发挥教育对象即大学生的主体能动性，以民主、平等的主体关系和双向互动为基础，使得教育者和教育对象都成为教育活动的主人，使教育活动真正成为一种主体双边活动。面对主体意识迅速发展的青年大学生，教育者应加强对大学生主体性的培养、开发与建设，在尊重、沟通中提高大学生的对话能力，使大学生认可教育者指导下的教育价值目标，以主体视角体察教育活动及其表达的意义，在角色关系的良性互动中增强教育实效。教育管理活动中教育主体之间的矛盾与冲突，不一定是正确与错误、先进与落后的冲突，有时候只是教者的定向要求与受者的自由选择要求的冲突。辅导员工作中的主体性，体现为教育者即辅导员的主体性和受教育者即大学生的主体性。辅导员工作应实现"要我做"到"我要做"的转变，坚持弘扬主体意识，充分调动主体参与热情。同时，工作中要依靠大学生，谨慎地用经验、权力、政策和权威管理大学生，尊重大学生的主体地位，重视大学生的基本权利，发挥大学生的主体作用，塑造大学生的主体属性，承认大学生主体能力的差异，促进彼此平等，建立和谐关系。辅导员应努力成为大学生与高校沟通的桥梁、纽带，畅通大学生的表达途径，倾听大学生的心声，反映大学生的意愿，维护大学生的利益。

（二）树立权利本位观念

权利和义务作为一种文化和制度现象，伴随法律与国家出现在人类社会，也是人类从古至今法律思想精华的积淀。权利和义务的概念是思想与文化发展进程的凝结。

权利义务观念的要义是对权利和义务为何物有清楚的认识；知晓自己的权利及其正当性、合法性、可行性和界限；在法定范围内行动以追求和行使自己的权利，勇敢地捍卫自己的权利，但不可无视社会能提供的物质和精神条件以及社会的承受能力而盲目主张权利和滥用权利；在任何情况下绝不逃避和推卸由于自己的过错而应该承受的法律责任和道德责任。权利和义务是法追求的价值目标，权利是体现在法律规范中，实现于法律关系中，主体以相对自由的作为或不作为而获得利益的手段；义务是体现在法律规范中，实现于法律关系中，主体以相对抑制的作为或不作为而保障权利主体获得利益的约束手段，可法律的终极关怀是实现权利。

以辅导员为代表的高校学生管理者在实际工作中，要坚持学生权利本位，这是高校学生管理法治化的本质要求。将学生权利本位理念贯穿于辅导员工作中，承认大学生的主体性需求，维护大学生的权利、尊严和自由，实现对大学生的价值关怀与法治关怀，是树立高校管理法治化观念的必然要求。

（三）树立服务的理念

我国的普通高校是经过国家教育行政部门批准设立的事业单位，高校在日常的教学活动中，必定要开展相关的教育管理行为。促进大学生自觉养成社会主义建设要求的法治素养，是我国高校学生管理工作的重要任务，良好的法治素养同时也是国家实施依法治校、实现高校学生管理法治化应达到的价值目标。

学生缴纳学费及住宿费从某种程度上属于家长和学生对教育事业的一种理性投资，所以家长和学生有权利要求高校给予优质的教育服务，进而促使教育投入行为得到合理的回报。然而，一部分高校的学生管理人员忽视了对学生主体地位的尊重，在教育管理工作中，没有给予学生优质的教育服务。因此，高校学生管理工作者要树立服务的思想理念，在日常的教育管理中注重提高学生的服务意识，在日常工作中切实表达出以人为本的教育理念。

为此，首先应加强对高校管理者、教师的正确引导，树立其服务理念，提高其为学生服务的意识，从而提高服务学生的质量。其次，改变、调整落后的工作机制。高校应当积极主动地创新工作机制，调动高校学生管理者对学生工作的热情，借助科学规范的制度引导管理者，使其形成正确的教育理念。人才是国家的宝贵资源，一定要确立为学生服务的思想意识，以保障高校学生的合法权益为出发点，在实践中贯彻落实高校学生管理的基本要求。

三、加强对高校大学生的法治教育

（一）增强高校大学生的法治意识

要增强高校学生的法治意识，就必须对大学生开展法治教育，使他们明白自身的权利与义务，做到懂法、守法。大学生作为社会主义事业接班人，肩负着推进新时代中国特色社会主义事业的重任。不过，一方面，高校学生作为社会的弱势群体，他们的合法权益常常受到损害；另一方面，大学生的思想相当活跃且易于受到外界的影响。因此，在高校学生管理的过程中，不能仅仅依靠思想政治教育的力量，更要依靠法律的强制力，使学生能够依法维护自身的合法利益且自觉遵守法纪法规。

首先，我们要提高大学生的权利意识。大学生作为一个特殊的群体，具备双重主体身份。一是作为学生，享有受教育者的一般权利；二是公民，具备法律规定的基本权利。要维护大学生的合法权益，就得让他们自身认识法律并懂得运用法律手段为自己辩护。一是要在大学教学中开设法治课程、讲座等，使学生了解法律知识；二是要在实践活动中，为学生提供一些运用法律知识的平台，如在制订某些管理规则时可以采取学生参与的方式，实践其选举权。尤其在惩戒学生时，可以采用听证会的方式，让广大学生自由发表意见；三是社会各相关部门要加强法治知识的宣传，实施普法教育。只有人人都具备了法治观念，大学生才敢于更自信地运用法律知识去维护自身的权益。

其次，我们必须加强大学生的法治观念。当前信息技术的迅猛发展，在给学生带来新知识的同时，也给学生的发展带来诸多隐患。譬如，诸多学生沉迷在虚拟化的网络世界，甚至将网络世界中的行为带入现实，从而做出过激行为，甚至走向违法犯罪的道路。因此，我们应加强大学生的尚法、守法意识。在入学教育中，要对学生开展校纪、校规教育，并举办各种实践活动，如校纪校规知识抢答赛，以加强学生对校纪校规的认识。在课堂教学中，要加强大学生的法治观念，引导其崇尚法律、尊重法律，依靠法律手段来解决问题。在保障学生权利的同时，也应当引导他们履行相应的义务，提高其守法意识和责任意识。高校管理者鼓励学生积极维护自身的利益，并不代表提倡学生为了自身利益去做违背学校规章制度的事。要积极引导学生自觉遵守法纪、自觉履行义务，树立强烈的责任感，秉着对自身、对社会负责的态度去学习和工作，从而在无形中将法治思想内化为自身行为的指导思想。

（二）注重教师和学生的法治信仰、法治思维与法治能力培养

师生的法治信仰、法治思维以及法治能力是推进高校学生管理法治化的核心。教师是学生管理制度的执行者。

首先，必须不断加强教师培训，通过案例研讨、辅导员沙龙等措施开展法治化专题培训，培养教师的法治信仰、法治思维，提升其法治水平和法治能力，以保证在学生管理中严格执行相关规章制度，维护学生的合法权益。

其次，要加强学生法治信仰、法治思维与法治能力的培养。心中没有规则就无所谓遵守，也无法遵守，权利受到侵犯时也无法利用规则维护自己的合法权益，因而非常有必要通过统一印制学生手册、在入学教育时集中开展规章制度学习以及为重要的制度举行考试等方式，让学生掌握相关规章制度。

最后，引导学生树立权利义务相统一的意识。公民依据宪法和法律明确自己的权利

与义务，是具有独立判断、独立选择能力，对自己行为负责的自然人。依法享有权利和承担义务是公民最基本的要求，因此，在高校学生管理中，非常有必要引导学生树立权利义务相统一的意识。要不断促进师生对相关法律法规和规章制度的了解和掌握，内化于心、外化于行，形成法治思维、规则意识和制度自觉，从而知法、守法和用法，以实现以法治文化育人。

四、注重大学生的法律教育

（一）加强宪法宣传教育

宪法是国家根本大法，是治国安邦的总章程，要进一步彰显"弘扬宪法精神，建设法治中国"主题。青年大学生是法治宣传教育的重点对象，因为青年是祖国的未来、民族的希望。青年大学生具有一定的文化水平和较强的接受能力，对其开展法治宣传教育容易得到理想效果，有利于大学生宪法观念的树立、法律素质的提高。我国法治宣传教育要以宪法为核心，进一步树立宪法意识，维护宪法权威，要广泛宣传宪法，让宪法深入人心，认识到宪法是保障公民权利的法律武器。大学生思想政治教育者和管理者在实际工作中要忠于宪法、遵守宪法、维护宪法，坚持依法治校与以德治校相结合，工作中要依法管理、立德树人、人性服务。大学生管理者在引导大学生树立宪法观念的过程中，应当以社会主义法治理念为指导，加强对大学生的宪法宣传教育。

（二）注重法规校规培训

当前我国高校法律法规的学习和宣传力度不够，未能收到令人十分满意的教育效果。我国高等教育法律法规的出台与完善及高校学生管理制度的规范，为大学生管理法治化提供了依据，学习法律法规、加强法治宣传、培养师生法治观念，成为高校学生管理法治化的重中之重。

高校应该加强法治宣传教育，要定期开展内部学习、自主学习、案例探讨，举办法治讲座，提升以辅导员为代表的大学生管理者的法律素质，强化教育管理者对法律、法规的认同，以期实现学法、知法、守法、用法，提升法律素养，摒弃人治模式，纠正重义务、轻权利的错误观念。管理者要引导大学生树立法律意识，向大学生宣传法规校规，讲解典型案例，使得大学生了解自身应享有的权利和履行的义务，使其懂得利用法律手段维护自身权益，形成遵纪守法、文明自律的氛围，促进大学生管理法治化的实现。

同时，要在大学生当中开展法规校规的学习活动，做到形式灵活、内容丰富。具体而言，要完善法律基础课授课方式，提升法律基础课教学效果，借助模拟法庭、校报、广播、校园网、宣传栏、学生手册等强有力的宣传渠道以及微博、QQ、微信等新媒体平台进行宣传，使大学生知道必须做什么、可以做什么、禁止做什么，增强其遵纪守法观念，使大学生养成良好行为习惯，积极参与到与自身利益相关的各项工作与活动当中。

总之，高校要通过广泛深入的学习宣传，使得法治观念，尤其是大学生管理法治化的观念深入广大师生心中。高校学生管理者要率先垂范，以身作则，提升法律意识，增强法律素质，提高处理学生法律事务的能力。大学生要积极参与学校的民主管理，维护自身的合法权益。

五、优化高校学生管理法治环境

人们的法律意识是在一定的外部环境促成下形成和发展的，社会环境对人的法律意识的养成起着至关重要的作用。当然，我国高校学生管理工作也受到不同环境的影响。高校应当创设一切条件服务学生，尽最大努力保障学生享有的合法权益，为学生法律意识的形成给予适宜的成长条件，这是高校学生管理法治化的基本态度。

（一）优化高校学生管理法治环境的意义

高校管理环境为大学生的健康成长成才提供坚实的平台。高校给大学生提供一种公平与有序的法治环境，就能为大学生实施创造活动提供一种强有力的支持。建立健全的法律法规制度可以促使大学生形成良好的法治信仰。在法律法规的授权范围内对学生开展教育管理，能够让学生尊重法律，在管理学生的过程中建立应有的权威，营造一种法律至上的法治环境。当学生形成法治观念后，就会在日常的生活中信任和尊重法律，在现实生活中真正地维护法律的权威，在自身的权利受到侵犯时，自觉地运用法律的武器维护自己的合法权益。

（二）高校学生管理环境分类

通常来讲，高校学生管理环境有客观环境和精神环境两大类。现在社会环境发生着巨大的变化，造成我国高校学生管理在新的历史发展时期变得更加困难。从客观环境这个视角看，高校应当实施科学合理的规划，周密部署，增强对校园环境的综合有效的治理，为大学生的健康成长成才营造良好的校园环境；从精神环境这个视角看，主要是指高校通过继承优秀的精神文化产品,汲取精华,剔除糟粕,不断理论创新,进一步提高校园文化建设,充分尊重高校大学生的主体性地位,切实保障高校学生的合法权益,推进高校学生管理工作,促进高校营造与人才培养相适应的、包含高校文化精神、制度体系、法治文化在内的学习软环境。营建浓厚的高校法治氛围,为学生营造良好的法律学习场景,帮助学生积极主动地养成法律意识的良好观念,成为法治观念强的高素质人才,让学生学会运用法律武器维护自身的合法权益,培养学生主动参与学校和班级事务管理的能力,这不仅仅是对大学生开展的素质教育的一部分内容,同时也能够对高校学生管理法治化的进程产生积极的推进作用。

(三)创设良好的高校学生管理法治环境的举措

加强高校法治的宣传教育工作是创设良好的高校学生管理法治环境的一个重要举措。截至目前,我国已经公布了很多有关高校教育管理方面的法律、法规。这些法律法规为有效地实施依法治校提供了重要的法律根据。高校教师和学生了解法律法规是实施高校学生管理的基础和前提。因此,高校应当积极主动地开展教育法律法规的学习和宣传,把法律法规的学习和宣传纳入高校的日常工作中,而且要长期地贯彻。高校要经常在高校的党政管理部门和教师队伍中举行教育法律法规的讲座活动,让学校的行政管理人员及高校的教师掌握法律法规知识,使其更好地服务于高校的管理工作和教学工作;要在全国范围内高校辅导员的培训工作中增加教育方面法律法规知识的培训,在对辅导员的培训工作中要结合案例,采用理论联系实际的方法,切实增强依法管理高校学生工作的能力;要在高校学生的教学计划中增加一些教育法律法规方面的内容,还可充分发挥高校校报、校园广播、校园网络平台、校园宣传栏等传播平台的作用,借助座谈会、讨论会等学习形式进行法律法规知识的宣传和普及,从而更进一步地推动教师和学生之间的交流与沟通。

在法律法规的宣传教育中,高校领导应当起模范带头作用,做好"领头羊",以身示范,使高校从管理人员到教师和学生都学习、掌握与高等教育事业发展息息相关的法律知识,使学校管理人员自觉地遵循教育法律法规,开展理性的教学管理工作,有效实现高校学生教育管理法治化建设。高校学生管理工作的一线工作者——辅导员,应在日常的学生管理工作中,通过亲身体验,躬身践行,严格遵循法律法规,开展学生教育管理工作,还应当联系社会生活中的具体诉讼案例和与教育相关的法律法规,通过举办相关的班会,以及让学生走出校园参加实践活动,持续向大学生开展法律知识的宣传工作。此外,还可以邀请一些专职的司法工作人员,指导构建大学生法律援助组织,同时与司法机构保持一定的联系,营造良好的法治学习环境。

第五章

高校大学生管理的信息化创新

第一节 高校大学生管理工作理念的创新方向

一、秉持"以人为本"的理念

高校学生管理工作的对象是大学生,只有公正、平等地对待每一个大学生,尊重和保护每一个大学生的权利,积极为大学生的发展创造有利的条件,高校学生管理工作才能取得良好的成效。

此外,在开展高校学生管理工作时,要想取得良好的成效,必须切实关注学生的需求、学生的属性、学生的心理、学生的情绪、学生的信念、学生的素质、学生的价值等一系列与学生有关的问题。这就决定了不论是开展高校学生管理工作,还是进行高校学生管理工作理念的创新,都必须秉持"以人为本"的管理理念。

(一)高校学生管理工作中"以人为本"理念的重要性

首先,贯彻"以人为本"的工作理念是形势所趋。从高等教育的自身发展来看,在计划经济时代,学校代表国家为学生提供福利性质的教育,学校和学生之间是教育与被教育的关系。随着高等教育改革的不断深化,学生和国家对教育费用实行成本分担制度,学生由单纯地享受国家福利者变成了自身教育的投资者,学校和学生在一定程度上形成了经济学意义上的服务与被服务的关系。学生缴费上学,学校提供教育服务。高校是培养社会主义建设所需的各种人才的重要基地。可以设想,如果高校的学生管理工作不能体现"以人为本"的理念,社会就失去了人才上的保障。因此,在这样一种大环境下,在高等教育中贯彻"以人为本"的教育理念不仅有着充分的社会基础，也是社会形势向高等教育提出的新要求。

其次，贯彻"以人为本"的理念是学生管理工作的内在要求。有些学生管理工作者往往把学生管理工作理解为要"管住"学生，理解为通过外部强制作用规范学生的日常行为。这种工作理念严重限制了学生管理工作的开展范围和工作效果，甚至违背了学生管理工作的根本目的。我们过去过度强调学生管理工作的行政任务，而忽视受教育者的主体价值；强调思想统一，而忽视大学生的个性培养。思想道德素质的培养其实是一个人格创新的过程，包含着思维能力、判断能力和实践能力的训练过程，这个过程是由主体完成的，外在的因素只能起到引导、启发作用。过去有些人把学生管理工作的目的理解成要把大学生变成思想上无差别的个体，要求学生整齐划一，这种工作理念必然导致采取家长式的工作方式。在这种工作理念指导下的学生管理工作不仅在本质上偏离了学生管理工作的根本目的，也不能在现实的工作中适应大学生的具体情况。因此，学生管理工作必须在理念上实现转变，要充分认识到学生管理工作的目的在于提高学生的思想政治水平、价值判断能力，这就决定了学生管理工作必须获得学生们的主动参与，而只有在工作中最大限度地体现"以人为本"的工作理念，才能达到激发学生主动性的目的。

最后，学生管理工作和思想政治教育相结合是贯彻"以人为本"工作理念的必要手段。在贯彻"以人为本"的工作理念的同时，要积极推动思想教育与学生管理相结合，在使用规章制度等约束人的行为的同时，要把思想政治工作的柔性导向融入其中，结合自律与他律。没有思想教育的学生管理是简单粗暴的，没有学生管理的思想教育是软弱无力的。我们的思想政治工作过去没有很好地把握和处理教育与管理的关系，使得思想政治教育失去了管理的依托，使得学生管理失去了其教育人的内涵，忽视了对大学生的主体性价值的尊重，从而削弱了思想政治工作的有效性。在新形势下，高校要坚持"立足于教育、辅之以管理、寓教育于管理"的思想政治工作原则，将教育落实到管理中，把管理上升为教育，使得两者相得益彰，互补互促，以达到塑造人、引导人、规范人的目的。

（二）高校学生管理工作中"以人为本"理念的贯彻

坚持"以人为本"理念既是高校学生管理工作的内在要求，也是高校学生管理工作创新的灵魂和核心。因此，在开展高校学生管理工作时，必须真正贯彻"以人为本"理念。具体来说，可从六个方面着手来确保"以人为本"理念在高校学生管理工作中得到有效贯彻。

1. 不断加深对学生的认识

高校学生管理，无论是计划和任务的确定，还是内容和形式的选择，都源于对学生的认识和把握。实际上，任何个体都有其自身具体、独特、不可替代的需求，不同个体的需求在整个群体中又都不是孤立存在的，它们之间是相互联系和作用的。就高校学生管理而言，学生对自身所处管理环境的感受等，都是影响管理效果的重要因素。

离开了对这些因素的认识、洞察和把握，高校学生管理就成了无源之水、无本之木。因此，只有全面考虑学生的个体情况，充分重视个人需要在管理中的地位和作用，且把它们看作是运动的、变化的，高校学生管理工作才能有的放矢，提高效率，收到预期的效果。

2. 要充分尊重和信任学生

"以人为本"的核心就是管理者对人的尊重和信任。尊重和信任学生，就是充分尊重学生的人格、自由、权利，尊重学生的独立性和创造性，要积极地、有意识地鼓励和引导学生自己去摸索，让学生学会学习。这里的尊重与信任，不是在管理上对学生放松，而是以一种更积极认真的态度，把参与管理变为学生自身的一种需求，充分信任学生的自我管理能力、自律能力和沟通能力，以激发学生学习和生活的热情，在尊重信任学生的基础上体现严格要求。

管理者在与学生交往的过程中，应该成为学生的良师，对学生开展思想品德教育和行为准则教育，教会学生如何做人；同时还应成为学生的益友，在学习和生活上指导学生健康成长，帮助学生解决实际困难，维护学生的合法权益。这种良师与益友的关系在很多场合是交织在一起的，贯穿于学生管理工作的整个过程。

3. 要重视培养和激励学生

学生管理最重要的任务是提高人的综合素质，而人的素质是在社会实践和教育中逐步提高的。通过教育不断提高人的思想道德素质、科学文化素质和健康素质是管理工作的主要任务。因此，全面提高人的素质，不断培养和教育学生，就必然成为学生管理活动的一项重要内容。

在人员安排上，可实行辅导员助理制，在高年级培养选拔一批专业基础扎实、富有责任心的学生作为低年级学生的辅导老师，培养他们成为低年级学生学习上的指导者、生活上的辅导者、思想上的引路者、人生中的影响者，使之在实践中不断充实自己、提高自己、丰富自己、完善自己。

在管理学生的过程中，灵活多样地运用各种适当的激励方式尤为重要。美国著名心理学家马斯洛认为，人是自然人与社会人的混合体，他们作为自然人有生理的需要、安全的需要；他们作为社会人有社交的需要、尊重的需要和自我实现的需要。同时，也可通过采取适当的激励措施来满足学生各种不同层次的需要，要根据不同的情况、不同的对象采取不同的激励方式，尤其要注意满足学生作为社会人的社交、尊重和自我实现方面的需要。通过构建激励机制，努力去满足学生不同层次的需求。

4. 营造"以人为本"的校园文化环境

环境是人们赖以生存和发展的自然条件和社会条件的总和。校园文化环境是指与校园文化的形成与发展密切相关的外部条件。校园文化环境包括校园的物质环境和校园的精神环境两部分。校园的物质环境主要是指校容，如建筑物的布局、室外的绿化、室内的装饰等。校园的精神环境主要是指学校的传统习俗、校风等。

人的发展及才能的养成，是遗传、教育、环境共同作用的结果。人不仅受其所处的环境的影响，也在不断地改变环境，这个环境又进一步地影响他人及其自身。就学校而言，这种对人的发展以及才能的养成产生影响的环境就是校园文化环境。校园文化环境对学校的教育工作及师生、员工的生活有着不可低估的作用。

开展丰富多样、多元化的学生集体活动能够培养学生崇高的理想和高尚的道德情操，能够使学生的兴趣爱好和特长得到良好的培养。在一个健全的集体中，学生的不良习惯及意识也比较容易得到纠正，因为集体的影响、优良作风对学生思想品德的形成和发展能起到巨大的促进作用。

要充分调动学生的积极性、创造性，设法激发学生的思维兴奋点，组织开展丰富多彩的集体活动，通过各项活动积极发展学生的才干及特长，使活动和教育融为一体。

5. 要强化对学生的指导和服务

在开展高校学生管理工作时，只有不断强化对学生的指导和服务，才能满足学生多样化的需求。因此，强化对学生的指导和服务也是高校在开展学生管理工作时贯彻"以人为本"理念的一个重要举措。

6. 要积极推进全面育人局面的形成

（1）明确全面育人的管理目标。高校的根本任务是培育德、智、体、美、劳全面发展的高素质人才。高校学生管理工作是社会管理的一个特殊领域，必须紧紧围绕教育管理目标，始终立足于人才培养，肩负育人任务。在管理中育人就是在管理过程中对管理者、被管理者的政治素质、道德品质、思想观念等形成影响，使管理趋向于全面育人。坚持全面育人的管理目标可以保证各项工作顺利进行。管理在教学中起着桥梁的作用，管理者通过各项工作使教学效率最大化，用自己的职业操守感化服务对象，引导学生树立正确的人生观、世界观和价值观，达到育人的管理目标。

（2）高校学生管理的手段和方法应适应学生发展的需要。

第一，加强网络道德建设，拓宽管理渠道。首先，专业与非专业网络管理队伍并存。在不同年级的大学生中开展网络道德建设，这就要求高校合理构建多支网络管理队伍，时刻了解学生动态，以适应大学生的发展要求。这支管理队伍要有专业的技术能力，拥有较高的政治觉悟，对大政方针具有较强的领悟能力。管理者应通过网络了解社会道德现状，制订有针对性的符合高校现状的制度，同时也要注意网络的发展，对网络有全面的把握，做到管理与科技与时俱进。非专业的网络管理队伍分布在高校各个阶层，包括二级院领导、辅导员、学生团体组织等。非专业的管理者应自觉扮演网络道德宣传员的角色，运用学生喜欢的网络形式传达符合社会道德主流的思想，从而提高学生的道德素质，拓宽学生管理途径，提高高校学生管理工作的效率。其次，监控网络环境。高校管理者必须综合运用管理手段、技术手段加强对网络信息的监管。大学生还处于青年阶段，自律能力较弱，管理者在加强教育管理的同时，还要积极建立网络防御体系，筛选网上的不良信息，封杀不良网站，斩断不良信息在校园中的传播路径，净化网络环境，为学生的道德发展创造一个和谐、安全、稳定的空间。

第二，优化高校学生管理工作的职能设置。高校管理部门通过对管理职能的优化重组，不仅能达到减少冗杂部门的目的，还能达到职能简化的效果。在高校中设置职能不仅要考虑到部门设置的合理性，还要考虑部门的专业性和学生的需求。在设置部门时，按照教学、科研、人事、后勤、行政等分类管理，避免权责不清的现象，这对构建服务型管理模式、提高服务水平具有重大意义。在管理者的聘任方面，将竞争机制引入其中，将专业素质、管理经验、道德品质等因素作为考核条件，让每位管理者都能找到合适的位置。而在管理者履行职能的过程中，必须充分重视奖惩机制，对表现突出的管理者按照一定标准给予奖励，讲求适度原则。

（3）加强对管理过程的控制。

第一，管理过程中要做到科学管理与人文管理相结合。科学管理是指以管理工作为核心，通过严密的规章制度、严格的奖惩机制等达到理性管理的目的。人文管理则重在启发教育，它以尊重人的个性发展为前提，同时尊重人格。高校学生管理工作要综合运用科学管理与人文管理两种手段，一刚一柔密切配合，达到本质上的统一。

第二，进行道德评价体系建设。道德评价体系建设必须遵循正确的指导方针，不断解放思想、实事求是、与时俱进。道德评价体系要量化标准，让评价双方都清楚哪些内容被纳入了考量的机制当中。

对管理者进行道德评价，应由自评、学生评价、同事评价和领导评价等构成，彰显管理者从他律到自律的转变。道德评价就是要塑造管理者的道德良心，增强管理者的行为认知能力。在管理部门中也应设置专门的评价机构，建立道德档案。建立严格的评价制度是培养高素质管理者的重要环节，就是要通过一系列手段使道德建设走向自觉，让道德内化成管理者的优良品质，在管理过程中以身作则，为学生传播正能量，起到教化学生的作用。

二、应秉持契约理念

（一）契约理念在高校学生管理工作中的必要性

在我国，随着高等教育大众化时代的来临，传统的凭借高校权威实施学生管理的模式已不适应我国高等教育的发展。高等教育收费制度以及现代民主法治社会的建立，使高校与学生的关系发生了质的变化。学生开始缴费上学，虽然其缴纳的学费不足以抵消生均培养成本，但这已使高等学校与学生的关系由过去单一的纵向行政关系转变为包括花钱购买教育服务的消费关系在内的多重法律关系。学生的权利被强调和重视，学生已成为教育法律关系中独立的重要主体，这些都要求高校对学生的管理方式也发生相应的变革。基于高校与学生法律关系性质上的分化，契约式管理也应采取不同的形式，且严格遵守不同形式契约的原则。

在校方提供教育服务和生活服务的过程中，高校与学生之间存在平等的民事法律关系。例如，高校与学生之间存在一定的民事合同关系。学生的报考和高校的招录，相当于合同缔结中的要约与承诺；学生入学，要向校方缴纳学费，作为回报，校方应提供一定质量的教育和生活服务。在学生付费、学校及其内部机构提供服务的领域，学校与学生地位平等，若有违约则必须承担法律责任。另外，学校的内部事务管理不能侵犯学生的财产或人身权利。学生身份的消费者性质要求高校，特别是公立高校作为教育公共部门，要提供相应的公共服务及物质条件，其中包括承诺的教育水准、足够的教学设备、良好的学习与生活条件等。在高校提供的生活服务领域，高校不应以管理者的姿态侵犯学生作为消费者的权利。

从同为民事主体的角度来看，学校和学生之间应该是一种平等的关系，双方都对对方既有权利又有义务。学校在拥有对学生的管理权的同时，学生也拥有维护自己权益的权利。学校不再拥有绝对的权威，学生也不再是完全的被管理者，二者之间是平等的。目前，很多高校已开始使用与学生订立合同的方式实施学生的宿舍管理、餐饮管理、网络使用管理、付费使用的校园资源管理等。然而，从大部分高校与学生签订的合同内容看，所谓的民事性质的合同大多流于形式。存在的问题主要是高校与学生签订的民事合同并未体现主体双方的平等地位，仅规定了学生的义务，缺乏学校的义务性规定，高校与学生权利与义务的规定严重不对等；仅规定学生的违约责任，缺乏学校未提供合同承诺的服务的违约责任；合同的制订缺乏学生的参与，仅仅是学校职能部门意志的体现，学生缺乏可选择性权利。

高校与学生行政契约关系的建立，使学生可以真正参与到高校事务中来，体现了学生的主体地位，不仅可以减少潜在冲突的发生，还可以改善高校与学生的关系，有利于建立彼此合作、相互依赖相互尊重、平等对话的良性互动关系。契约的应用与缔结，使高校与学生在契约的维持下保持持续、稳定的协作关系，有利于学校秩序的稳固化。

（二）高校学生管理工作中贯彻契约理念的要求

高校与学生之间契约的本质，既是高校用于维护教育教学秩序的手段，又是学生限制高校权力的方式，这对高校以及高校学生管理工作者提出了新的要求。

1. 要求高校平等对待学生

把契约的平等精神引入教育行政领域，让学生在与学校具有平等地位的前提下商议教育行政目标的达成，使教育行政减少不平等与特权性的因素。契约的基础是双方主体地位平等，契约的形成过程是民主的过程，契约充分体现了民主的本质与特性。现代行政本质上以民主宪政为基础，强调公民权利、人格尊严、社会公正与社会责任，重视公民的参与，充分体现了契约精神。现代教育行政在法律授权的前提下，具有裁量性、能动性，在学生管理中引入契约理念，不仅与依法行政具有相容性，还可以凭借契约手段灵活应对学生管理中出现的复杂、动态和难以预见的问题。

2. 要求高校尊重相对人的意志

把契约的自治精神引入教育行政，使学生有选择的权利，商议的过程也是其利益权衡的过程。选择是契约精神的应有之义，通过选择建立沟通渠道，这也是行政契约最突出的优点和功能。在行政法学中，我国学者对契约能否在行政权力的行使过程中予以运用或许会有不同看法，而对行政契约的存在、行政契约的特征以及行政契约的基本类型等问题的观点大体一致。因此，考虑到教育行政的民主参与、教育行政方式的多样化和教育行政的目的等因素，应允许在高校学生管理工作中出现"讨价还价"和"议价行政"的现象。

3. 要求高校重视学生的权利

在行政契约中同样有相对人——学生的权利。行政契约能使高校更加尊重学生权利，同时学生权利的实现又能制约高校的权力。考虑到高校权力制约的需要以及高校与学生之间的行政契约关系的特殊性，在高校与学生之间的行政契约的缔结过程中，应有三个方面的限制。一是职权限制。高校必须在法律赋予的职权范围内缔结行政契约，不得越权行政。二是法律限制。高校缔结行政契约不得与法律法规的规定相抵触。三是内容限制。行政契约的目标是实现公共利益，因而行政契约的内容不得违反社会公益。高校由于在行政契约的缔结中处于优势地位，可能会出现滥用职权、违法行政的情形，如高校的行政契约与其行政命令同构化，强制学生与其缔结行政契约，违反应有的合意；高校滥用选择权，"暗箱操作"，损害学生利益或国家利益，因此，必须限制行政契约的内容和目的。

在高校学生管理中强调契约精神，重视契约观念、契约手段以及契约制度，不意味着完全以契约取代权力。高校的学生管理权力在教育法中仍然存在且发挥着应有的作用。由于契约意味着平等、诚信、公正等，因而契约在高校学生管理工作中的引入，可以提高工作水准。

三、应秉持开放理念

（一）贯彻开放理念在高校学生管理工作中的意义

在高校学生管理工作中，贯彻开放理念有着十分重要的意义，具体表现在三个方面。

1. 开放理念是加强和改进高校学生管理工作的本质要求

在高等教育的发展过程中，必须处理好教育的规范性与开放性相结合的问题。教育的规范性通过制度、习惯、氛围等来体现，教育的开放性则表现为教师与学生、学校与社会、有形教育与无形教育的互动，实现的途径就是以开放的理念推进学生教育管理的开放，使高等教育成为终身教育体系的一个重要环节，成为学习型社会建构中的一个重要园地，成为与家庭教育、自我教育、社会教育相贯通的一个重要枢纽，成为学生社会化过程中的一个重要阶段。因此，要想开展好高校学生管理工作，必须坚持开放理念。

2. 开放理念是加强和改进高校学生管理工作的源动力

在高校学生管理工作中坚持开放的理念，可以使高校学生管理工作的视野由窄变宽、动力由小变大、要求由低变高、措施由软变硬、导向由虚变实等。如此一来，高校学生管理工作便能实现"三力"合一，即国家的意志力、学校的执行力、学生的内驱力在理念层面实现有机统一，使学校的发展目标与国家的战略需求相同步，学校的教育教学要求与学校的发展目标相协调，学生的教育管理举措与学校的教育要求相匹配。

3. 开放理念是加强和改进高校学生管理工作的重要保证

开放的高校学生管理工作具有三个特点。

一是自觉性。高校学生管理工作的加强和改进是一个不断求真、崇善、尚美的过程。求真就是合规律，高校学生管理既要合教育内部的规律，还要合教育外部的规律，否则就会事倍功半。崇善就是合目的，高校学生管理要全面体现党的教育方针，做到让党放心、让人民满意、让学生喜欢。尚美就是合形式，高校学生管理要在构建社会主义和谐校园中作出更大贡献。

二是自律性。开放的高校学生管理工作是对传统循规蹈矩、就事论事的工作方式的超越。开放不是放手不管，更不是放任自流，而是用开放的理念统揽全局，用开放的心态包容多样，用开放的举措推动工作。

三是自为性。开放的高校学生管理工作既有利于争取更多更好的教育资源，也有利于营造良好的环境氛围，还有利于促进管理者素质的提高。

（二）高校学生管理工作中贯彻开放理念的举措

在高校学生管理工作中，要切实贯彻开放的管理理念，可以采取两个有效的举措。

1. 要牢牢把握高校学生管理工作开放的方向性

牢牢把握高校学生管理工作开放的方向性，需从四个方面着手。

第一，在开展高校学生管理工作时，要坚持用马列主义、毛泽东思想、邓小平理论、"三个代表"重要思想、科学发展观、习近平新时代中国特色社会主义思想等马克思主义中国化的成果武装学生头脑、指导学生实践、推动学生工作，牢牢把握学生管理工作的指导权、主动权和话语权。

第二，在开展高校学生管理工作时，要牢固树立中国特色社会主义共同理想，引导学生自觉在党的领导下，走中国特色社会主义道路，为建设民主、富强、文明、和谐的社会主义国家而努力奋斗。

第三，在开展高校学生管理工作时，要大力弘扬民族精神和时代精神，以促使大学生始终保持昂扬向上的精神状态。

第四，在开展高校学生管理工作时，要积极促进社会主义道德体系在大学生的心中扎根。

2. 要注意增强高校学生管理工作开放的针对性

增强高校学生管理工作开放的针对性指的是在开展高校学生管理工作时，要切实从学生最关心的问题入手，具体内容有三块。

第一，要引导学生学会学习，变"学会"为"会学"。学生要不断更新学习观念，变革学习方式，创新学习手段，提高学习效率。

第二，要引导学生学会自强，变"助我"为"我助"。高校应进一步落实助学贷款政策，设立助学奖学金，建立与就业相结合的奖学金制度。

第三，要引导学生学会创业，变"就业"为"创业"。高校应把培养学生的创新精神、创业本领、实践能力放在重要位置，改革教学内容和课程体系；完善、鼓励和支持高校毕业生创业的制度，提供优惠条件，加强对创业活动的指导和管理。

开放的高校学生管理工作必须坚持教书与育人相结合、政治理论教育与社会实践相结合、解决思想问题与解决实际问题相结合、继承优良传统与改进创新相结合。就管理而言，还应坚持从严管理和科学管理、民主管理和依法管理相结合。

四、应秉持教育、管理、服务一体化的理念

现代社会中"学生"已经成为综合性的社会角色，包含"学习者""消费者""创造者"等内涵。学习者是指学生需要学习更多更广泛的知识。消费者包括两层含义：第一层是交费上学的学生有更大的愿望参与学校的建设和管理；第二层是学生已经被商家视作重要的市场对象。创造者是指学生能够利用当前丰富的信息等各种资源创造出各种财富。在市场经济条件下，高等学校应重视培养学生的创新和适应能力，自觉地把教育、管理、服务有机地结合起来，开创学生管理工作的新局面。

（一）教育、管理、服务一体化理念的重要性

1. 教育是学生管理工作的关键

高校要在教育工作的针对性、实效性上下功夫，在帮助学生认识重大社会问题上下

功夫，引导学生用科学的理论和正确的思想认识党在新形势下的历史使命和奋斗目标。

2. 管理是学生管理工作的基础

高等学校连续多年的扩招，使学校规模急剧扩大，学生管理工作面临着许多新的问题。学生管理工作者一定要牢固树立"从严管理"的理念，严格执行各项规章制度。为保证学校管理体制改革顺利进行，可以通过制订规章制度，把学生管理工作的重心下移，重新划分全校的学生管理工作的责、权、利，使学生管理工作形成新的局面。

3. 服务是学生管理工作的依托

良好的服务，有利于教育和管理工作取得实效。在服务工作中，要始终抓住为广大学生成长成才服务这条主线不放松。经济压力是部分学生在成才过程中遇到的突出难题，面对经济困难学生不断增多的现实，学校应当采取多种渠道逐步建立资助贫困生的奖、贷、助、补、减等各种措施，确保"绿色通道"畅通。就业压力是学生需要面对的另一个难题，目前正处于扩招后的就业高峰时期。在就业形势越来越严峻的情况下，高校应努力开拓就业市场，广泛联系用人单位，全方位收集用人信息，加强就业网站建设，及时向毕业生公布就业信息。总之，以服务为依托，以教育为手段，把管理引向人性化，是三者在新形势下相结合的最佳选择。

（二）教育、管理、服务一体化理念的创新

1. 管理理念创新

高校学生管理工作要从传统的用权力管理的模式中走出来，注重"导向管理"，从被动式、强迫式的管理变为主动式、民主式的管理，从以管理为主的工作模式走向以教育、服务为主的工作模式。

2. 服务理念创新

高校学生管理工作要从管理型的工作模式走向教育型、服务型的工作模式，要为学生的成长成才创造各种有利条件，优化校园环境，最大限度地激发学生全面成才的内在动力。服务的内容要把握学生在学习、生活中的不同层次、不同方面的合理需要；服务方式要在引进社区管理方式的同时，实现服务最优化。学生不仅是受教育者，也是教育投资者和消费者，高校要为学生提供各种生活服务，改善生活环境，对学生社区进行物业化管理，健全社区功能，构筑集文化、休闲、娱乐、购物、健身为一体的文化社区；提供勤工

助学服务，帮助困难学生顺利完成学业；提供学习服务，指导学生考研、出国、创业；提供就业服务，健全信息网络，加强技术等各方面的指导。

第二节 高校大学生管理工作的信息化创新思路

一、信息化构建的必要性

（一）适应高等教育大众化发展的需要

推进高校学生管理创新是适应高等教育大众化发展的需要。近年来，中国高校教育发展迅速，在规模和在校生人数上都有很大增长，高校内部的结构和管理也优化了，还更新了学生公寓、食堂、学分要求、班级概念等，这些新的变化和创新都加重了高校管理人员的挑战。高校管理人员要通过不断的学习、培训、创新才能够管理好新型的高校，能够符合时代的发展和学生的需求。

（二）加强和改进学生工作的内在动力

推进高校学生管理创新是加强和改进学生工作的内在需要。学生管理主要是正确引导学生思维、规章制度、学习活动等方面和开展管理工作。学生的价值取向、生活方式等都受到社会和时代的影响，向生活多样化、思想开放化、经济变革性等发展。互联网对学生的冲击更是巨大，在学习方式、生活方式、价值取向等方面都深深影响着其行为。在这种开放的教育环境中，学生受到各种观念的影响，主观意识、民主意识等不断加强，造成学生更加凸显个性，实现自我。这种情况下，如果还是按照传统的方式来管理学生，只能适得其反。高校管理者要利用新时代的方式、按照学生的生活方式去接近和管理他们，才能够实现管理工作。要利用特殊的管理思维，在理念、方法、模式上创新，只有这样才能够充分发挥管理人员的作用，能够被学生接受，能够有效对学生开展管理工作。这不仅是高校学生管理的基本需求，更是高等教育对教学质量提出的新要求。

（三）培养创新人才的方式

推进高校学生管理创新是培养创新人才的需要。随着科学技术的不断发展和进步，要想满足社会对人才的需求，必须加大对高校学生的培养力度，培养出综合素质足够高的专业化人才。要想实现这个人才培养目标，必须加大教育创新和制度改革，不仅要创新教育管理观念，还要创新人才培养模式。在高校教育当中，学生信息化管理工作比较重要，是培育人的主要方式，学生管理创新是培养创新人才的需要，也是高校教育创新的主要内容之一。

二、信息化构建的优势

（一）发挥社会主义核心价值观的引领作用

社会主义核心价值观代表着中华民族的文化和精神所在，既是在信息化时代下的实力展示，又是社会主义唯物主义的表现，更是在党的领导下全国人民共同奋斗努力的结果。这就要求高校培养的人才要符合社会主义核心价值观，能够成为社会主义接班人，这是教育的本质。要借助信息化的优秀成果来实现社会主义核心价值观，帮助大学生稳定发展，这也是国家德育培养的重要内容。

高等学校坚持"育人为本、德育为先"的教育理念，就是要解决依靠什么来"培养什么人、怎样培养人"的重大问题。借助新媒体这一信息平台，在潜移默化中将社会主义核心价值观内化为大学生的价值观念，从而转化为大学生的价值追求。培养社会主义现代化建设人才，就要坚持社会主义核心价值观，以此引导大学生的思想健康成长，在大学生思想意识中巩固马克思主义的指导地位，坚持不懈地用马克思主义中国化的最新理论成果武装大学生的头脑，用中国特色社会主义共同理想凝聚建设者的力量。在大学生群体中培育和践行社会主义核心价值观，既是在高等学校开展思政教育的重要内容，也是建设社会主义强国、实现中华民族伟大复兴所赋予的历史任务。这就需要充分发挥各种教育载体，特别是新媒体的作用，采用喜闻乐见的信息发布形式，激发学习兴趣，形成教育合力，增强教育效果，促进大学生思想的成熟与健康发展。

（二）构建践行社会主义核心价值观的载体

当前，由于经济转型和社会发展变迁的影响，市场经济大潮汹涌澎湃，各种信息呈现大爆炸状态，引发人们价值观念的变迁和社会心态的流变，导致了功利性价值观的增强；改革开放的深入进行，外来思潮的广泛影响，助长了价值多元化的倾向；新媒体的推广运用，促进了自主意识的觉醒，催生了以自我为中心的价值观这些因素都对大学生的教育管理带来影响，大学生的教育与管理上出现了一些不容乐观的问题，也对践行社会主义核心价值观的有效性提出了挑战。在新媒体时代，发挥新媒体信息化的优势做好大学生教育管理工作，培育和践行社会主义核心价值观，用社会主义核心价值观指导对大学生的教育，不断提高大学生的思政素质与理论水平，把他们培养成中国特色社会主义事业的合格建设者和接班人。而如何运用新媒体发挥信息化的长处是当前必须面对的富有挑战性的任务，利用青年大学生对新媒体熟悉、对信息接受反应快的特点，发挥信息化在践行核心价值观过程中的积极作用。

随着时代的发展，信息的爆炸性呈现，面对青年大学生的成长特点，传统的教育管理方法与当前大学生在价值取向、政治态度、心理发展、道德养成、行为模式等方面的变化产生了一些不适应。新媒体传播空间的开放性、自由性，拓展了教育的新平台，大学生几乎都有智能手机，大多数也有电脑，新媒体强大的信息传播与承载功能，在教育者与受教育者之间构成了更便捷、畅通的渠道。新媒体提供了教育管理的新方式，可以通过开展形式多样的网络互动与对话活动，宣传社会主义核心价值观，了解大学生的思想动态，答疑解惑，正确引领舆论导向。

新媒体提高了大学生教育管理的针对性和有效性。新媒体的网络平台因其虚拟性，有利于交流者敞开心扉，倾听相互的观点与诉求，提供了从侧面了解相互之间真实想法的机会，能够有针对性地加以引导与沟通，从而提高教育管理的有效性。在新媒体平台，可以比较自由地交流信息，可以发布或获取各种信息、资料、图片、视频，开放性地向更多的人传播所思、所见、所想，形成自由开放的信息传播空间。新媒体在信息传播主体上具有多元性、平等性。信息传播主体由一元发展为多元体现出泛化的倾向，实现了"所有人向所有人"的社会化平等性传播，处在不同社会群体和社会阶层中的人都能通过新媒体发出自己的声音，所有的人变成平等的"信息人"。作为新媒体使用主力军的大学生更在信息交流中占据主体地位。新媒体作为信息科技手段，在方便大学生学习、生活的同时，也表现出传播信息的多元性与复杂性。由于信息传播自由导致各种信息庞杂多样，呈现出价值多元、意识模糊、是非难分的情形，让涉世不深的大学生面对海量的信息难以有效选择，有时会迷失在信息海洋中，即使受到不良影响也很难察觉。因此，有必要教给大学生学会辩证地观察与分析各种信息，同时创新运用新媒体的信息化形式，发挥信息化在大学生教育管理中的作用。

（三）发挥新媒体在教育管理创新中的功能

要想促进学生信息化管理创新，必须借助新媒体的力量，把抽象的观念具体化、大众化，还要实现学生思想管理和社会主义核心价值观的有效结合，在明确教育管理理念的基础上，将新媒体应用到学生学习的各个方面，同时通过推动社会实践，开展多样化的主题活动，开展大量的志愿活动，提升学生的自身修养，外化为大学生的自觉行动，规范学生的自身行为，促进学生全面发展。

1. 构建大学生教育管理的信息化宣传平台

围绕立德树人的根本任务，构建网络信息平台，建设培育和践行社会主义核心价值观的信息化阵地。随着时代的发展，新的文化观、价值观、思维方式都对校园造成了冲击，校园已经带有社会风气，处于一种多种文化观、价值观和思维方式共同作用的环境，面临着各种选择和诱惑。深处信息化高校的大学生时刻都在受这些信息的冲击和影响，思想观念也逐渐发生变化，要避免负面的信息对大学生的社会主义核心价值观培养造成负面影响。

社会主义核心价值观在高校无处不在，无论是主题网站还是线下活动，而且要利用符合时代发展的方式让学生接受，影响其思想观念、生活方式和情感交流等。要将党和团的宣传遍及网络，用正确的社会主义核心价值观加强对学生的引导，用学生喜欢的方式接近他们，充分利用学校相关部门、学校老师等渠道动员学生，通过社团活动、团支部活动、班级活动等宣扬社会主义核心价值观，打造符合学生兴趣的文化活动、艺术活动以及学习、生活相关的活动，将学校官网建设成具有教学功能、公告功能、学术功能、报纸、后勤保障功能的网络平台。通过党群支部、班级的线上社交群宣传社会主义核心价值观，在践行社会主义核心价值观的时候，让学生开展相关采访、讨论、设计制作等活动，以此鼓励大学生多参与网络活动，多利用计算机和智能手机上网，通过互联网的渠道将全校师生连接在一起，互相交流、互帮互助，打造高校线上社会主义核心价值观新平台。

2. 建立大学生教育管理的交流平台

在践行社会主义核心价值观时，既要注意合理利用新媒体这一新的社交工具，也要发挥信息化的有效作用，做好引导和宣传的工作。高校管理人员要培养学生的信息化新理念，新思潮，及时根据时代发展调整工作思路，结合传统工作方式和时代，形成互补、互助、协同发展的新平台，帮助当代大学生掌握教育信息化的主动权。要主动探索当代大学生的教育管理特色和规律，总结可能出现的相关问题，寻找解决方案。通过分析内外部的信息，找到根除问题的办法，培养大学生分析、解决问题的能力。在这个过程中，要合理利用网络平台进行老师和学生之间的互动和交流，通过党群组织的线上群、贴吧等社交平台，通过学校老师、辅导员的个人社交媒体和自媒体平台发布相关的信息，如腾讯QQ、邮箱、博客等。通过网络的引导组建高校的新社交圈，实现学生管理、答疑、服务、沟通等功能，打造网络学习、思想教育、信息交流、服务管理的服务平台。由此可见，高校管理人员可以通过收集网络相关的反馈信息来总结相关问题，同时提出解决方案，通过这种线上的交流模式，更加便捷、快速地帮助学生解决有关学习和生活中出现的各种问题，加强高校师生之间的交流，增进师生感情。

在普及和教育社会主义核心价值观的过程中，要充分利用信息化平台的作用，开展主题教育活动，学习关于中国特色社会主义、核心价值观等思想，为中国社会发展和实现中华民族伟大复兴贡献自己的一份力量，为中国人民的长远利益、根本利益、全局利益谋发展。

在有关教育活动中要通过具体的主题交流活动践行创新思维理念，可以针对班级举办作文大赛，面向全班同学征集有关中国梦、青春梦的主题作文，鼓励大学生放飞梦想、畅想未来，为中华民族伟大复兴刻苦学习、积极向上。要在班级群里推广和宣传时事热点、政治新闻的信息，让大学生多渠道了解国家思想动向，立足于社会主义核心价值观，提高全体学生的政治觉悟。一旦出现相关的问题，要及时分析和通报，好的地方表扬，不好的地方共同商讨对策，找到解决的办法，通过这种方式促进班级团结；可以通过微信、微博等自媒体渠道发布和转发有关正能量的文章，鼓励学生积极向上、激发学生的斗志。在这个过程中，要注重培养学生的民族自尊心、民族自豪感和民族自信心，端正学生的价值观，培养正确的人格和优良的品质，不断追求自我价值。通过社会主义核心价值观的引导，培养大学生的正确世界观、价值观和人生观，将自己个人的发展同祖国的繁荣复兴结合在一起，树立远大目标，肩负起中华民族伟大复兴的重任。

三、信息化构建的创新思路

在新的时代下，针对大学生出现的具有时代性的问题，要用何种方式来管理和解决，且在这个过程中提高大学生的素质，已经成为教育工作者重点关注的内容。传统的教条式教育方式已经过时，不符合时代的特性，要通过创新思路和理念来开展新的管理工作。

（一）树立高校人本教学观念

要加强情感教育，在日常的学习、生活中加强对学生的思想引导和情感沟通。首先，要以人为本，充分尊重学生；其次，教学过程中要注重情感交流，将情感融入教学中，达到教育的目的；再次，要充分尊重学生，以感情因素来打动学生，充分引导学生正向发展，在教育和管理中做好转化；最后，通过情感交流来引导学生的思想，要经常性褒扬和激励学生，帮助学生养成高尚的道德情操。

1. 树立师生间平等意识

要想促进师生之间的良好交流和沟通，必须采取有效措施，改善师生关系，对师生关系来说，对应的是平等的关系，是基于人格平等上的合作交流关系。在师生关系建立当中，必须凸显出学生的核心主体地位，教师要起到良好的引导作用，学生才是学习的主人。在具体的教学管理活动开展中，教师要让学生学会自我管理，不要过多干预。

2. 建立针对性的制度规定

制度建设是班级管理中的重要举措，而制度的制订与实施，应适应不同班级的特点，符合大学生的年龄特征，而不能以检查、纠偏、惩罚为目的。

3. 尊重学生的个性差异

针对素质教育来说，其核心是个性化教育，不同的学生存在一定差异性的，要想从根本上提升教学效率、保证教育成功，就必须尊重学生，采取个性化和专门化的教育方法，针对不同的学生，要采取不同的教学方法，通过加强个性化教育，可以为学生创设良好的学习环境和学习氛围，从根本上提升学生的思维创新能力。

4. 树立"学生是发展中的人"的意识

处于教育阶段的青年学生身心尚未完全成熟，通过其成长规则可以看出他们还处于不断发展和进步的过程，有待开发潜质和技能。在学习过程中，除了与生俱来的遗传优势外，环境对他们的影响也尤为重要，从身心两个方面而言，遗传因素、环境因素、教育手段是共同作用于学生的成长的。在三者的作用下，学生身心逐渐发育成熟。这种成熟的发展是不固定的，波动非常大。因此，学校老师和管理工作人员要以学生的角度出发，不要按照成年人的要求、标准和固有观念去教育和指责，也不能对其不管不问，要针对学生不同阶段的心理变化开展有针对性的引导和教育。

5. 培养学生的责任意识

学生的道德教育是班级管理中的重要内容。一方面，不能抑制学生的独特性，要培养其正确的观念，打破等级观念的束缚；另一方面，要培养学生的大局观，引导其牺牲自我，实现大我。

（二）强化以学生为本的教育管理观

教育活动是根据教育理念开展的。在变革学生管理时，要发扬"以学生为本"的观念，充分尊重学生的个性，鼓励全体学生参与，这是做好管理工作的基础。现代管理学中指出，人这种资源是最核心的资源，是管理工作中的第一要素。学校管理人员要将学生作为所有工作的重心，要以学生为中心开展活动，充分尊重学生、关爱学生、鼓励学生，要时刻不忘满足学生的合理需求，引导其开发自身的主动性、创造力和积极性。总之，就是要在学生管理的过程中充分了解学生需求，帮助学生提高综合素质和专业技能。管理者要具有民主性和主观能动性，使学生意识到自己是管理的核心，除了被管理，还有管理的职能。要帮助学生培养对自我的管理、教育和服务。

高校学生管理工作具有全员参与性，所有的高校成员都在其中有着自己的作用。在管理工作开展过程中，单独依靠管理部门的努力是不够的，要充分发挥各人群的主观能动性，鼓励他们主动加入高校管理工作中。要充分加强高校管理部门的教育意识和管理理念，积极邀请校内专家、社会优秀人才参与到高校的管理工作中，同时要在学生群体中培养学生管理团队。在多方共同参与协助的管理模式下才能够实现高校、社会、家庭三者协同发展的新局面，才能够充分结合高校的服务职能、管理职能、教育职能，形成新的管理合力。

（三）构筑学生管理信息创新平台

随着科技的进步，信息化和互联网技术的发展突飞猛进。数字校园和网络校园的发展，高校已经成为网络用户最多的地区，大学生自然是数量最多的网民。新时代下的互联网给学生带来了极大的帮助，已经成为学生日常学习中获取知识的途径，对他们的人生观、价值观、世界观产生了深远影响的同时加重了大学生的管理工作。高校管理人员要开展计算机相关知识的培训，加强网络知识的学习，而且在学习过程中掌握新的方法开展学生管理工作。在管理中，提高自身的信息化技能、科学化技能，这样的管理方式才能受到学生的喜爱。

首先，要构建学生信息数据库。新时代下，信息是管理的核心，熟悉学生的相关信息是管理工作的第一步。因此，新生入学时，就要采集、整理、登记、上传学生的相关信息，特别要注意特殊学生，如贫困生资料的收集。之后更新录入学生的成绩、奖惩情况、党团关系等，保存为电子档案，为日后查找学生信息提供详细资料。

其次，打造学生管理服务平台。可以通过线上渠道管理学生，在网站、腾讯QQ群、微信等社交媒体上开展管理工作。学生的管理服务平台要符合学生的需求，贴近学生的思想、生活和学习。要采用民主、平等、开放的形式开展网上讨论，扩大讨论量，打破区域限制。改变传统的单向沟通机制，实现双向沟通，这样有助于提高学生的讨论积极性和发挥学生的主观能动性，能够增进管理工作的亲切感。

（四）健全学生管理机构的创新运行

学生的管理团队在高校管理工作中发挥着重要作用，是主要的执行人员。管理机构作为整个管理体系的坚强后盾，通过发展学生管理团队、健全学生管理机构促进高校管理资源的合理分配，为学生管理机制创新贡献力量。现阶段，高校管理团队主要以辅导员为主，学生的管理水平反馈的就是其管理效果。学校应该从辅导员的优势出发来构建和整合学生管理团队，打造更高水平的管理平台，根除学生的应付思想。也要加强奖惩制度，激励管理团队的斗志，培养岗位责任感。高校的党委学生工作处是学生管理机构的指导，主要负责学生工作的安排和执行。作为执行单位，要充分发扬管理的公平性，要更加细致地管理学生，并完善相关的线上线下管理办法。通过这种多方的机制革新，明确管理的目标和职责，将管理人员中的辅导员、学生团队有机结合，及时沟通，开展有关工作的汇报、反馈和相关问题的探讨，这样能够更加细致地开展管理工作，达到更好的管理效果。

（五）建立多维主体的学生管理体系

通过相关的规章制度、行为准则和管理办法对学生开展思想和行为的教育，并培养学生的思维能力、学习能力等被称为高校学生管理。学生的思想和行为是受到多方面影响共同作用的结果，因此，在对高校学生开展管理工作是要多方面管理。在这个过程中，学生是主体、公寓是学生的重要环节，家庭是重要的辅助手段。

1. 学校是学生管理的主体

对学校规章制度以及相关管理方法来说，可以对学生的学习行为起到导向作用，在具体的高校学生管理当中，必须在结合学生思想特征和实际情况的基础上，明确科学合理的人才培养目标，还要在结合学生身心发展规律的基础上，实现刚性管理和柔性管理的有效结合，凸显出思想教育的激励价值，营造出良好的教育管理氛围。

2. 公寓是学生管理的重要依托

学生公寓是学生学习、生活、社交、娱乐的重要场所，更是连接学校和社会的纽带。近年来，大学城和大型学生公寓的发展使得学生在思想、价值取向等都有了很大的变化。大部分学校在学生公寓中成立了管理中心，加强了对学生的管理力度，从方方面面都能监督和管控学生。管理中心在公寓管理、公寓文化建设方面都有正向的推动作用。学校的相关管理单位、学生组织要加强学生的沟通和交流，汇总学生的相关问题，探索解决方案。避免学生在公寓活动和相关管理工作中逃避责任，提高管理的效率。

3. 家庭是学生管理的重要合作者

要想加强高效学生信息化管理，还需要学生家长的配合，高校教师必须加强和学生家长的交流沟通，创新并完善学生家长联系制度。例如，有的家长在保持电话联系的同时，还发邮件或登陆学校有关网站留言反馈学生的信息，交流教育经验，为推动学生管理起到了积极的作用。通过严格遵循学生家长联系制度和标准，可以从根本上促进高校学生管理工作的有效落实，还可以扩大学生管理方法的应用范围，从根本上优化学生管理效果。高校学生管理创新工作难度较大，针对高校学生管理人员，必须在结合信息化思维特点的基础上，不断创新和完善学生管理方法，还要及时了解学生管理的变化情况，从根本上推进学生管理创新。

第三节 高校大学生管理工作的信息化构建方法

一、思想理念方面的构建

高校学生管理工作的创新的基础和前提是理念创新。理念是高度凝结的集体式智慧，核心是自主创新能力，既强调外在显性理念，还强调潜在的隐性理念。高校学生管理工作的创新，要让学生管理工作人员都能够与时俱进，及时更新个人理念，形成创新高校学生管理事务，提升管理工作效率的新理念。更新高校学生管理创新理念的具体途径有四个方面。

（一）领导者要有与时俱进的理念

高校的信息化建设是一项需要消耗巨大人力、物力和财力的工程，还需要众多的职能部门以及相关的一线工作人员参与其中。因此，高校在实施学生信息化管理之前，需要合理地科学性规划，还需要领导者能够清楚地认识当前信息化的趋势，正确地看待时代的发展潮流，具有大局观，跟随时代发展的脚步，对高校信息化建设给予足够的重视，严格监管其规划和部署。相关领导应当做到从自身做起，积极主动地学习与信息化理论有关的先进观念，统筹规划全局。除此之外，还需要通过充分的调研论证，根据学校的特征来制订相适应的信息化建设方案，树立长远的目标。许多高校提出校级信息化管理建设专门的管理机构这一观点，为了能够实现统筹建设信息化发展这一目标，同时也是为了能够帮助大家更加透彻地理解办学目标以及采用的策略，确立首席信息官这一负责校园当中信息化建设的角色。

由此可见，领导角色理念的加强建设对信息化建设的成功是十分必要的，先进理念对信息化建设十分重要。领导干部应当给予学生信息化服务建设充足的重视，从源头出发使用目标管理以及过程激励两种方法，使得全员都能够加入信息化建设之中。在开展信息化建设的过程中，对系统动力学的应用十分重要，在建设管理的过程中融入项目管理思维，其主要目的在于具体化的运作信息化管理过程，配置信息管理资源以及平衡整体性管理系统的应用，这对整体优化学生工作管理能力具有促进作用，可以提升学生管理工作效率。

（二）管理人员要有加强服务意识的理念

高校内的信息化系统服务于校内的所有人，其使用主体就是校内的管理人员。在信息化建设的过程中，高校教师参与网上办公正是一个重要的方法。高校管理人员应当着重培养自身的服务意识，从服务的角度出发，为信息化办公系统的进一步完善提升提供合理化的建议，从而改善信息化系统。相同的是，在我国大多数高校之中，管理人员并非教师阶层，专业可能是不同的，一部分非信息化相关专业的管理人员相应的能力水平是比较低的，所以对这一部分人而言，使用信息系统具有一定的难度，在使用的过程当中往往会出现各种各样的问题，传统的办公模式才是其熟悉的。因此，在信息化建设的过程中，需要高校重视加强对学生管理工作人员的相关培训，从而帮助其自觉使用信息化平台。信息管理人员应当加强对信息化本质的理解，紧跟信息化发展的步伐。为了保证管理人员对信息化系统的使用更加轻松，高校应当加强使用意识的培养，从而节约成本、提高效率。

（三）学生要积极使用信息化系统

应用现代化信息手段的优势在于，既能够帮助学生大幅度提高学习效率，还可以帮助学生培养学习的灵活以及自主性。目前部分高校已经开始使用校园一卡通，它的大小与普通的银行卡相似，其中包含有学生的诸多信息，如借书卡、饭卡、学生证等，使得学生生活更加便利。与之相同的是，学生的学习生活也因为大量信息终端的介入而充满了大量信息化内容，这样的改变使得如今对学生信息化素养有了更高的要求，同时也带来了明显的优势。现实当中，学生们对新事物的接受能力是较强的，因而也会更加热衷使用信息化产品，从高校学生的性格特征以及心理特征角度分析，高校仍然应当注重培养学生的信息化素养、正确引导学生开发以及应用资源，使学生们能够免疫不良信息，对学生的学习生活起到辅助支持作用。

（四）技术人员要树立服务意识、合作意识

在建设以及维护高校信息化的过程中，信息技术人员发挥着主导作用，所以高校应当保证相关技术人员时刻跟随科技发展的进度。由于受到专业的限制，技术层面成为许多相关工作人员的出发点，这也导致其无法准确地把握各部门的需求。因此，高校当中的信息化技术人员和普通技术人员之间存在着不同之处，应当足够重视其服务意识的培养。在调研时，信息化技术人员应当同行政及其他管理人员和学生沟通交流，了解不同人员具有的不同信息化需求。使用信息化产品时，信息化技术人员应当能够准确地把握产品，同学校实际情况相结合，提升其创新以及务实性，从技术层面出发，同时结合实际应用当中产生的需求来综合性地设计信息化。

在高校学生信息化管理当中，还要严格遵循"以人为本"原则，要做好关爱学生和保护学生，促进学生的个性发展，从根本上提升学生的独立思考能力，加大对学生全面发展以及学习需求的关注度，旨在促进学生的健康成长和学习。

信息技术同时具有通信以及自动化的功能，这对各种管理应用系统的构建具有辅助作用，可以进一步提升管理效率。除此之外，超强大的交互功能以及通信功能可以保证与学生沟通的畅通无阻；通过对信息技术的应用来实现各类应用平台的建设，不断创新管理机制，不断加强管理以及服务水准，最终使网络具有传承人类道德普遍价值的功能。高校应当对建设网络平台给予足够的重视，围绕人类道德普遍价值教育这一问题，开展相关的网上交流、教学、论坛、辩论赛等，通过校园的论坛、博客等报道有关信息，在不断地交流渗透过程中积极引导树立正确的价值观，从而完善网络平台，加强民族精神，提升网络

具有的影响以及宣传能力。

二、业务流程方面的构建

（一）高校传统管理流程的缺陷

中国高校的核心重点是为国家培养和输送人才，高校的学生事务是高校的重点业务。新生入学时，从报到注册、学籍资料整理、就业指导、实习支持、心理疏导等工作需要各个部门协同处理。就新生报到流程而言，学校管理部门、学院、学生处、资产处、财务处、保卫处、网络部门等都需要加入迎新工作中。这些部门如果实现了联合办公，新生报到的手续将会顺利很多。现阶段，高校学生事务的效果直接反映了高校的办学和管理水平，随着高校信息化的建设，学生事务需求越来越多样性，因此，要简化和创新高校学生事务的流行性，以满足学生的特殊需求和时代要求，学生和管理人员工作的匹配度是重点内容。高校信息化的发展需要教学部门、财务部门、安保部门要全力合作，以此创新管理办法，从中可以看出高校学术观念管理的信息化本质上是对流程的规范。想要实现高校学生事务管理的变革和创新，就要找到管理工作中的缺陷所在，要始终将优化学生管理流程作为重点，突破传统的职能导向管理办法，整合、消减传统管理的优良传统和现代的管理办法等，达到管理的最高效率和流程简化。

高校传统管理流程没有与时俱进，存在着很大的缺陷，主要有四个方面。

第一，由于流程复杂增加了工作量，导致工作效率低下。传统的高校管理模式是金字塔式的管理模式，太多的管理层导致信息传达不及时，反馈信息无法上传下达，各个部门的矛盾也日益增强，整体工作效率得不到保障。

第二，高校各个部门都以自己部门为重，不考虑团队协作，相关的信息没法及时传递并得到相应的反馈，信息化的高科技效果没有发挥的余地。

第三，学生管理流程没有根据信息化的需求变成现代化的高科技手段，传统的手工方式没有足够的空间应对监察，存在诸多不透明的操作。

第四，收集学生资料的过程中，大量的重复性工作给辅导员增加了额外的负担。

（二）传统流程的改进方式

1. 要在信息平台下实现组织结构扁平化

高校学生的管理是在专业调研数据的支撑下开展工作的，在高校和简化的管理流程建立后，要减少管理层的数量，让整个组织架构轻便易操作，在提高管理效率的同时，缩小校领导和学校老师、学生之间的距离，以此优化组织结构。通过流程型组织结构的建立，以目标和任务为指导开展工作，重视各个流程阶段对工作的分配和人员布局。这种形式加强了各部门的沟通和交流，使得信息上传下达通畅无阻，各部门的优势在流程中不断得到体现。例如，在传统的管理模式中，校领导想要了解学生的情况，需要从职能部门到各学院到辅导员到学生干部等层层反馈才能得到准确的信息；在信息化时代下，校领导直接可以查看学生的相关信息，不仅节约了校领导的时间，还保证获取到的数据的真实性。

2. 要在现代信息技术的网络化基础上构建协同管理的平台

高校管理工作是一件细致的工程项目，信息技术是保障项目顺利执行的重要手段，通过构建协同管理平台能够管理和个性化处理获得的各种信息和资料，借此克服以前部门之间资料浪费严重的问题，实现信息的高效共享。目前，大部分高校开始构建数字校园，在新进的科学技术、互联网技术的配合下，高校学生管理的工作全面实现数字化处理，通过信息化的管理方式和信息传递模式来减轻教育的负担，推进教育管理工作的规范性和科学性。

3. 集成相关业务，简化业务流程

在完成协同管理平台构建之后，就要优化和创新业务流程，可以通过清理无效活动、综合任务考察、流程顺序简化和技术自动化等途径来开展工作。要保障信息来源的统一性，避免信息传递造成失真，以保障流程的效率和真实。在各部门间的沟通和交流上简化结构组织，将相似功能的部门整合成一个部门。相应的活动也应综合处理。在处理学生信息时，信息的公开化很好地解决了传统工作中众多中间层的传递，计算机的自动化处理功能代替了人工的统计、录入工作，将学生的工作重心转移到信息的加工和二次开发上，提高了解决问题的效率。

三、组织结构方面的构建

在信息化逐渐普及的背景下，高校学生管理组织的创新结构能够为其发展提供强有力的支持。管理的信息化并非指在目前基础上加入计算机、多媒体设备或相关的软件，而是应当基于现代大学管理理念不断的优化调整高校学生管理各资源和环节，科学定位，合理化设计信息流程，从而确保在网络环境当中各种资源传输的及时准确性，能够为各项管理工作提供坚实的基础。因此，高校想要进一步实现学生管理信息化，首先应当在组织结构具备的原有基础之上做进一步更新设计。

目前高校信息化建设过程中产生的发展趋势是：成立相关工作领导小组或是委员会，增加信息主管（CIO）这一岗位，由高校一把手直接领导，主要负责校园信息化建设。在实际工作的过程中，CIO负责信息标准以及政策的制订，管理全校的信息资源、协调各个职能部门以及行政管理人员，从管理这一角度出发，选择和使用信息技术，通过对信息资源的反复筛选和深度挖掘来完成对数据的准确利用。信息化组织体制具有CIO结构后既能够对管理体制的改革起到促进作用，同时还能够帮助调整学校专业结构，促使高校的管理决策层得到进一步的提升。除此之外，还需要保证信息化领导小组的进一步完善与信息化组织结构的调整。

（一）组织的主要结构

1. 直线型层级结构

从我国的目前状况来看，高校当中存在的学生工作组织结构，其主体为校院两个管理层级之间相互结合的管理机制，是一种直线型层级关系。这种层级结构对相关职能部门以及院系的快速控制主要依靠决策的快速性和指挥的灵活性，使得校内的资源能够有效整合，从而使得全局工作能够顺利进行。不过，这样的管理过程也存在弊端，导致多层领导出现条状分割状况，职能之间会发生相互重叠，另外一个问题就是沟通协调存在着困难，在多部门参与的过程中，横向协调性至关重要，无法专业化地指导工作，就极其容易导致负责领导以及非负责领导都不会管理的状况。由此，我们可以发现，直线型层级结构当中具有较大的组织跨度，这导致了学生工作的管理很难由党政一把手完全控制。教学科研往往被当作是高校的中心工作，相较于学生管理工作，被认为是更加重要。

从另外一个角度来看，高校学生工作信息传递通常需要经过多个层级相关管理部门人员，流程相对冗长，在这样的环境下运用直线型层级结构极易导致信息传递的不顺畅，甚至会导致传递出现障碍或是信息失真。最后一点，党委领导下的学生工作部门的主要任务是对包括辅导员在内的学生工作人员的评价考核，不过院系才是辅导员用人权限所在，这样很容易导致人事分离的状况，管人和管事无法由同一个部门进行。

2. 横向职能型结构

我国目前仅有少数高校在应用横向职能型结构，其主要特点包含有条状运行机制和一级管理体制，参考西方高校当中的学生事务管理模式。由于这种结构的管理机构设置以及管理权限分配是在学校层面进行的,依据分工的不同由不同的职能科室来面对学生和社团开展工作,学生管理工作最大的特点在于多头并进以及由学校直接开展。与之相同的是,因为大的组织跨度、管理的扁平化以及分工的明确性,管理层的工作职能得以向学生延伸,降低了横向协调的难度,增加指挥的灵活性,增强决策者对管理的影响。不过在这样的组织结构当中,专业化以及管理层次的缩减会导致相关工作人员对其过分重视,增加工作强度和心理压力。这种大负荷工作极易导致工作效率的降低,在院系当中沿用辅导员制度会导致隶属关系的模糊,进而使得辅导员无法明确自身的工作职责。

(二)网上业务协同矩阵的管理结构

矩阵结构普遍化是目前国际著名大学组织结构取向的一大特点。如今,越来越多的高校加入数字化职能校园建设当中,这也使得学生以及教师的信息化素养得到了大幅度提升。由于高校当中的部分职能部门无法实现部门内部的业务协同以及信息的共享,因而逐渐转变为跨越应用、部门以及职能领域的业务协同以及信息的共享。在学生工作当中,网上事务处理方式以及信息服务的现象正在逐渐增加,其中包含有后勤、教务、财务等多个部门。高校毕业生过去在办理离校手续时,需要携带纸质的离校单在校内的各个部门盖章。如今在应用离校系统之后,不同部门之间的协同工作使得毕业生能够通过网络完成离校手续。

系统当中的工作流可以实现学生办理离校手续时相关的不同部门的协同工作,学生在线提交申请,可以提升离校手续办理的速度。在评定奖学金时,通常需要综合学习成绩、品德等多个方面考虑,学生处以及教务处之间此时的相互配合,提升了问题解决的速度。校园一卡通系统被众多高校应用,它既是学生的学生证,同时还是门禁卡、图书证等,其制作与发行通常情况下是有网络中心来负责,学生以及教职工的相关信息通过不同部门数据库中的数据,横向整合,使得一卡通能够共享校内的各个部门的信息,实现联合办公。

在中国的大学当中,矩阵管理结构的建设因为信息技术的普及应用而有了发展的空间。可以确认的是,我国大学当中当前的信息化发展不够完善,接下来还需要一段漫长的时间来完成对信息系统和相关管理结构的建立。不过目前许多高校已经开始设置新岗位以及部门,重组业务流程。例如,完成信息化办公室的建立从而促进信息化建设,组建学生信息综合服务中心等,从而推动信息化的完善进展,借助通信系统统一完成不同部门的工作。

1. 学校的信息化平台

信息化平台应当统筹、管理、规划所有与学生密切相关的部门，其中包含有教务处、图书馆、财务处、就业指导中心，等等，根据平台的不同来合理规划功能模块，根据学生的基本信息来建立学生电子档案库，其中可以包含有在校期间学生的学习、获奖、生活、获得的资助，以及违纪情况，等等，既保证功能的发挥，同时还能够综合性地反馈学生的在校表现，直接展现学生在校期间的真实情况，客观地评价学生的综合素质。在建立数据统计平台的过程中，学生基本信息的统一性是至关重要的。

因此，保证学生基本信息一致性对学生电子档案库的建立十分重要。这些信息包含姓名、出生年月、性别、经历和生源地等不会改变的基本信息，还包含有家庭成员基本信息以及家庭基本情况在内的会发生变化的内容，以及学生获得奖学、助学金的情况和实习培训情况。上述信息在被提交后需要学生处以及院系审核，根据学校情况的不同，可在特定时间由学生更新、修改数据，由相关部门审核。除此之外，想要实现对学生情况的全面记录，还应添加一些平台功能，例如，学生进出公寓和图书馆的情况、借阅情况以及消费情况等，从而使得调查统计分析更加便利。

2. 数据收集和数据分析的功能

从数据来源角度分析，应保证其直接性和客观性，这样对后期的调查统计分析是有利的。统计分析可以帮助我们更加直接客观地综合性评价学生的在校情况。例如，通过校园卡了解学生的消费情况并将其和贫困学生的信息比较，从而完成对贫困生情况的科学核查，进而调整补助的发放情况。或者调取学生进出图书馆以及借阅的记录，将其与学生的成绩比对，从而有效地完成对学生阅读及学术研究分析。统计学生就业情况，并结合分析其同学生的在校情况，从而找到帮助学生提升个人综合素质以及就业能力的有效方法。对不同部门的数据同步交叉比较，可以发现教学以及管理其他学生事务的过程中存在的问题，进而对教学管理以及学生工作给出更多宝贵意见。

3. 权限分配

在分配权限时，可以根据角色的不同进行，根据工作人员所在部门、职务以及工作内容的不同，分配不同级别和内容的权限，细化操作环节，保障操作安全。这样的学生管理系统可以提供给包括学生本人、辅导员以及事务管理部门人员使用，能够授予其他相关人员查阅的权限，可以更加便捷地了解学生的学习生活情况。

四、技术支持体系方面的构建

（一）加大硬件方面的投入

学生管理工作信息化的硬件设备包括电脑、互联网设备等，学校要加强技术设备和设施的完善。高校学生管理信息化要符合国家的相关法规和科技指标，贯彻"基础网络保障、核心计算功能、应用精神指导、安全性能保障"的思想，时刻关注行业动向，掌握信息化核心技术，开展创新和改革。要鼓励高校管理信息化的模式创新，加强实验和尝试，将校园网络布局为主网络，在网络技术和各种信息化系统的协助下，开拓实用性功能，将办公系统、无限资源、网络环境等传递和共享。要加强硬件设施的资金投入和技术投入，要寻求校企合作，全面加强学生管理信息化的水平。

（二）创建"智慧校园"

高校中，数字化校园的实现将教学和管理工作推进了互联网时代，为高校学生带来了便利性。近年来，世界各国在信息化技术发展的浪潮中都开始高速发展互联网和信息技术，在应用和发展方面改变了人类的生活方式，给各种职业带来了全新的变革。同时，信息化时代带动了智能时代的到来，职能技术在生活中随处可见，智能交通系统、智能电网、智能医疗器械、智慧食品、智慧城市、智慧基础设施等将地球推进了智能化发展时代。"智慧地球"的概念也带动了智慧城市和智慧校园的发展进程。国内一批高校在信息化、智能化技术的带动下组建了智慧校园，如南京邮电大学，为高校学生管理工作提供了新的操作模式。

（三）创新学生管理工作

学生的安全工作是高校的核心重点，平安校园的建设是高校目前的工作重点。高校现阶段要考虑的是如何在不影响学生的正常学习和生活的情况下，保障其安全。现阶段，物联网在高校环境中的应用与日俱增，物联网通过无线数据侦测识别事物和信息收集，按照预先设定的程序处理并反馈给用户。在高校的日常管理工作中，如果在教室、公寓、食堂、图书馆等地方布局识别系统，学生的一言一行都能够被实时监测，反馈给有关部门。感应系统在公寓的应用作用更大，学生通过一卡通就可以随意进出公寓门禁系统，方便学生管理和生活。

"物联网"的应用充分保障了学生的安全性，避免危险事故的发生。通过在不同的区域和手机系统中装载射频识别（FRID）芯片可以实时提醒学生要携带的东西。图书馆的借书、归化、搜索等也可通过 FRID 读取。位置服务系统 LBS 是一项高新技术，据专业调研数据显示，学生目前基本都有手机设备，而且 80.3% 的手机为智能手机，这给 LBS 提供了良好的安装环境。LBS 在日常学习和生活中的应用广泛，是学生为了提高效率主动运用的一种技术，这也是它和物联网的区别所在。

五、管理手段方面的构建

（一）适应发展需求，创新管理方式

随着信息化的发展，高校管理模式也要发生变革，才能够符合当代学生管理的新需求，找到管理学生的新形式。高校信息化工作开展之前，要通过专业的信息化小组对项目实施专业管理、目标确认、奖惩执行和系统动力理论，通过结合项目管理的相关理论和实际经验全面管理项目，以期达到项目预期效果。管理需求的更新必然导致信息化项目的改变，主要是在流程和结构上做相对应的更新，在不同的管理形式下需要不同的软硬件设备支持。因此，高校学生信息化管理的前提是要熟练掌握传统的管理模式，找到与支持设备的匹配处。除此之外，高校管理人员要注重网络的开放性，要从传统手工的方式中转化为互联网的形式。高校学生管理人员要加强信息技术知识的学习，创新高校学生管理的新形式和新途径。

（二）利用信息化平台，提升精细化程度

精细化主要是在学生管理工作中要做到细致、精准，精益求精，要树立超高标准，要细致入微。要将信息化技术应用到学生管理工作中，推动整体水平的质量，而且注重学生的个性发展需求，帮助学生全面发展。工作以学生为中心，注重学生个性的发展和个人的指导，全面提高教育效果。学生管理工作的精细化是一种目标、是一种态度、更是一种形式，是一种精耕细作的操作模式，也是对学生的全面培养，对信息化技术的全面应用。要充分利用信息化平台的优势，为教育工作提供动力，帮助学生管理工作实现精细化管理和服务。

（三）抓好队伍建设，提高人员素质

信息化时代下，为了保障高校学生管理的水平、完成人才培养的任务，需要组建专

业的高质量信息化管理团队。这个团队的组成人员既要有专业人士、又要有非专业人士，要涉及多领域的人员。首先，队伍除了具备基本的管理理论素质，也应该具备互联网和软件开发等技术水平，同时还要具有创新精神和创造力。其次，工作管理体制要与人才培养的目标相匹配，能够及时调整。要明确流程顺序，分清各部门职能，要加强管理部门的决策能力、发挥管理人员的主观性和积极性。最后，要针对团队成员开展专业的培训，并创建长期的培训机制，发挥团队的特色，广泛涉猎多学科知识，以老成员带动新成员的模式培养，让高校管理人员不仅提高自身的互联网技术水平，还能够提高信息的优化组合管理能力，共同保障高校学生管理系统的运行。

（四）加强安全管理，完善信息化保护体系

高校学生管理要重视信息系统的安全性和保密性，是学生管理工作中的重要内容。首先要充分考虑各个高校的网络信息安全性，配备与之适应的软硬件设备、安全防护系统等。其次，要设定严格的等级权限制度，根据不同的部门和身份创建不同的职能账号和权限，避免出现交叉重叠的权限设置，要确保所有工作人员管理好账号安全，避免泄露。最后，要出台相关制度和规章维护信息安全性，针对信息泄露、非法侵入学校管理系统等行为制订相应的惩罚制度，保障学生管理系统的安全性能。

第六章
高校大学生管理制度创新

第一节 高校学生社区化管理的探索实践

一、高校学生社区化管理的内涵及背景

（一）高校学生社区的概念

随着我国高校改革的进一步深入，以寝室为单位的学生社区的地位日益突出。学生社区是社区概念在学校管理中的反映，学生社区是大学生在校学习、生活、休息的基本活动场所。社会学研究表明，社区首先是一种地域上的存在，其次"它的实质是人的聚居与互动"。就第一层意思而言，社区的特点是居民的共同居住；第二层意思则表明社区具有文化功能。学生社区也是一个社区，就一所高校而言，它指这所高校的所有寝室和周边环境（学生公寓）以及这种环境所能达到的最大的育人功能。

（二）高校学生社区的内涵

与社区概念相对应，这一概念也包含两个内容，一是指区域环境，二是指文化功能。区域环境指，一方面，学生社区是校园的区域组成之一，是校园内的地理分区，是学生的居住区；另一方面，学生社区也是学校的一个重要管理区。就社会组成结构来讲，它是组成学校管理的结构之一，学校与学区存在某种程度上的隶属关系。不过，在完全学分制实施的背景下，学生群体间专业、班级甚至年级的界限日益模糊，作为学生的居住区其地位也应随之上升，以满足学生以居民身份与学校以及相关社会机构开展实质性对话的要求。

文化功能更多地表现为社区人文环境与居民生活的和谐融洽，成为社区居民接受文化教育的主要阵地。学生社区在文化功能上还要承担更多的责任，要确保"文化为了教育，教育为了学生"，具有更加鲜明的目标和内容指向。

高校学生社区的主要功能就是要使学区成为高校德育工作的一个有效的环节。它承担的主要任务是为未来社会培养合格的社会公民，从社区角度出发，即要培养适应社区生活、与社区和谐相处的居民。一个社会的现代化归根结底是人的现代化，是人的意识和人的才能的现代化。社区作为社会构成的单元部分，它的现代化更离不开其居民，即社区成员意识的现代化。因此，培养具有社会意识的现代人必然成为现代教育的任务之一。学生社区作为社区的特殊形态，同样要求其居民（学生为主体）以社区理念处理社区事务。从这一角度讲，学生社区承担向居住其间的不同年龄、不同性别、不同生源、不同专业的学生灌输现代社区意识，将其培养成为积极参与社区事务、能适应且完善未来居住环境的合格居民的任务。因此，学生社区更像一个准社区，就如同学校向各行业输送人才一样，负责向未来的社区输送高层次的居民。

由此可见，区别于城市一般社区和农村社区，学生社区是附属于学校的，由定期流动的学生和相关管理人员组成的，在具备相应的物质功能同时，还应形成其相应的育人功能的一类特殊形态的社区。它不单有显而易见的区域含义，同时也具有育人的功能，即通过整个学生社区成员（主要指学生）的积极参与和依靠学生社区的创新精神来完成其育人功能。同社区一样，"学生社区"一词也有一种温暖的劝说性的意味，它是一种情感力量，让学生具有对物质环境的归属感。在同一学区里，不同学生的关系建立在相互依存和互惠的基础之上，这种互惠和相互依存，是自愿的、理性的，是通过自主参与实现的。学生参与是学区存在的反映，只有通过学生参与才能使学生的多样性以及其归属学区的不同方式具体表现。

（三）高校学生社区化管理的产生背景

第一，中国高等教育现代化和国际化发展趋势需要一种符合高校学生教育管理的新模式。为了克服高校持续扩招带来的后勤设施不足，中国高校借助国外发达国家高校后勤社会化的管理体制，或引进社会资金，或集资联建，或贷款与集资相结合，大力兴建学生公寓，推行了后勤社会化管理，较稳定快速地解决了学生的住宿餐饮娱乐等一系列学习、生活、文化活动设施存在的经费短缺的问题。而后勤社会化却带来了高校管理的"二元化"问题，即对学生的学习实行的是与西方高校不同的传统教学行政管理，面对大学生的生活则推行了类似西方大学的社会化管理，在教学计划行政管理与社会化管理事实上存在着"两个体系"。高校学生工作面临的挑战是怎样将"行政管理"与"社会化管理"两个体系合二为一，从而达到对学生人格的教育的统一。在这种新情况下，高校实行社区化管理势在必行。

第二，中国高等教育改革和发展不断深化需要改革传统管理模式。面对高等教育的改革和发展的现实情况，尤其是高校学分制改革的逐步深化，传统的班级概念趋于淡化，以班级作为思想政治教育基本组织形式和主要工作渠道的情况正在改变，社区越来越成为大学生学习、生活的重要场所。同时，随着高校后勤服务社会化步伐加快，学生社区的环境氛围、社区的文化设施和社区管理服务的质量如何以及社区管理的模式，都对传统的高校学生工作提出了新的问题。因此，高校社区化管理被提上了议事日程。高校学生社区化管理是适应高等教育改革与发展的时代要求。

第三，适应学生群体特征，加强和深化高校思想政治工作，需要一种更切合实际、具有实效的教育管理新模式。高校学生思想政治工作者，必须根据变化了的情况，及时调整工作思路，想出应对之策。面对高等教育的日趋现代化和国际化，特别是教育教学改革的不断深化，高校改革向纵深发展的新形势，高校学生社区管理如何坚持社会主义办学方向，如何坚持姓"教"的宗旨不动摇，是一个值得认真研究和探索的重大实践课题。近年来，很多高校在开展党建与思想政治工作以及日常教育管理工作方面，与时俱进，不断创新，探索出了一条符合形势发展要求和高校实际的学生教育管理新路子，即高校学生社区化管理。高校学生社区化管理是加强和深化新时期高校学生思想政治工作的需要。

二、高校学生社区化管理的理性思考

（一）高校学生社区化管理面临着机遇和挑战

全面实施学生社区化管理已经迈出了我国高校学生思想政治工作中具有代表意义的一步，在国内各高校先后开展的各种形式的理论研讨和实践探索，解决了部分理论和操作问题。然而，全国高校地域分布广，地域和办学特色不一，教育环境和教育条件参差不齐等因素决定了任何一种管理模式的完善都要经历一定的过程。社区化管理在实践探索过程中仍存在许多挑战，表现在四个方面。

第一，内部机构关系和运作方式尚欠科学和完善，构建且处理好教育、教学、招生就业三大平台之间的关系，需要进一步处理好教学管理与教育管理、社会化服务管理与教育教学管理之间的关系，科学分析和分配学生教育管理平台内部机构间的权重等。

第二，对实施学生社区化管理的后继问题重视程度和研究不够，前瞻性理论探索较少。例如，随着改革的进一步深化，政治、经济、社会、文化、教育等诸多方面将会出现许多新的变化，学生社区的管理如何适应这些变化？

第三，亟须提升学生社区的价值，即使学生社区在学校机构设置、运行体制、社会效益、育人过程中体现出更大的效度和影响力。

第四，在跨省（市）大学城和同省（市）多所大学集聚的大学城，存在着学生社区管理不统一的问题，由此可能导致一些不稳定因素从管理的薄弱环节滋生，有可能酝酿成影响全局稳定的因素。

（二）优化高校学生社区化管理的对策

高校学生社区化管理无论是作为高校适应社会发展还是内部区域管理，抑或对学生开展方向性教育的过程之一，都有着十分重要的现实意义。

第一，借鉴国内外高校学生教育管理模式，不断加强实践探索和理论创新。传统的学生工作观念一直轻视寝室的育人功能，将寝室当作完全的物化性存在，因而在实际工作中只重视学生对生活环境的维护与保持，没有自觉地发挥学生寝室作为学校育人工作环境之一的应有作用。同时，由于工作视角单纯停留于单个寝室，而未能将以寝室为单位组成的学生社区纳入视野，我们也很少注意学生社区育人功能的发挥。再者，学生社区不仅有区域概念，同时也具有育人功能，然而由于这一功能的隐性特征，我们未能加以准确地把握。上述种种观念误区导致我们未能认真地思考学生社区的作用，自然不会进一步去考虑如何建设好学生社区了。在高校，学生的专业教育一般由各个教学系（院）完成，学生的思想政治工作则由学校和学院具体的学生工作机构来完成，学生的物质生活需求由后勤部门来满足，而对学生开展未来生活训练，培养其成为遵守社区规范，具备相应社区意识的文明公民的教育任务却没有一个成型的组织来承担。这无疑是大学教育的一个疏漏，从这个角度讲，建立大学生社区，完善学生社区管理是完善高校育人职能，优化高校育人环境的必要举措，是当前高校学生工作迫切需要解决的问题之一。只有意识到了这一点，自觉地将学生社区建设纳入学生管理工作中，并给予其应有的地位，培养学生社区现代公民的育人功能才有实现的可能。因此，要加强理论建设和创新一定要贯彻开放办教育的理念，不断增强学习意识与开放观念，不断加强理论建设。高校学生社区化管理需要改革者的开放观念和博大胸怀，通过不断比较发现差距，促使在社区化管理的过程中自觉主动地探索理论，积极准备改革所需的条件，应提倡各高校之间的交流与合作，互促互进，在实践中不断积累宝贵经验，应夯实理论基础，加强理论建设创新，为高校学生社区化管理向纵深发展而共同努力。

第二，完善运行体系、解决机制问题是社区化管理的关键所在。机制是不可或缺的软件，建设好学生社区需完善三大机制，即学生社区运行机制、学生社区志愿者参与机制和学生社区的内部激励机制。学生社区的运行机制是学生社区得以正常运转的前提。运用学生社区公共设施和相关权利，以满足服务需求为目标，不断提高服务质量，保持服务的功能成本，长期维持服务的再生产，这种周期性的进程状态即学生社区的运行机制。这一机制本身说明学生社区组织的非营利性，或者说非营利性是学生社区行为的特征之一，是学生社区自我服务、自我调节功能的体现。不断地实现这一机制良性运转的关键是服务质量，服务质量同样也是确立学生社区形象的基础，是学生社区存在必要性的证明。

第三，教育管理结构和"管""教"关系的调整和平衡。学生社区建设是一项系统工程，必然需要调整原有学生社区管理结构，科学处理教育和管理的职责权关系。首先必须结合高校实际结构性调整原有学生工作，并建立健全相应的规章制度，要从根本上解决这些问题，还需要处理好管理载体、教育平台、育人方式等全方位的问题，头绪纷繁芜杂，加之无成型的经验可借鉴，面临的问题和难度都还比较大。

三、准确把握高校学生社区化管理的方向

随着高校社会化改革的不断深入，高校学生社区化管理应该向哪些方面发展是目前需要讨论的重点问题。学生社区应该成为培养德、智、体、美全面发展的"四有"人才及"管理育人、服务育人"的重要阵地，应该是影响大学生成长、成才的重要环境和学校精神文明建设的窗口。因此，高校学生社区化管理应该成为高校改革的重点，有些传统的管理模式已不能适应高校的发展，学生社区化管理势在必行。从高校社区化管理的发展方向看，不断完善学生社区的教育管理机制，积极探索学生社区管理的新思路、新办法，建立与传统的班级管理模式差距较大的新型大学生社区管理模式是今后发展的方向。

（一）智能化管理方向

管理智能化，就是借助信息技术手段，建设学生生活网络和社区管理服务网络，用计算机等现代科学技术科学地管理和服务，体现高效管理，实施高效服务。将几幢学生宿舍形成的社区实行联网管理，学生进出公寓进行红外刷卡管理，减少管理人员，杜绝外来人员的进入；对社区内部的床位、电费、水费管理等都实行智能化管理系统；在这个基础

上增设学生社区 BBS，公寓管理员信箱和住宿信息、电话号码、火车时刻、住宿费、超额水电费、卫生考评等网络查询功能，将现实世界、书本世界和虚拟世界有机结合，通过网络服务平台为学生提供更加方便快捷的生活服务。

学生社区的智能化管理就是建立智能社区，实现各方面的管理，促使管理模式的合理化、管理方法的科学化。智能化社区的建立，对学生公寓的安全管理，尤其将学生进出、消防报警用电负载识别等上升到一个全新的层面。广泛运用计算机平台的自动化技术和智能化技术开展这些工作，可以大大提高管理效率、准确性、可靠性和安全性，还可以解决许多单靠人力不能解决的问题。通过实时微机管理，随时了解入住学生的基本情况和日常动态，形成服务方与学生之间的双向联系，形成社区管理信息的流通，推进管理科学化智能化的进程。

（二）人性化管理趋势

人性化管理源自企业管理范畴，指以情服人以提高管理效率。通俗地讲，人性化管理的实质就在于充分尊重被管理者的自由和创造才能，从而使得被管理者愿意怀着满意或满足的心态以最佳的精神状态全身心地投入工作，进而直接提高管理效率。人性化的管理是情、理、法并重的管理，而不是放任管理。这种管理精神对高校的学生社区化管理同样适用。

人性化管理的核心是以人为本，充分相信学生的自我管理能力，尊重学生的权益，鼓励学生的自主和创新，不能把学生当作没有思想甚至没有自主能力的群体。高校学生社区化管理要实现人性化，管理者首先要看到每个学生身上的闪光点和个性，以亲和的态度去了解他们，关心他们，教育他们，进而管理他们。例如，可以推进高校政工干部进入学生社区。学校选派优秀的学生工作干部进驻社区，与学生同吃、同住、同生活，社区老师经常深入寝室，了解学生的生活状况和思想动态，帮助学生解决实际困难，把解决学生的思想问题与解决实际问题密切结合起来。政工干部进社区，对转变政工干部的观念和学生的认识，加强学生与辅导员之间的沟通，拉近与学生的距离具有实效，能够真正做到使思想政治教育工作贴近学生学习、贴近学生生活、贴近学生心里，确保思想政治工作的有效开展。同时，社区管理者以身作则，也可以强化管理者的人格魅力。

人性化管理将对教育管理者提出更高的要求。要求放下管理者以上令下的特权，抛弃先入为主的视角，重新审视师生关系，科学处理制度与人的作用间的关系。人性化管理拒绝以制度和惩罚措施"吓人"，而是以管理者自身的人格魅力去教育人，去说服人，构建一种深层次的管理者与被管理者间的和谐关系。具体来说，学生工作部门和具体执行者要首先严格要求自己，做到制度制订的合理性、科学性和可操作性，制度执行的一致性和公平性，以及针对特定情况的灵活性；在接触到具体管理对象的时候要以人性的关怀和理解为管理动力，寻求二者间的良性互动，从而达到思想政治工作需要的效果。

（三）构建服务型社区

所谓服务型社区，就是在几个公寓形成的智能小区内建立新型的现代化的学生社区，为学生提供社会化的服务经营管理，而且成为社区的主要管理内容。学生生活社区是学生的生活区域，按照学生社区的管理模式，采用社区化的管理服务办法，着重在为学生提供优质服务上下功夫，形成新型的服务型学生社区。新型的学生社区建立后，富余出的管理人员全部投入学生社区中，为学生提供全方位的服务。在社区内设立各类服务网点，设立小型的超市、书店、洗衣间等配套服务设施，使学生在社区内部就可以获得多种服务。在社区的网点内设立学生勤工助学点，为学生提供社会实践机会。

建立学生社区的同时，要有基本的学习生活设施，要健全社区生活指南，以各种文体活动为载体，加强学生社区的文化建设，全面推进学生素质的发展。在学生宿舍内外建造和张挂由学生自己设计制作的各类人文景观及人生格言、警句、艺术作品等。在学生社区内设立学生阅览室、广播台、宣传橱窗、文体活动中心及由学生参与勤工俭学的超市、书报亭等勤工助学基地。同时，在各社区内举办各种学生自编自导自演的大型文艺晚会、音乐会，主办篮球赛、演讲比赛、寝室设计大赛等丰富多彩的文化娱乐活动，寓教于乐。通过这些活动的开展，提高社区的文化氛围，提升学生的综合素质，使得学生社区不仅成为学生学习的园地、生活的社区，还成为开展思想政治工作和培养学生成才的坚实阵地。

第二节　高校学生社会实践规范化管理创新

一、大学生社会实践的重要意义

（一）大学生社会实践的含义

高等学校对人才的培养途径是多种多样的，正确引导学生参加社会实践就是其中重要的一种。在早期的大学里，人才的培养主要是通过在课堂上系统地传授理论知识来达到目的。随着社会生产力的不断提高，对教育和人才培养也提出了新的目标，这种仅仅靠传授理论知识的方式已渐渐不适应。因为现代化的生产过程不仅要求培养的人才掌握大量的理论知识，还应该具有较强的动手能力和创造能力，具有科学的社会观和责任感，具有较高的道德素质和心理素质，这些方面仅仅靠课堂教学是难以完成的。因此，在现代工业产生后，社会实践就作为一种重要的教育方式被引进大学的教育过程，其重要作用日益引起人们尤其是教育工作者的重视。

大学生社会实践是一种以实践的方式实现高等教育目标的教育形式，是高等学校学生有目的有计划地深入现实社会，参与具体的生产劳动和社会生活，以了解社会、增长知识技能、养成正确的社会意识和人生观的活动过程。大学生社会实践是高等学校教育活动的重要环节，它与课堂教育相辅相成，共同完成高校的人才培养任务，实现学生的全面发展。

（二）大学生社会实践的重要意义

1. 大学生树立科学世界观的需要

世界观是人们对世界的一般看法和根本观点。任何正常的人在其生活的过程中都会形成自己的世界观，而由于个人生活环境、所受的教育和影响不同，人的世界观也有很大差异。总的来说，世界观有正确和错误之分，而将正确的世界观理论化、系统化就成为科学的世界观。怎样保证大学生形成正确的世界观且使之科学化呢？主要靠两个方面的努力：一是大学生要经常与社会接触，不断突破事物的表面现象，深入事物的本质，从而不断校正原来从现象上获得的肤浅的或错误的认识，使自己的认识符合事物的本质及规律；二是要对大学生开展系统的思维训练，通过学习前人正确的世界观理论，了解人们在世界观上容易走上歧途的种种可能，让大学生经常反思自己的世界观，不断地充实新的科学的内容，因而社会实践对大学生建立科学世界观很有必要。

（1）参加社会实践活动是大学生确立唯物主义历史观的需要。大学生正处于青年时代，可塑性很强，是世界观、社会历史观形成的关键阶段。大学生系统的专业知识学习和思维训练，对形成唯物主义历史观有益。但就目前情况看，在校大学生的年龄普遍较小，接触社会的机会不多，社会经验不足，大部分同学对社会的看法简单化、片面化、理想化，这对大学生形成正确的历史观十分不利。克服这一不利的途径就是让大学生走出校门，深入社会生活，在社会实践中了解社会，从实践中发现真理，在实践中发展真理。这样,才能使他们的历史观与现实生活相符合。

(2)参加社会实践活动是建立科学的人生价值观的需要。正如马克思主义哲学原理教科书中指出的,"共产主义世界观和人生观又不是仅仅在书斋里、课堂上所能完全树立起来的,还要在生活实践中经受各种锤炼"。马克思、恩格斯的人生观转变不是在课堂上,而是在社会实践中。刘胡兰、王进喜、郑培民、任长霞等英雄人物的人生观也不是仅仅从书本上学到的,当代大学生的人生观形成也是如此。通过开展大学生社会实践活动,我们发现社会实践活动对大学生形成科学人生观至少有三个作用:首先,它可以帮助大学生摒除理想中不符合实际的因素,使他们正确对待个人与社会的关系,培养踏踏实实的工作作风;其次,它可以帮助大学生树立坚强的意志,培养无私奉献的精神;最后,它可以帮助大学生接近群众,深入群众,为走与群众相结合的道路打下良好的基础。

(3)参加社会实践活动是培养社会主义信仰的需要。大学生在不久的将来,就会踏上工作岗位,成为祖国的栋梁之材,肩负起全面建成小康社会和实现中华民族伟大复兴的历史使命。因此,在当今西方敌对势力加紧实施"和平演变"的新形势下,培养大学生的社会主义信仰是大学生思想政治教育的首要任务。而对社会主义的感情仅靠读书是培养不起来的,必须通过对社会主义给中国带来的巨大变化、给广大人民带来的实惠中亲身感受和体验来获得。

2. 知识分子与工农群众相结合的需要

回顾历史,凡是有所作为,有所创造的青年和知识分子无不投入到轰轰烈烈的社会实践中。许许多多的政治家、经济学家、教育家、军事家、文学家等都是在社会实践活动中茁壮成长的,他们在实践中身体力行,为我们提供了光辉的典范。可以断言,如果列宁同志、毛泽东同志不深入工农群众,不投身革命实践,就不会创新马克思主义,使无产阶级革命首先在资本主义统治薄弱的国家取得胜利,也不可能在半封建半殖民地国家取得新民主主义革命的胜利。因此,只有广泛、深入地参加社会实践活动,和广大工农群众相结合,才是大学生健康成长之路。

3. 大学生社会化的需要

社会化是指个人与社会生活不断调适,使个人由"自然人"发展为"社会人"的过程。大学生正处于社会化的最后阶段,在许多方面已趋向成熟,但为了适应社会生活,仍需进一步学习。社会实践可以增强大学生的社会责任感。很多高校组织学生到基层开展社会实践活动,使同学们提高了对改革的复杂性、艰巨性的认识,增强了其社会责任感。在社会实践中,越来越多的大学生认识到,社会需要的不是冷漠的旁观者,也不是抱有同情心的捧场者，而需要的是热情的、直接参加这项伟大建设工程的人。通过社会实践，许多大学生克服了原来自视清高的习气，自觉且充满激情地投入学习、生活和工作中。社会实践可以推进大学生实现社会角色转变。社会实践活动能够帮助大学生找到自己和社会要求之间的差距，看到自身知识和素质上的缺陷，启发学生重新认识和正确评价自己，促使学生从过去的"唯我独尊"回到现实，重新确立自我价值实现的基点，在纷繁复杂的社会中找到个人和社会的最佳结合点。社会实践可以促使大学生与长辈沟通代际关系。由于当前一些大学生图安逸怕吃苦，自视清高，认为自己的父辈过于保守、正统。两代人之间形成了一层无形的隔膜，究其原因，主要在于有些大学生缺少对父辈的了解，看不起父辈的思维方法和生活方式。在社会实践中，大学生以普通劳动者的身份，直接参加社会财富的创造活动，培养了其尊重劳动成果、尊重父辈的思想感情。总之，在社会实践中，两代人之间可以相互沟通和相互理解，彼此消除对对方的偏见，进而有效地促进两代人之间的有机结合。

二、大学生社会实践的发展趋势

（一）实践活动的社会化

大学生社会实践活动，作为教育活动的主要形式之一，具有三个基本的构成要素，即实践活动组织者、实践活动本体和实践活动主体。因此，实践活动的社会化，也由这三个构成要素的社会化来组成。而这三个构成要素的社会化，则分别有其不同的含义。实践组织者的社会化，是指动员全社会的力量来关心、组织大学生开展社会实践活动，这是实践活动社会化的基本条件；实践本体的社会化，是指具体实践活动过程的内容与形式，必须以社会需要和社会提供的条件为基础，这是实践活动社会化的重要途径；实践主体的社会化，是指通过实践活动，把社会的价值体系内化为实践参加者（大学生）的价值体系，使之成为高度合格的社会成员，这是实践活动社会化的根本目的。由此可见，实践活动的社会化，就是指动员全社会的力量，组织以社会需要和社会提供的条件为基础的实践活动，达到把大学生培养成为高度合格的社会成员的目的。

1. 实践活动组织者的社会化

从大学生近年社会实践的实际情况来看，社会实践活动凡是得到社会各界支持的，一般都取得了较好的成绩。而从发展的角度来看，当前社会实践活动社会化的程度还远远适应不了进一步发展社会实践活动的要求。社会实践活动的深入开展必然会出现人数多、空间广、时间长、效率高、内容实的特征，而这些特征的出现，必然依赖于社会各方更多的全力支持。

实践活动必须得到党和政府的支持。党和政府对人才的培养具有不可推卸的责任，且在人才培养方面占据重要地位。大学生的社会实践活动，作为国家培养高层次人才的重要环节，必定会受到党和政府的关心和支持。实践活动必须得到高校自身的支持。高校作为教育培养大学生的责任承担者和实际践行者，具有最直接组织学生社会实践活动的优势，而组织学生社会实践活动，又是高校完成人才培养任务的重要手段。因此，高校在组织大学生社会实践的过程中，应积极地起到主导作用。实践活动必须取得社会团体和企事业单位的支持。通过社会团体来支持学生的社会实践活动，才能调动更多的人来支持实践活动；企事业单位作为大学生未来的工作场所，具有作为社会实践活动基地的现实意义，而实践活动在企事业单位开展，又必须有企事业单位提供的种种便利条件。

2. 实践活动本体的社会化

实践活动本体是大学生有目的地与外界不断发展的现状发生联系，且相互作用的具体实践过程。这一过程是大学生不断强化自身本质力量，促进自身全方位社会化的重要途径。实践活动本体的社会化，正是指这一过程的内容和形式，必须以社会的需要和社会提供的条件为基础。实践活动本体的社会化，应建立围绕教学的实践与其他方面的实践有机结合的理想目标模式。

围绕教学的实践主要包括教学实验和教学实习等。这是一起配合课堂教学而开展的实践活动，它直接与学生所学的知识以及自身具备的能力发生联系，是初级阶段运用最多、群众性最强的实践活动，也是学生进行其他方面高层次实验的能力准备环节。我们不应当过分追求其他方面的实践而忽视教学实验和教学实习，其他方面的实践包括社会考察、社会服务、勤工助学等。这是间接地与学生所学的知识和自身具备的能力发生联系，也是学生围绕教学进行实践的成果检验。这些方面实践的主要形式有社会调研、参观访问、旅游观光、技术培训、咨询服务、社会宣传、科技开发、挂职锻炼等。由于这些方面的实践和社会联系得更紧密，一般较受学生的欢迎，必须注意使之在时间、资金、人力上同围绕教学的实践互不干扰，在学校统一布置的基础上使两者达到和谐的统一。

3. 实践活动主体的社会化

实践活动主体的社会化，实际上要完成的是大学生社会化的加速环节，是要将大学生培养成为高素质的社会成员，是要通过社会实践使大学生更快地在社会中汲取社会能量和获得社会信息，且通过各方面的自我调适，增强自身的能力和素质，完成自身全方位的社会化。而促进实践主体的社会化，必须注意两个方面。

第一，实践主体自身系统应具有开放性。开放性系统要求大学生不能在自我封闭的状态下自我满足，而是必须同自身周围的实践环境进行物质、能量和信息的交换，并依靠这种交换保证自身由不稳定向相对稳定过渡。而这种开放性，不仅要求大学生确定"当今天下，舍我其谁"的高度责任感，还要求大学生必须具备敏锐的对外界事物接收、分析、处理和运用的能力，从而使自己在实践中不断得到发展和提高。

第二，实践主体应不断调适自身角色。我们知道，大学生的实践角色与其社会期望角色之间，总有一定的差距。而大学生在实践过程中，由于自身是一个开放系统，就能够认识到这种差距并调整自己的学习和实践，从而使自己的角色得以实现，使自己大学阶段社会实践中的社会化任务得以完成。

第三，实践主体应促成自身个性的形成。个性化是社会化的一个高层次组成部分，社会化中如果没有个性化的存在，就会变成统一化和模式化，就只能造就墨守成规、死读书本的"书斋先生"，就会使人失去改造社会的生机和活力，失去创造性和开拓性。因此，大学生在社会实践中，应勇于思考、敢于发现、认真锻炼，促进自身个性的形成。

（二）实践制度的规范化

实践制度规范化的目的是使社会实践活动做到有章可循、有据可依，保证社会实践活动持续有效地开展。它的标志，是富有权威、系统全面、切实可行且具有自我发展的实践制度体系的建立。

1. 实践制度的规范化是社会实践活动发展的必然趋势

人的思想认识不能代替规章制度，没有完善的、系统的规章制度，不注意实践制度的规范化，只凭各级实践组织者的临时决策组织活动，决策正确，则可促进实践成果的取得；决策失误，往往会阻碍实践的深入。因此，要保证社会实践持续稳定的发展，必须改变人治局面，完善实践制度。当前加强实践制度的规范化工作，不但非常迫切，而且非常必要。首先，加强实践制度的规范化工作，有利于促使全社会的力量来共同关心、组织大学生社会实践活动，形成全社会组织大学生社会实践活动的强大"合力"。其次，加强实践制度的规范化工作，有利于实践组织的科学化。

由于现实的实践基础已经存在，加强实践制度的规范化工作已成为可能。当前，各级党政群团组织、各个高校已开始了社会实践工作，不少企业也为实践活动的开展提供了资金、基地和其他各种方便，且近年来已制订了一些关于社会实践活动的规章制度，这些有利因素为强化实践活动的规范化奠定了较为坚实的基础。

2. 实践制度的规范化建立科学的实践制度体系

这个体系首先要求各级实践组织者正确地制订制度，同时要求制订的各种实践制度相互衔接，及时调整衔接不紧密的地方。

党和政府对实践制度的正确制订。在实践制度的制订方面，党和政府必须起到宏观统一管理的作用。要首先着眼于建立统一机构，实行统一规划，统一决策，统一目标，统一评价，促成社会实践活动的统一性、系统性、整体性、持续性，充分发挥社会各界的力量，保证社会实践发展的正确方向。同时，党和政府作为该实践活动的核心的组织者，要协调各个单位部门之间的关系，激发各个单位部门的责任感和积极性。

高校对实践制度的正确制订。在高校，大部分社会实践活动是由思想政治工作部门（如学生处、团委、学生会）来组织实施的。由于学校、社会的各种因素的影响，其主要利用假期进行，由于缺乏制度和资源保障，严重制约了大学生社会实践活动的深化。为改变这种状况，就必须加强高校大学生社会实践中的制度化建设。首先，高校应将社会实践活动纳入学校教育、管理工作的体系中去，由相关职能部门组织落实；其次，将学生社会实践活动的表现以及成绩作为全面考核大学生素质的重要内容；最后，要建立相应的制度，保证教师组织参与社会实践的积极性。

社会团体和企事业单位对实践制度的正确制订。在众多支持社会实践活动的社会团体（如工会、共青团、青联、学联）中，共青团起着众所周知的主导作用。在制订制度的过程中，团组织要通过量的指标确立各级团组织的组织实践任务，并通过对岗位职责的定期考核和将考核结果作为团组织的工作评价内容，来激发各级团组织和团干部组织实践活动的责任感和积极性。

各级实践组织者对实践制度的共同协调。大学生社会实践活动作为系统工程，要求各级实践组织者制订的实践制度必须协调一致，调整不能衔接的地方。各级实践组织者必须首先注意认真学习实践组织核心即党和政府制订的实践制度，在了解统一规划、统一决策、统一目标的基础上，制订自己的具体实践制度，同时加强各方的沟通和联系。

3. 实践制度规范化的标志是实践制度体系的建立

在各级实践组织者对实践制度正确制订和共同协调的基础上，实践制度必然逐渐趋于规范化，而实践制度达到规范化的标志，是富有权威、系统全面、切实可行且具有自我发展机制的实践制度体系的确立。如果能够建立起具备这样特征的实践制度体系，就标志着实践制度已达到了规范化的程度。

（三）实践组织的科学化

作为系统工程的大学生社会实践活动，要获得最理想的效果，不仅取决于实践活动的社会化程度和实践制度的规范化程度，还取决于实践组织过程中的科学化程度。大学生社会实践活动，作为高等教育的重要组成部分，社会将会对它提出越来越高的要求。而实践组织的科学化，正是要通过不断地研究社会实践的基本规律，且严格遵循规律组织实践活动，动态地满足社会的要求。因此，实践组织的科学化，就成为社会实践活动发展的必然趋势，它将贯穿于社会实践活动的全过程。而在具体实践组织过程中，实践组织的科学化又依赖于实践活动有机组织系统的确立和科学理论的指导。

1. 实践目标设定和方案优选的科学化

实践目标设定和方案优选实际上是实践活动的设计过程，它将确立的是整个实践活动的蓝图和指南，因而也是整个实践系统工程释放最大量最优化工程的基础环节。要使实践目标设定和方案优选科学化，就必须做到两点：第一点是实践目标设定基本科学。这应包括三方面的内容：第一是要求实践目标的切实性，即实践目标的设定绝不是组织者一时冲动的结果，而是在对社会、学校、个人三方面要求深入调查的基础上做出的，通过努力可以达到的；第二是要求实践目标的层次性。这个目标又包括两个层次：一是总体目标，即培养社会主义事业的接班人；二是具体目标，它既是总体目标的具体化，又是总体目标的分解，规定具体实践活动要完成的任务；第三是要求实践目标的发展性。由于教育活动周期较长的特有规律，实践目标的设定不仅要以现实为基础，还要以未来对人才需求的趋向为依据。第二点是实践方案优选基本科学。实践方案优选的好坏，不仅关系着活动目标能否完成，而且决定着整个实践能否成功。一般来说，实践方案优选包括三个层次：首先，需要遵循方案设计的广泛性原则，即要从多方面、多角度设定方案。其次，实践方案优选还要遵循方案选择的民主性原则，即优选方案应征求实践组织者、实践参与者的意见。最后，实践方案优选需要遵循方案确定的最优化原则，即优选方案必须考虑到活动时期社会的需求，参与实践者的客观条件与主观性限制等方面。

2. 实践方案实施的科学化

实践方案实施的科学化，就是要尽量减少方案实施的阻力，以更好完成已设定的实践目标。因此，要求实践组织者在实践活动本体运行前，必须注重实践客观条件的准备和实践主体的调适，像资金的落实到位，实践基础的准备情况，实践指导老师的确定等；在实践活动本体运行中，必须注意对反馈信息的收集、整理分析，且在这个基础上调控实践方案、实践活动本体、实践活动主体。

3. 实践成果总结的科学化

要达到社会实践培养社会化大学生的目的，就必须认真做好总结、消化、吸收工作，从而进一步深化社会实践的成果。

加强社会实践活动各环节、各方面的考核。一要考核大学生在实践中的表现，包括参加社会实践的时间长短、态度好坏、所在单位的评价；二要考核大学生实践的收获，着重看学生认识国情、了解社会、认识自己思想觉悟的提高和知识智力、技能的提高；三要考核调查报告、心得体会的写作质量。同时，上级组织者还要考核下级组织者各方面组织的情况。

扩大成果，将单个的社会实践成果转化为大学生共同的精神财富。要举办社会实践心得交流会，让学生谈体会，交流实践感受；要举办实践成果展览，让更多人受到启迪教育；要举办跨校成果评比交流，让实践成果在不同高校间流通。

升华思想，把感性认识上升到理性认识。要重点抓大学生对坚持社会主义道路、树立为人民服务人生观、走与工农相结合道路重要性的认识；要重点抓大学生对艰苦奋斗重要性、改革开放重要性、解放思想重要性的认识。

在实践中体会和总结组织理论，运用理论进一步指导社会实践。各级实践组织者，要通过实践组织理论的研讨、交流，进一步深化社会实践管理经验，使社会实践在广度高度、深度上进一步发展，更好地为培养社会化大学生服务。

三、大学生社会实践的实施

（一）大学生社会实践的形式

1. 参观型社会实践活动

这种社会实践活动通常是组织学生到风景名胜、工厂参观考察、座谈了解，能够对学生起到一定的教育作用，增进学生之间的友谊，加深学生对祖国大好河山的了解，真正达到受教育的目的。缺点是这类实践活动往往只是少数学生干部参加，取得的实际效果不大。

2. 活动型社会实践活动

这种社会实践以文化、科技、卫生三下乡为主，通常做法是学校与某地联合，在某地以学校为主，组织一台甚至几台文艺演出，动员群众前来观看，或组织大型的科技咨询、文化宣传、医疗服务活动，场面宏大，气氛热烈，影响也较大，但投入多，组织复杂，参与学生也不是很多。目前，这种社会实践活动已成为学生社会实践活动的主要形式，但个别细节还值得改进。

3. 生产型社会实践活动

这种社会实践以高年级学生、研究生、博士生参加为主，他们参加生产活动的某一环节，成为其中的一员。一方面，既利用自己已有的知识促进生产的发展；另一方面，又在实践中学到了书本上没有的知识，相得益彰。这种社会实践活动花钱不多，但效果实在，达到了帮忙又不添乱的目的，有较强的生命力和未来发展前景。

4. 课题型社会实践活动

学校以老师牵头，各相关学生参加，组成课题小组，承担政府或企业的课题，通过广泛深入的调查宣传活动，攻关课题。这种社会实践活动学生参加的积极性比较高，而且能得到一定的社会资金支持，也能长期开展。

5. 学生自发型社会实践活动

学生在假期，通过参加社会招聘活动、上门自荐活动等形式，到各种社会生产活动中去，除体验社会生活活动的酸甜苦辣外，还能利用自己所长，在为社会服务的同时，取得一定的报酬，补贴学习或生活所需。这种社会实践活动除参加的学生较多外，学校支出也不是很大，应该鼓励。

6. 互动型社会实践活动

这类实践活动的参与者既有大学生（大学生党员），又有城乡基层的市民、农民（党员）。在活动中，他们互为参照对象，通过相互学习和相互帮助，不仅双方共同获得进步，同时也促进了社会主义物质文明、精神文明和政治文明建设。

（二）大学生社会实践的内容与方法

1. 社会调查

深入城镇、乡村，开展社会调研、考察；深入城乡各地、部队、科研院所、企事业单位开展社会考察和社会调查活动，从而引导学生了解社会、了解国情，同时对社会和企业的发展献计献策。社会调查和考察的直接目的是了解社会的实际情况，认识社会现象的本质及其发展的客观规律，是一种搜集和处理社会信息的方法，在现代社会具有越来越重要的作用。当前，大学生、社会调查逐渐向专题化、重效益、重应用方向转化。社会调查的内容很多，例如，可通过走访工农群众、干部、军人、知识分子等，开展对社会现状的调查；也可通过了解城乡经济发展现状，开展国情民情考察；也可通过了解科技对经济和社会发展的影响，开展依靠科技进步及科学管理发展经济的专题调查等。社会调查方式也比较灵活，有文献调查法、访问调查法、问卷调查法等。

2. 科技服务活动

科技服务活动面向经济建设主战场，面向城镇社区、县乡的中小型企业、乡镇企业，结合所学专业，发挥技术特长，在教师的指导下开展科技攻关、工程设计、科技成果推广、科技咨询和技术服务等活动，使科学技术为现实生产服务。

3. 文化服务活动

深入城镇社区和贫困乡村，开展文化培训科普讲座、法律宣传和咨询活动，服务社区和乡村的两个文明建设。

4. 公益劳动和文明共建活动

包括校内公益劳动，校外社区服务活动，与企事业单位、部队、科研院所、乡村、居民委员会等单位开展其他形式的文明共建活动。

5. 互动活动

大学生党员与城市社区党员、农村基层党员、企事业单位党员在建立党的先进性教育长效机制中的互动活动。

6. 信息服务

信息服务是指通过一定的途径把人才、工农业科学技术及社会生活等方面的信息资源的开发利用情况提供给被服务单位，并传递出服务单位的信息，以期取得一定的人才效益、社会效益和经济效益。大学生通过在校学习，掌握了一定的专业知识，可以通过开展信息服务把信息资源的开发过程及成果传播到各个领域，进一步加以利用，在信息资源的开发利用之间架起了一座桥梁。

7. 勤工助学

勤工助学对学生个人和国家都有重要意义，对个人，它有助于学生个人的成长和成才；对国家，它有助于国家高科技人才的培养，有助于国家教育制度的改革和教育的不断发展。在假期，通过做兼职教师、推销员、打字员、秘书、酒店服务员等工作，一方面，可以在一定程度上解决贫困生的经济问题；另一方面，也是高校开展社会实践活动、培养学生自立自强精神的有机组成部分。

四、大学生社会实践的制度建设与创新探索

（一）大学生社会实践的制度化建设

高校把大学生社会实践活动纳入整体教育计划，通过制订短期规划、长远规划和配套文件，形成一套完善的大学生社会实践制度，对实践活动的指导思想、方针原则、目标要求、形式内容、方法途径、时间要求、成绩考评、工作量计算、奖励办法、组织领导以及有关政策都做了明确规定，并随着学校体制改革不断修订，使活动贴近学校的发展实际，使活动有章可循。一个成功的实践制度，应包含四块内容。

1. 成立社会实践活动领导小组制度

学校应成立由分管学生工作的党政领导和教务、科研、总务，学生处、团委等部分单位组成的学生社会实践活动领导小组，负责对全校社会实践活动统筹安排、制订计划，组织落实，各院、系、部成立由分管学生工作的党总支副书记、副主任、团总支书记与辅导室、辅导员等参加的社会实践领导小组，负责本系学生社会实践活动计划的制订与实施。同时，也可吸收校外人士，如地方政府负责同志，地市团委同志及企业负责同志共同组成社会实践活动领导小组，建立友好关系，以便于高校社会实践在地方、企业的顺利开展。

2. 完善两种不同类型的社会实践基地建设制度

随着大学生社会实践活动不断走向成熟，社会实践基地建设制度也成了一种趋势，相对于实践初期的分散、随机活动，基地活动可以有长远的计划，为培养人才制订完备的方案，同时，也有利于地方与校方建立长期互惠关系，使社会实践在双方自愿的基础上健康发展。社会实践基地制度建设包括两方面的内容：一是为教学研究服务的社会实践基地的制度建设。这类基地建设包括城市工商企业、农业生产单位等。二是思想政治教育和党建社会实践基地的制度建设。这类基地包括城市社区、农村基层组织、各类爱国主义教育基地（包括革命纪念馆、革命博物馆烈士陵园等）。

3. 实行两种不同类型社会实践的指导教师队伍建设制度

开展大学生社会实践活动的经验证明，实践活动要取得成效离不开教师的积极参与，因此，必须建立社会实践指导教师制度。两种不同的社会实践需要不同的指导教师，为教

学研究服务的社会实践由专业教师或相关专业的技术人员作指导教师；思想政治教育类的社会实践，由政治辅导员、政治理论教师或校外政工干部作指导教师。借助指导教师在人格、理论、知识、专业上的优势，增强社会实践的生命力，完成在实践过程中全方位育人的功能。制订社会实践指导教师制度一般要考虑八个因素：一是基地的性质（教学研究服务的社会实践基地与思想政治教育的社会实践基地对教师的要求有所不同），二是学校的有关政策，三是教师的地位和作用，四是实践过程中的组织领导，五是纪律要求，六是地点的选择和安排，七是职称评审和职务晋升，八是工作量的计算。当然，要注意与由学校相关职能部门及分管学校领导组成的领导小组协调。

4. 社会实践考核与激励制度

考核激励是提高社会实践活动成效的有效方式之一。对大学生参加社会实践活动定内容、计学分；对教师定任务、计工作量；院、系、部、教研室制订规划和考核措施；对社会实践活动情况要做到"八个挂钩"：与学生德、智、体综合测评成绩挂钩，与奖学金挂钩，与评选先进个人和集体挂钩，与团员民主评议、推优入党和推荐免试研究生挂钩，与评选优秀党团员挂钩，与大学生的学分挂钩，与单位和个人经济利益挂钩，与教师工作量和干部业绩的奖惩挂钩。这样，才能调动大学生、广大教师干部以及社会各界、各单位参与社会实践人员的积极性、主动性，使社会实践形成有机运作、自我驱动、有效发展的动力机制。

（二）大学生社会实践的新探索

新的时代不仅对大学生有了新的要求，同时赋予了大学生社会实践的新形式，要适应时代，就必须实现大学生社会实践理念上的更新。第一，将大学生社会实践与建设社会主义新农村的需要结合起来。大学生是掌握着一定基础知识和专业技能的青年知识分子，他们的参与无疑会有效地促进社会主义新农村的建设。另外，大学生加入社会主义新农村的建设中，又会给他们的专业知识提供用武之地，提高其实际能力。将大学生的社会实践与建设社会主义新农村的需要结合起来，意味着对大学生的社会实践在观念上要有一个更新或变革，即要从过去单方面地将大学生作为社会实践的受动者，通过社会实践提高工作能力，培养良好的思想品德，转变为大学生既是社会实践的受动者，又是社会实践的"授动者"，大学生作为科技知识和精神文明的载体在实践中去建设社会主义新农村。第二，将大学生社会实践与城市社区精神文明与政治文明建设的需要结合起来。当我们将大学生既看作社会实践的受动者又视为社会实践的"授动者"时，就应充分利用大学生这一科技知识和精神文明的载体，将其运用到变革社会的活动中去。将大学生的社会实践与城市社区的精神文明和政治文明建设的需要结合起来，持久、稳定而有效地开展社会实践教育活动，使大学生在促进城市社区精神文明与政治文明的社会实践中，也提高和锻炼自己。在这类社会实践活动中，大学生可以将高校思想政治理论课中学习到的内容应用于实践活动中，既能活用知识，又能深化理论认识，同时还可以通过自身努力，促使社会变革，成为推动社会文明进步的重要力量。

第三节　高校学生宿舍管理制度实践

一、学生宿舍的地位和作用

学生宿舍是大学生日常生活与学习的重要场所，是培养和锻炼大学生自我管理、自我教育、自我服务能力，有效地开展大学生的思想教育工作的重要阵地。因此，大学生宿舍的管理是高校管理中的重要组成部分，是观察学校整体管理水平的一个窗口，务必高度重视。

（一）学生宿舍在学生生活中的地位

学生宿舍是学生日常活动的主要场所，在大学生活中具有重要地位。扩招后，高校的办学资源改善步伐相对滞后，教室、阅览室比较紧张，其他文化体育、娱乐活动相对不足。学生的课余时间很大一部分是在学生宿舍度过的，学生宿舍的设施是否完备，安全环境是否整洁、优雅、舒适，服务是否周到，生活氛围是否和谐，社区文化活动是否丰富多彩，管理是否科学、规范，将直接关系到学生的日常生活质量，影响到学生生理、心理的健康成长和良好行为习惯的养成。因此，加强宿舍建设对学生的日常生活至关重要。

（二）学生宿舍在学生教育管理中的重要作用

1. 学生宿舍对学生树立正确的人生观、价值观具有重要影响

来自不同地区有着不同家庭背景和生活习惯的学生，构成了宿舍的人文环境，这是学生情感和思想自然、真实流露的地方。学生在宿舍里交往必将对各自的思想情感产生影响。在交往中，他们或探讨人生、憧憬未来，或交流学习、谈古论今，必会有各式各样的社会思潮、信息观点等方面的交汇，由此产生互动影响。因此，必须正确地把握学生宿舍里的思想动态，及时地给予正确启迪和引导，同时通过多种方式和渠道，积极开展教育活动，引导学生明确方向，明辨是非，树立科学的世界观、人生观和价值观。

2. 学生宿舍是思想政治教育和科学管理的结合点

学生宿舍作为学生在校生活的集中场所，在学生的基本道德修养、学校的教育培养目标完成方面起着重要的作用。学生在宿舍中的表现，往往与社会对人才培养的要求，与学校教育管理目标相联系。

3. 学生宿舍是展示校风学风建设的窗口

一所高校的校风学风如何，不仅反映在教室、图书馆、实验室里，同时也反映在学生宿舍里。因为学生的学习态度、劳动观念、组织纪律观念、集体观念在许多情况下都反映在占其生活时间三分之一以上的宿舍里。正因为如此，学校要协调学生思想教育与管理、后勤服务、安全保卫等各方面的力量，积极探索学生宿舍中学校教育管理、服务工作的结合点，加强学生宿舍的管理服务和思想疏导工作，既为学生创造一个宁静整齐、文明清洁的环境，也是消除学生因受其他不良影响而产生的抵触情绪的一项有力措施。针对这个特点，宿舍管理必须从管理育人、服务育人出发，努力挖掘潜力，积极改善住宿生活条件，把学生视为服务的对象，让学生得到应有的尊重和关心，这是维护学校稳定的重要举措，也是创建良好校风、学风的前提，对学生的全面发展、成长成才起着一定的关键作用。

二、学生宿舍管理的体制及模式

（一）学生宿舍管理体制概念

管理"就是在特定的环境下，对组织拥有的资源进行有效的计划、组织、领导和控制，以便达成既定的组织目标过程"。管理不仅为实现组织目标服务，同时还要运用组织中的各种资源来实现目标。管理工作的过程是由一系列相互关联、连续进行的活动构成的，也是在一定环境与条件下进行的，所以管理工作离不开特定的政治、经济、文化环境和条件，离开了特定的物质和政治文化条件来空谈管理，是不可能产生管理效果的。

所谓体制，是指"国家机关、企业、事业单位等的组织制度"。我国的大学生宿舍管理体制，是指在中国特色社会主义市场经济体制的现行教育体制和办学模式下，为了实现高校学生宿舍的科学管理，为学生提供良好的生活学习环境，通过对学生实施教育管理、服务，实现育人目的而设立的学生宿舍管理机构，在宿舍管理过程中，明确学生工作部门、后勤服务（物业管理）部门、安全保卫部门、学生政治辅导员、宿舍管理人员之间的职责和权限的划分，以及学生宿舍管理的有关规章制度、管理决策程序等。

（二）学生宿舍管理体制的类型

随着我国改革逐步深化，尤其是高校后勤社会化的推进，学生宿舍管理体制也在不断地发展变化。就目前而言，高校学生宿舍的管理体制主要有三种类型。

1. 行政管理体制

这种学生宿舍管理体制由后勤部门为学生提供住宿条件，学校用行政方法集权领导，分散管理，管理方式、收费标准等都由学校统一决定。在管理过程中，学生工作部门、安全保卫部门、后勤服务部门按具体的分工各负其责。行政管理体制虽是行政集权，管理有力度，但由于分散管理口多，往往出现各自为政、互相脱节的现象，管理人员与学生之间容易产生对立情绪。诚然，这种管理体制在一定的时期内曾起到积极作用，可在提倡民主、和谐的时代，存在不少弊端，有待进一步探讨、完善。

2. 学生自我管理体制

学生自我管理体制是人本化管理在高校学生管理体制中的具体化。人本管理思想是针对20世纪初泰勒的科学管理过于强调对一切作业活动的计量定额，强调严格的操作程序，而忽视了对人的管理而提出的一种人性化管理。"人本管理在知识经济时代的立足点与核心是人的知识、能力的提高和创造力的培养，它要求管理者始终坚持以人为本的观念，建立起让每一位成员都有机会施展才能的激励机制，努力营造尊重、和谐愉快、进取的气氛"，激发人们参与管理的热情、想象力和创造力。具化到学生管理体制上，就是学生自我管理体制。学生自我管理体制通过从住宿学生中公开选聘学生宿舍管理机构的工作人员，从事管理、服务工作，从而制订相应的学生宿舍管理制度、条例、工作程序、考核及奖励办法。同时，成立学生宿舍民主管理委员会，制订民主管理制度，使民主管理委员会的民主职权与学生宿舍管理机构履行的管理职能同步，相互制约，以提高学生宿舍管理水平。学校为学生住宿提供必要条件，配备相应的设施、设备，为有效地开展学生宿舍管理工作创造条件，授予职权，给予指导，积极理顺关系，做好服务工作。学生自我管理的形式有两种：一是学生宿舍完全由学生负责经营，自我管理、自我教育、自我服务，学校给予支持指导。深圳大学、华侨大学就是这种形式。二是学生宿舍管理由学校提供支持帮助，保证学生宿舍管理服务正常运行的同时，学生实行自我管理、自我服务。

3. "主辅"管理体制

这种管理体制以行政管理为主、学生参与管理为辅，其形式主要有两种：一是选聘或有关部门推荐学生直接担任学生宿舍管理机构的副职或助理，协助中心主任（或科长）做好学生宿舍管理工作且负责学生宿舍楼楼委会的有关工作；二是由学生代表参加组成学生宿舍管委会，协助学校做好学生宿舍管理工作。"主辅"管理体制既可充分听取学生的意见和建议，锻炼学生的组织能力，又利于管理人员与学生之间沟通信息，交流感情，承认且支持学校采取的管理决定和措施。

（三）学生宿舍的管理模式

1. 学生宿舍管理模式的含义

学生宿舍管理模式是指学校对全体学生宿舍开展管理活动时采取的组织形式和管理方式。学生宿舍管理模式是系统管理学生宿舍的前提，它要受到社会制度、学校规模和学校管理体制等多种因素的制约，管理模式是否恰当，对能否充分发挥学生宿舍管理效能，全面实现管理目标有着重要的影响。因此，各高校都十分重视对学生宿舍管理模式的探索。

2. 我国的学生宿舍管理模式

在我国，目前各高校采用的学生宿舍管理模式大致可分为五种类型。

（1）行政分工管理模式。这种模式是我国传统的学生宿舍管理模式，由学校各部门按其工作职能，分别负责某一单项的学生宿舍管理工作，如后勤服务部门提供宿舍、设备及维护环境卫生等；学生工作系统、校团委负责学生的思想教育工作；校保卫部门负责学生宿舍的安全工作。行政分工管理模式把整个学生宿舍管理工作分解成若干部分，划分细致，职责明确，有利于各专职部门形成对自己从事工作的制度化和规范化。不过，随着学生宿舍管理工作的日益复杂化，行政分工模式越来越不适应实际工作的需要，它日益暴露出政出多门、推诿扯皮、协作性差形不成合力等缺点。因此，它在当今学生宿舍管理中已逐渐被其他更先进、更合理的管理模式取代。

（2）学生工作系统主管模式。这是以学生工作系统为主来管理学生宿舍的一种模式。

这种模式由各院（系）分管学生工作的党总支副书记或副主任、团总支书记、政治辅导员和辅导员组成的学生工作领导小组，全盘兼管学生宿舍的安全、水电、卫生、维修等管理工作，后勤部门只提供物质保障。学生工作系统主管模式针对性、灵活性较强，有利于加强对学生的思想教育工作，促进学生的全面发展。但由于学生工作领导小组成员精力有限，很难兼顾教学、科研、宿舍管理工作，往往忙得团团转，却顾此失彼。因此，这种管理模式也逐渐不再采用。

（3）学生自主管理模式。这种模式要求学生自己组织，自己负责宿舍的安全、水电、公物维修、作息制度、卫生制度和执行监督等，学校只给予学生理论上、方向上的指导和适当的经济补贴。这是充分体现学生宿舍民主性管理原则的一种模式。实现学生自主管理的主要机构是学生宿舍自我管理委员会，该委员会的成员由广大同学推举产生，报经学校批准。该委员会负责宿舍各种宣传、各种规章制度的贯彻落实、各项工作的检查评比、各种违章行为的批评处理、各种服务设施的使用及维修等一切宿舍管理活动。学生自主管理模式具有宿舍管理的针对性强、灵活性大、范围广、效益高等优点，在理论上值得推崇和肯定，而实际推行时却因学生群体的自觉性不够，同时缺乏大批工作得力、表现过硬的学生干部而困难重重，因而只是在理论上加以肯定，在实际学生宿舍管理工作中却不常用。

（4）综合管理模式。所谓综合管理，就是以后勤服务总公司或学生工作部（处）为主管单位，学生宿舍管理科或学生宿舍管理中心为主要责任方，后勤部门、安全保卫部门、思想品德教育和学生工作部门，相关院（系、部）及参加学生宿舍管理工作的学生工作干部、管理员、保安人员等，按职责分工，相互配合，共同做好学生宿舍的管理工作。在宿舍管理过程中，行政管理、思想政治教育、经济、咨询疏导等方法和手段应交错使用，以提高学生宿舍管理的整体效能。管理的内容包括学生宿舍的卫生、治安、秩序、日常维修等，使学生宿舍内整洁美观，公共场所清洁卫生，房屋、设施、水电供应始终保持正常状况，宿舍秩序井然、舒适、文明，管理人员、服务人员、治安保卫人员积极治理宿舍环境，主动做好防火、防盗工作，及时预防和妥善处置突发事件，实现教育、管理、服务一体化。学生综合管理模式目前在我国高校学生宿舍管理中较为普遍。在新形势下，伴随着高校后勤社会化的逐步完善，学生宿舍如何更有效地发挥好教育、管理、服务三项功能，不少高校开展了有益的探索。重庆交通大学的学生社区管理模式就是其中的典型，在全国产生了较大的影响，形成了学生教育管理、物业管理、安全保卫、饮食服务"四位一体"的管理模式。

三、学生宿舍管理的内容与方法

(一) 学生宿舍管理的内容

高校学生宿舍管理具有服务、管理、育人等三个主要功能。从宿舍管理的功能就可以明白学生宿舍管理应包括宿舍内务及卫生管理、宿舍区的治安管理、宿舍纪律与秩序、宿舍设施管理、宿舍水电气管理、宿舍电视及网络的管理等方面的内容。

(二) 学生宿舍管理的方法

学生宿舍不只是单纯意义上的休息场所,而是一个重要的育人园地。良好的宿舍环境是高校实施学生素质教育,促进学生德、智、体、美全面发展的物质保障。科学合理的规章制度会对学生起到良好的导向、规范、协调和激励作用,因此,对学生宿舍实施科学有效的管理十分重要。就目前而言,大学生宿舍管理大致有两种方法。

1. 行政方法

行政方法是学校根据学生宿舍管理工作需要,设立专门的管理机构配备相应的管理人员,根据学校的校规校纪和学生宿舍管理制度、条例等,通过学生宿舍管理人员,用强制性行政命令、规定,直接对住宿学生开展宣传教育,增强住宿学生执行规章、制度、规范的自觉性,使宿舍管理有章可循,依法办事。行政方法是高校学生宿舍管理普遍采用的方法。为了提高学生宿舍管理行政方法的有效性,应科学运用相应的管理方式。

(1) 行政命令管理方式。行政命令管理方式是凭借行政职权与权威,通过口头或书面等方式,发布必须执行的规定、决定、指示,它具有明显的强制性、权威性、直接性。对贯彻执行制度、条例、规则的职责范围、处罚规定要明确具体;对不服从管理的要有相应的纪律、制度、惩处规定与执行程序作保障,以保证管理规章制度能贯彻执行,实现有效管理;对违反条例的处理要一视同仁,对管理条例的执行做到公开、民主、公平、合理。学生宿舍管理,制度、条例、规则、规范的制订要科学,既要符合国家法规、条例,又要让学生认同,这就要求规章制度的制订,不仅应有管理人员、法律专家、主管领导,还应有规章制度的针对人——学生或学生代表参与,这样的规章制度才会有牢固的群众基础,才能得到更好的执行。

(2) 激励方式。激励,是教育的一种方式。激励的直接着眼点在于激励学生的感情,产生良好的行为。公寓管理人员应掌握激励的艺术,不断创造条件,变换激励方式。同时，在激励过程中，开展思想品德教育活动，以对学生起到感化作用，解决思想认识问题，巩固激励成果。在学生宿舍管理工作中，其激励方法有五种类型：一是参与管理激励。吸收学生参与管理，成立宿舍管委会，对学生宿舍实行民主管理，以激励住宿学生共同管理好宿舍的积极性和主动性。二是目标激励。每学期公布学期、学年评选文明寝室、个人标兵的数量、条件、奖励方法，以激发学生达到某一目标的驱动力。三是荣誉激励。对积极主动配合宿舍管理工作，并对作出贡献的个人或集体，授予相应的荣誉，撰写光荣册、光荣榜，记入学生档案，为其他学生树立榜样，明确方向。四是物质激励。对建立良好宿舍环境作出贡献的个人、集体，在运用上述几种激励方式的同时，要辅以物质激励，如按原定并已公布于众的标准、比例发给奖金、奖品等，激发学生参与和配合做好宿舍管理的工作。五是情感激励。宿舍管理人员、学生社区辅导员要注意观察住宿学生的情感变化，要帮助解决学生生活中的实际问题，如对经济困难的学生提供勤工俭学机会，对有病的学生在医疗、饮食方面给予关怀，对某些有错误思想行为或失误行为的学生有针对性地给予关心、爱护、帮助，使其树立信心。

（3）疏导教育方式。疏导，就是疏通、引导。疏导，就是要创造条件形成某种疏通机制，让大学生的某种情绪得到宣泄，就是要循循善诱，将偏差的思想、情绪引导到正确的方向上来。鉴于目前有些学生不理解加强学生宿舍管理的意义，有少数学生在宿舍开展经商活动，引来亲友、同学住宿，有的学校还发生过异性同宿现象，学校虽然采取行政措施，强化学生宿舍管理，但有的学生持"无所谓""管不着""我愿意"等错误态度，校方对个别严重违反学生宿舍管理条例的学生，应按校规给予严肃处理。而对大多数学生，只能在强化行政管理，加强思想教育的同时，采用疏导教育方式，倾听学生的意见和想法，掌握学生的心理，运用启发、商讨建议等方法，在疏导的同时开展教育，以提高学生接受宿舍管理规定、条例的自觉性。尽量满足学生的合理要求，或者创造条件分步骤实施；要严厉批评学生的无理要求或者违纪行为，既不能强制压服，也不能放任自流，应采取积极疏导教育的方式。要对后进学生消除心理"防线"，"晓之以理"，促进转化，以便做好学生宿舍管理工作。

（4）学生参与管理方式。现代管理理论认为，管理的核心是做好人的工作，充分调动人的积极性，使每个管理人员明确整体目标、自己的职责、工作的意义、相互的关系等，使其能积极、主动、创造性地完成自己的任务。根据管理心理学对"参与"和"认同"行为研究成果表明，让普通成员以不同形式参与领导和管理，可以增加成员的心理满足，增强工作动机，减少对抗，增强责任感、义务感，由于"认同"而产生关心、支持和主动帮助的行为。高校学生宿舍的住宿对象是具备一定知识和技能的大学生，校方应积极组织以学生为主体的学生宿舍楼管委会，设楼长、寝室长，吸收大学生参与决策学生宿舍管理模式，制订学生宿舍管理目标，参与决定问题，处理事件的活动。这样，可以提高学生在学生宿舍管理工作中对自我价值和重要性的认识，增加对宿舍管理决定的认同，从而增强向心力，增强紧密配合的自觉性，协同工作。同时，又可以使学生在参加宿舍管理过程中，提高组织管理能力。学生参与管理是提高宿舍管理效能的最有效途径，也是育人的需要。学校学生宿舍管理部门应从战略高度提高认识，积极支持，而且要因时、因校制宜，实行民主管理。条件成熟的学校可让学生自我管理，行政给予指导、支持和帮助。学生参与学生宿舍的管理，一般有三种方式。一是咨询参与，对学生宿舍的管理模式重大的管理改革措施、改革方案、规章制度建设等提出意见和建议。二是决策参与，对学生宿舍管理中学生关心的重大问题，选派学生代表组成调查研究小组，在调查研究和系统分析基础上，直接参与决策。三是行政参与，即通过学生代表参加的校学生宿舍管理领导小组或学生宿舍楼管委会，对学生宿舍实施日常行政管理。

2. 经济方法

经济方法是经济组织利用物质利益来影响所属人员行为且使之与组织目标相一致的一种管理方法。随着教育体制改革的深化，学生宿舍管理应加强经济核算，提高教育投资效益，对学生适当采用经济方法，如对学生收取学杂费、住宿管理费等，同时变助学金为奖学金、贷学金。入学时学生先交费后注册，不交费或严重违反宿舍管理规定的，学校不准其在学生宿舍住宿；将住宿学生在公寓的表现作为道德操行，实施考评德育分与评奖学金挂钩；在宿舍日常管理中，核定水、电用量，超指标加价收费，减少水、电浪费；为防止损坏公物，学生住宿时每人交一定数额的押金，损坏公物扣款赔偿等都是宿舍的经济管理方法。

总之，适当运用经济方法有利于完善学校及学生宿舍管理职能。不过，经济方法不是万能的，作为国家主办的高等学校，不能过分强调以经济制裁为手段管理宿舍。对学生的收费要适度，对损坏公物要酌情赔偿，对违反规定的处理要合情合理，严格控制，避免处理过当。

第七章

高校大学生管理模式的创新路径

第一节 高校大学生管理模式创新的重要性

一、经济社会快速发展的必然要求

随着市场经济的发展和高校扩招，高校学生管理正面临一系列的转变，如学生工作的部分管理职能正在向服务职能转变；大学生就业正在由国家分配向自主择业转变；固定学制正在向弹性学制转变；经济困难学生的资助由原来的发放助学金、困难补助向助学贷款和勤工助学转变等。这一系列转变使原来传统的学生管理理念、管理模式的问题日益凸显，难以满足市场经济条件下高校发展的要求。而尚未完全形成目前与之相适应的新的学生管理理念和模式，这就为高校的学生管理带来了新的考验。

二、信息化时代发展的必然要求

在信息化迅速发展的今天，网络的发展和普及为高校学生管理提供了新的阵地和领域，提高了工作效率，为学生管理带来了难得的机遇。同时，网络也给学生管理带来了新的问题。一是由于网络信息的丰富性和开放性特点，学生工作者在获取信息的渠道、时间、数量上与大学生相比不占明显优势；二是网络的虚拟性、隐蔽性使得网络成为有害信息的滋生地和传播地，使得大学生难以判别和抵御，有的上当受骗，还有的沉溺于网上的虚拟世界不能自拔，这就为高校的学生管理带来了新的挑战。

三、适应我国高等教育发展的需要

高等教育的全球化给高校学生管理模式提出了更高的要求。在这种情况下，高校学生管理必然要与世界先进高校的学生管理接轨，用新的管理理念、管理体制、管理模式来适应时代发展的要求。同时，教学体制改革使学生管理面临新的变革。目前，全国各高校普遍实施了学分制。在学分制下，学生管理打破了学年制整齐划一的教学管理模式，学生管理工作不仅局限于本专业学生，还要管理由选修课程带来的其他专业或其他学校的学生。同时，学生管理除了对学生实行教学和思想生活管理外，还需要帮助学生构造合理的学科知识结构，指导学生由定向学习变为自主选择性学习。因此，学生管理必须实现由学年制下的指令性管理向学分制下的指导性管理的转变。

高等教育从精英教育向大众化教育的转变，是一国经济发展到一定阶段的必然产物。这种转变，不仅仅体现在大学生量的变化，而是规模、结构和性质上质的不同，学生群体的异质性程度显著增加。在这一大环境下，就要求高等教育在注重全体学生获得知识和体验的同时，更要注重学生个体发展的差异，注重发现和开发学生的闪光点，强调给学生创造一个自主发展的空间，让其充分发挥个性优势，形成独立的人格和突出的个性。高校学生工作目前仍然沿用"以管理为主"的工作模式和忽视学生个性的培养方式，在研究学生、服务学生、尊重学生个性方面还停留在意识层面，与高等教育大众化的要求不相适应，必须加以改革。

经济全球化是当今世界发展的趋势，作为"受经济发展制约"的高等教育，在经济全球化的浪潮中必然走向国际化。高校也必须根据经济全球化的要求，调整办学思路和人才培养目标，改变教学内容和方法，改革学生工作模式。近年来，国内外高校都把学生工作的重点放在大学生人文素质教育、学生考研、就业指导、法律援助、心理健康教育、勤工助学、社区服务等方面，强调对学生的指导和服务。国内外高校学生工作的经验表明，以服务为核心的教育管理观念是学生工作得以成功开展的核心所在。特别是国外高校在尊重学生的主体作用、加强对学生的指导和服务方面有许多值得我国高校学习和借鉴的地方。因此，创新高校学生管理模式应成为发展我国高校学生工作的突破口与重点。这既是总结过去、面对现实的理性选择，更是着眼未来的现实需要。

随着我国经济的迅猛发展，在国际上地位的不断提升，各级政府都十分重视职业教育，纷纷优先发展高等职业教育，积极培养高层次的技术型人才。我国高校教育目前实现了历史性新跨越，我国高校学生的素质、培养等方面的情况越来越受到各行各业，尤其是用人单位的关注。高校的扩招、素质教育、自主择业等一系列改革措施的出台，都直接影响着高校学生管理模式的实施，都促使学生管理模式要尽快适应新形势，以保证高校快速及时地培养能适应社会发展的技术型人才。

四、帮助大学生更好地适应社会环境

当代大学生多为独生子女，因而对生活的体验和感受不同于以往的大学生：他们时代感强，责任意识较弱；自我认同感强，实践能力较弱；参与意识强，辨别能力较弱；主体意识强，团队意识较弱；个性特点强，承受能力较弱。这些特点使学生管理工作面临着前所未有的挑战，大学生全新的行为方式和理念与传统的学生管理体制必将产生冲突，如不及时解决会使工作陷入被动。

如今，高校与社会之间的联系为本科生带来了更多发展自我、展示自我的机会，由于社会上信息混乱，一些本科生放松警惕，出现上当受骗的情况。为此，高校应加强对学生管理模式的关注，增强本科生的安全意识，防止发生类似事件。另外，社会上的很多不良风气和言论会潜移默化地影响本科生的世界观、人生观、价值观，从而导致他们朝着不健康的方向发展。高校必须坚持预防为主的指导方针，从新的角度管理学生，增强其自我保护意识。因此，目前各大高校应更新教育管理理念，不断加强大学与社会之间的联系，不断创新学生的管理模式，完善高校管理制度，以帮助学生在毕业后获得足够的社会经验，更好地完成从大学到社会之间的过渡。

第二节　高校学生管理新型模式的职能

一、教育职能

教育职能是高校学生管理模式的根本性职能。高校的管理目标是为社会培养出合格有用的人，高校学生管理的对象是在校大学生，教育学生是它的基本职能之一。教育包括知识教育和成长成才教育，学生管理工作开展的教育也就是学生的成长成才教育，与教学对学生的知识教育是有明显差别的。

高校学生管理不是单纯地为了管理而管理，而是为实现国家的人才培养目标而服务的。在这个意义上，大学生管理的教育职能就是培养国家需要的德、智、体、美、劳全面发展的人才，管理的目的就是育人。因此，高校学生管理新型模式中的教育职能，应充分重视育人功能的发挥，突出以育人为目的和指向的管理内容。以育人为目的和指向的管理内容一方面应体现在大学生管理过程中的人力、财力、物力等资源配置的方方面面，另一方面更应体现在对大学生实行教务管理、安全管理、行为管理、群体组织管理、就业管理、资助管理等学校各部门分属管理的方方面面。这就需要在大学生管理中处理好管理与思想政治教育的关系，将大学生管理与思想政治教育有机地结合，自觉地遵循教育规律，重视发挥思想政治教育在帮助大学生树立正确的世界观、人生观和价值观方面的作用，实现科学管理和有效管理。

二、管理职能

管理是一种行为，管理通常通过信息获取、决策、计划、组织、领导、控制和创新等职能的发挥来分配、协调包括人力资源在内的一切可以调用的资源，以实现单独的个人无法实现的目标。学生管理包含两个层面：一是对人的管理，即对学生个体和学生群体的管理；二是对事的管理，即对与学生相关的事务的管理。对学生的管理，主要通过教育、激励、组织等手段，让学生的身心得到发展，使学生能够适应学校的学习和生活。学生管理工作的重点是对事务的管理，包括学风建设、思想政治教育、学生档案管理、学生违纪处理、突发事件处理、学生评奖评优、组织学生工作会议、制订学生工作计划等诸多方面。由于管理的内容多种多样，从活动形式上可简单归纳为学生思想品德管理、学习管理、生活管理、班级管理、学生自我管理以及学生评价，等等。

管理职能是高校学生管理模式的必要性职能。在高校学生管理模式中，建立健全覆盖学生日常学习生活的规章制度体系且做到依章执行是十分必要的。

三、服务职能

服务职能是高校学生管理模式的基础性职能，主要是根据学生的个性化多样化的发展需求提供有针对性的辅导和服务。随着高等教育的发展，学生管理工作不再固守单纯的思想政治教育方式，开始借鉴西方国家高校学生事务的管理方式，即开始强调服务学生的职能。高校学生管理的核心在于服务，向学生提供满足其成长需求的各种服务，把教育与管理、服务结合起来，帮助其更好地学习、生活从而实现全面发展。学生工作应为学生的学习与成长创造一定的条件，解决学生在学习、生活过程中遇到的实际问题，为其提供全方位的服务，将学生的需求作为工作的出发点和落脚点。

在国外，学生工作或者说学生事务，包括招生、经济资助、专业选择、学生宿舍管理、健康服务、心理咨询、法律服务、权益保护和社会活动等多方面。许多学生事务管理的内容具有相似性和共存性，要重组其职能，形成新的服务体系。现在高校大都有招生宣传与咨询（学校开放日活动）、新生入学教育、学籍管理、学习指导、社会资助、勤工助学、心理咨询、就业指导、提供活动场地等服务。

（1）招生咨询服务。随着高等教育体制改革不断深入，高校招生咨询已成为高校招生工作的重要环节，是高校学生工作重要的服务内容之一。高校招生咨询工作，不仅是高校服务考生的窗口，是高校推介自身的途径和联系社会的重要纽带，也是高校引导广大考生认识本校、报考本校，最终成为本校学生的重要途径。高校要利用自身资源，努力建成一个全方位、多层次、立体型的高校招生咨询体系为全国各地有志青年报考本校提供优质服务。

（2）学生入学指导服务。这主要包括向新生及其家长宣传本校本专业的教育概况，为学生适应校园生活以及利用校园教学与生活资源提供指导，帮助新生重新寻找自己的定位，使之尽快完成角色转变，适应新的学习生活环境，为圆满完成学业奠定良好的基础，还包括为新生提供一定的心理辅导、心理测试等服务。

（3）思想道德引导服务。学生工作肩负有开展思想政治教育的重要使命。我们要通过有效途径和大家喜闻乐见的形式，开展爱国主义、集体主义和社会主义教育。思想政治教育要尊重思想政治教育的基本规律，要采取人性化的、软性的教育手段熏陶学生、引导学生，特别要利用重大的节日和事件，对学生开展有针对性的教育。同时，要重视大学生政治素质的培养，切实提高当代大学生参与公共生活、公共管理的意识和能力，为建设社会政治文明奠定坚实的人才基础。

（4）身心健康服务。这包括身体健康指导和心理健康教育，除定期体检外，还要给学生提供健康知识，鼓励学生积极参加有益的文体活动，在文体活动中促进身心的成长。依托心理健康教育与咨询中心，帮助学生了解心理知识、洞察心理世界、预防心理疾病、挖掘心理潜能，从而提高心理素质，解决学生在学习和生活中遇到的各种心理问题。

（5）日常生活服务。学生不仅是受教育者，也是教育投资者和消费者。要为学生提供各种生活服务，改善生活环境，对学生社区实行物业化管理，健全社区功能，构筑集娱乐、购物、健身于一体的文化社区。我们应注重在生活上关心学生，处处从学生角度开展服务工作，如为每个学生设立校园网络账户或"一卡通"，供他们实时查看自己的注册信息、学期选课情况、每门课的成绩、学分、就餐购物消费情况等，为学生的自我规划和自我管理创造条件，充分体现学生工作"以学生为本"的教育服务理念。

（6）学习指导服务。要注重建设优良的学风和校风，提供有利于学生学习的设施和条件，创造有利于学生学习的氛围和环境，满足学生学习方面的需求；要因材施教、因人施教，当学生出现学习方面的问题时，辅导员要个别指导，或指定专业教师给予帮助；要通过举办学术讲座、学习竞赛以及鼓励学生通过国家英语、计算机等级考试和职业资格证书考试等形式，调动学生的学习积极性；要教育学生学会学习，学会使用学习设施，利用好图书馆，善于使用因特网等现代手段获取知识，增强学生学习的兴趣。通过成立领导机构、设立资助奖励基金、建立科研项目管理制度、开设创新课、设置素质教育学分、建立创新实验基地、举办科技竞赛、发展学术社团等手段，建立健全领导体制、管理体制、活动体制，为学生创造开展学术研究的机会和条件，培养他们的科研能力和创新创业精神。同时，组织各种形式的活动，广泛地利用社会的力量，为学生的社会实践提供宽广的舞台。

（7）权益维护服务。为维护学生的权益服务，树立依法管理、民主管理的思想，通过合法的形式，积极反映学生的心声，维护学生的正当权益，与侵害学生权益的行为做斗争，真正成为保护学生权益的代言人。

（8）就业指导服务。为学生的就业服务，帮助学生转变就业观念，通过各种形式增强学生的就业本领，开发学生的就业潜力，实现学生从人力资源向人力资本的转变。帮助学生找到能发挥自己聪明才智的职业、规划职业生涯成为服务学生的重要内容。就业指导主要是把就业安置和职业生涯规划结合起来，成立就业指导中心，具体职能包括指导学生进行自我评价、专业定向和职业定向，提供就业信息，指导学生参加实习、实践和开设就业指导课，传授求职择业技巧，推荐介绍学生参加就业与职业交流洽谈会，组织校园招聘与面试活动，指导毕业生通过多种渠道就业和为校友服务等。

（9）经济资助服务。高等教育不是义务教育，高校实行缴费上学制度，难免让一些贫困学生面临无法上学的困境，这些学生需要获取经济资助，高校学生工作应通过提供国家助学贷款、奖学金、助学金、减免学费和扩大勤工助学途径等方式，帮助他们克服经济困难，顺利完成学业。同时，也可以通过开设新生入学绿色通道、开辟勤工助学渠道、建立助困基金、吸纳社会救助资金、设置各类奖学金、成立助困中心等形式，为学生提供有效的经济资助服务。

（10）后续发展服务。这是对毕业校友的服务，包括毕业后的再教育和毕业后的再服务。毕业后的再教育包括学历教育和技能教育，学历教育包括专科升本科、本科生考研究生、硕士生攻读博士、博士进流动站做博士后等；技能教育包括毕业参加工作后的长、中、短期各种业务培训。毕业后的再服务包括留学服务和跟踪服务，留学服务包括咨询、指导、推荐和提供相关学历资料等；跟踪服务包括毕业生跟踪调查、提供技术支持、协办创业基地等。

随着高等教育大众化的发展，大学生结构发生了较大的变化，社会的进步增强了他们的主体意识，需求和个人思想行为日益多样化。尤其是高校实行学生缴费上学，学生主体地位进一步明确。学生逐渐习惯于根据其利益来评价和要求学校的各项工作，学生管理工作，对交往、精神和发展需要的满足等，已经成为学校能否赢得学生信赖和支持的重要因素。这种变化要求学生工作必须从学生全面发展的实际需求出发，以学生为中心，把教育、管理融入服务之中。学生的教育、管理也是服务于人才培养，帮助和促进个体的全面发展，其最终目的都是促进学生的全面发展，离开了促进学生发展这个核心目的，教育、管理就会变得没有意义。这是一切学生工作的出发点和落脚点。教育、管理、服务是手段，三者相互糅合渗透，双向互动，促进学生全面发展是核心目标。

总之，在高校学生管理新型模式的三种职能中，教育是管理的前提，管理是教育的手段，服务是教育与管理的有效体现。教育、管理和服务作为手段，始终体现在学生管理工作过程之中。要把教育、管理作为服务的支持和保障，在服务的观念下实施教育和管理，根据教育要求和学生成长的需要，优化学生的学习、生活环境，为学生成才、成功创造必要的条件。通过教育、管理和服务的有效整合，发挥学生的主动性，激发学生的潜在能力，从而将教育、管理和服务最终落实到促进学生全面发展的目标上。在学生发展理论的指导下，正确认识学生工作存在的问题，处理好教育、管理、服务与学生发展之间的关系，已经成为高校学生管理变革的突破口。

第三节　高校学生管理模式创新的路径

一、树立正确的学生管理理念

俗话说"纲举目张"，树立正确的学生管理工作理念是高校创新学生管理模式的前提。根据实际情况，高校需要树立"以学生为本""为学生服务"和"全过程"等管理理念。

（一）树立以学生为本的管理理念

以人为本是一种价值观的表现形式，它把人的本质作为最重要的东西，把人作为一切工作的基础，考虑从人本身的需求出发，以实现人的价值为最终任务。放到学生管理工作中，就是要以学生为基本出发点，把学生的个人发展放在首位，主要表现在三个方面：①强调尊重学生的主体地位；②充分尊重学生的需要，把学生关心的问题和需要解决的问题当成最重要的事情来处理，满足学生的合理需要；③肯定学生的价值。在以人为本的管理理念中，必须肯定学生的价值，这是以人为本管理的基础。作为现代教育管理的一个十分重要的思想，以人为本的管理理念激发的是人的主体性和创造性的统一，强调了社会发展与个人发展的统一。

将"以人为本"的管理理念贯彻到高等学校教育实际过程中就是"以学生为本"的现代教育观。这一教育观念的基本内容就是要理解、尊重、服务、依靠和相信学生；就是要把学生这一教育服务的对象，真正作为学校工作的主体，所有的工作都围绕着学生工作这个重心开展，充分地考虑到学生的需要，并促进学生个人的发展；要把培养学生的综合素质作为衡量和评价一切学生工作成败的唯一标准，高度重视学生综合素质的提高，努力使学生的受教育经历得到个性化的发展，成为一个完整的社会人，使学生在受教育的过程中能树立起正确的人生观、世界观和价值观。

教育工作的最终目的是推动人类社会不断地延续和发展，而这一目的是通过培养社会需要的人来实现的，因而各高校在围绕本校的发展战略构架出明确的工作理念的同时，在学生管理上应树立以人为本的理念，以学生为本，作为出发点、落脚点和归宿，注重学生的个性发展。同时，在学生工作中注意管理和服务思想并重。

1. 注重学生的创新性发展和个性化发展

新形势下的学生管理工作要突出学生的主体地位，尊重学生个性的发展与优化。全面注重学生创新意识和综合素质能力的培养，实现学生的多层次多维度的成才目标，全心全意地服务于学生的各方面，充分尊重学生在管理工作中的合理权利、主动性、积极性和创造性。具体可以通过理想信念教育，为学生的自我选择和自我调整提供精神动力和行动指南；通过正面引导、反面惩戒来诱导学生的需要，即从道理上说服学生，促使学生明辨是非，权衡利弊，从而使学生正确规范自身行为，调整自己在学习、生活中的需要；通过动机激励、过程磨砺、利益驱动来激发学生的需要驱动和内在成才动力。

2. 注重体现学生的主体地位

要根据"依法治校、科学管理"的要求，一方面，明确地告诉学生，他们在学校里享有什么样的权利，在充分享有权利的同时不能忽视应尽的义务；另一方面，要维护学生的合法权益，针对学生的决定，要做到程序正当、证据充足、依据明确、定性准确、处分恰当，学生对学校的处理享有陈述、申辩和申诉权，学校要有明确的程序，使其在开放的环境中健康成长，从而建立起一种师生互动、沟通频繁的有利于学生积极主动参与管理的新机制。

3. 实行人性化管理

高校是培养和输送人才的重要阵地，始终担负着为社会培养高素质的建设者和接班人的神圣使命。在现行的高校学生管理中，管理目标的抽象化和格式化也是高校学生管理的一大弊病。高校学生管理与学校的其他工作目标是一致的，都是为社会培养人才。

人性化管理是以情服人来提高管理效率的，人性化管理风格的实质就在于充分尊重被管理者的自由和创造才能，从而使得被管理者以满足的心态或以最佳的精神状态全身心地投入学习和工作中，进而直接提高管理效率。人性的管理是情、理、法并重的管理，而不是放任管理，也就是我们提倡的教育人性化。对高校学生实行"以人为本"的管理模式抓住了学生管理中最核心的因素，因为学生管理就是人的管理。人的需求、人的属性、人的心理、人的情绪、人的信念、人的素质、人的价值等一系列与人有关的问题均成为管理者悉心关注的重要问题。

高校的基本职能之一就是为社会培养人才，大学生已经具有了成为国家栋梁的基本潜质和条件，在教育和培养的过程中，要充分调动大学生的主动性、积极性和创造性，为其提供能激发创造性和自主创新性的氛围。而要实现这一目标，高校学生管理就必须是人性化管理，实施"以人为本"的管理模式。首先要转变教育管理观念，树立科学的人才观，切不可用一种人才模式去苛求学生，限制学生个性的发展。学生管理工作者要有着眼于未来的战略眼光和不拘一格育人的胆略；其次要着重提高教师的综合素质，强化管理者的人格魅力。

在新形势下，主观上学生群体已经逐渐不再接受传统的高校学生管理模式，客观上高校管理面临的形势也不能使这样一种模式维持下去。招生规模的扩大，个性培养和创新教育日益被高校所重视等，这些因素都要求高校学生管理必须抓住"学生"这一根本，转变管理理念，提高教师的综合素质，强化管理者的人格魅力。实行人本化管理，其实是对教师尤其是学生管理者提出了更高的要求。以人为本，促进高校学生管理和谐发展是时代的发展适应大学生全面发展和个性发展的必然要求。构建和谐社会、和谐校园，新时期学生的思想特点等使得以人为本的管理模式成为必然的选择。

（二）树立为学生服务的管理理念

当今世界，教育已经成为一种服务。世界各国的教育业都努力提高教育服务的水平和质量。对我国高校而言，这种理念需要不断推广和完善。在以人为本的教育管理模式下，必须强化将教育作为一种服务的观念。学生是学校最主要的服务对象，是教育工作的主体。学校的各项工作目标就是要为学生提供优质的教育资源和教育服务，使得整个学校构成一个完整的服务机构，为学生创造有利于学生成长成才的良好环境。学生管理工作是这个服务机构中的重要环节。

随着高等教育自费的普及，教育已经作为一种消费形式呈现在国人眼前。大学教师的主要任务是帮助学生学习知识、管理知识。教师和学生之间的关系是平等、民主的关系，必须摒弃传统的师道尊严和严格管理的思维，树立为学生服务，关心爱护学生的理念。站在学生的角度来看待学校的管理，使学校的管理模式更加适应学生的特点，让学生可以有更多自由的空间来发展个人才能。

如何提高教师服务学生的能力和水平呢？首先，高校的学生管理者应当树立服务意识，从思想上和作风上彻底改变高高在上的姿态，充分尊重学生的人格和尊严，想办法满足学生提出的合理要求，为学生提供一个良好的学习环境，做到真正地热爱学生，发自内心地关心学生的个人成长与发展。其次，作为学生管理人员要有正确的教育思想和科学的管理理念；要有民主意识，要有兼容并包的思想，尊重学生的在学术上的不同见解和对人生的不同看法，使学生习惯学校的管理模式，乐于接受学校管理行为给他们带来的有益熏陶，从而促进学生学识的提高和身心的健康发展。

当然，我们目前的学生管理工作并不完善，无论在服务内容和服务水平上，距离这种"服务"的标准都还尚有不小的差距，这就给我国高校的学生管理工作提出了更高的要求。毋庸置疑，增强服务意识，提高学校各职能部门特别是学生管理工作人员的服务水平和基本素养，对推动学校体制改革，建立有效的新型学生工作管理模式都是有百益而无一害的。

（三）树立全面的服务、教育、管理一体化理念

学生工作者应先以服务者的姿态出现，树立服务意识，在情感上无疑会拉近与学生的距离，容易得到学生的信任和理解，且在实施服务过程中形成对等交流的气氛，由此产生双向互动的效果。把服务作为管理的先导表现为学生工作者树立"以学生为本"的意识，了解学生普遍关心的问题是什么，学生迫切需要解决的问题是什么，进而在管理过程中对

症下药。

树立服务意识还体现在为弱势群体学生服务，为其提供奖助学金和经济援助，以解决其后顾之忧。随着高校收费制度的实行，高校中有一部分学生的家庭条件比较艰苦，不能承担大学学费，作为学生管理者要树立服务意识，关心这些困难学生，帮助他们解决经济困难。通过设立奖学金、为贫困学生申请贷款、提供勤工助学岗位、实行缓期交费制度和给贫困生发放补贴等方式帮助贫困生渡过难关。

为学生的成长和成才创设良好的氛围，促进学生发展，从而服务于高校培养人才的使命才是学生工作关注的重点。以学生为本，牢固树立为学生服务的理念，紧紧围绕着学生的需求，构建顺应学生发展的教育、管理和服务三位一体的学生工作体制，是学生工作可持续、协调发展的必然选择。学生规模的不断扩大，学生工作职能的不断丰富，学生事务的不断增多等导致了校级管理不顺畅，缺乏系统性与灵活性，不利于学生的全面发展。因此，要树立学生工作的教育、管理、服务一体化的理念，树立以学生为本的理念。学生管理工作者被赋予了多重角色，他们既是管理者、教育者，更是学生的服务者，这就要求把教育过程、管理过程和服务过程相结合，使三者相互渗透，互相促进。

（四）树立"全过程"的管理理念

高校为强化学生的技能训练，按照教学计划，每个专业基本上均建立了校外实训基地，而目前实训基地的学生管理工作基本上属于空白，所以为填补实训基地学生管理工作的空白，高校的学生管理模式必须树立"全过程"的管理理念，即在实训基地继续对学生实行相应的管理，可从两个方面尝试。

一是要求在实训基地的学生成立临时管理机构，如组建学生临时党支部，由党支部在教师的指导下，带领学生在实训期间组织开展学生的自我管理；二是实行实训基地的"导师负责制"，即由实训基地的技师或工程师按照一定比例对实训的学生实行技术及实践操作上的管理。高校贯彻"全过程"的管理理念具有重要的意义：一是体现了学校对学生"扶上马送一程"的殷切期望，使学生尽快适应社会；二是在延伸"服务学生"的管理理念的基础上，达到了"学生发展"的管理目的。

（五）树立民主化的学生管理理念

现代高校学生是一个具有较高素养的特殊社会群体，对事物的认知有着别具一格的见解，反感管理者的命令式的管理。因此，我们当前在学生管理中必须强化民主观念，彰显人文管理精神。在学生管理中，学生的主体地位不可动摇，要做到一切为了学生，爱护学生、理解学生、尊重学生，努力营造平等、民主的育人氛围，而且要让学生在管理活动中参与管理、参与决策，从而使管理者和被管理者为实现共同的目标而奋斗。

当今社会在不断地进步和发展，大学生的思想观念、道德行为、价值取向等发生了深刻的变化，要引导学生加强自我管理，提高他们未来的生存能力和发展能力。在当今社会，高校教师既要教书育人，还要管理、指导学生，使学生养成正确的学习生活习惯，树立正确的人生观、世界观和价值观。

二、构建多元化协同管理的学生管理体系

在正确的管理理念指引下，高校的学生服务体系结构是否合理、运转是否顺畅有效，直接关系到高校学生管理模式的实际执行效果。

（一）完善学生管理体系

高校应充分发挥学生会、社团联合会和各书院的作用。这些组织与学生有着直接的接触，他们的一些活动可直接影响大学生的心理。因此，高校要想完善和创新新时代的学生管理模式，就应该从学校的各个组织入手，努力创建更高质量的学生群体，让他们带领其他大学生不断完善思想教育工作。要充分发挥学生会和社团联合会的主观能动性，使其对学生产生影响。另外，在丰富校园文化的同时，要加强思想教育培训，从而帮助学校更好地完善新时代的学生管理体系。

（二）完善学生管理体制

基层院系学生工作管理的有效开展离不开院系领导班子的大力支持。院系学生工作管理体系建设首先要安排院系班子即专门领导全面负责学生工作管理，院系党政领导同时也要亲自抓。建立党政领导共同负责学生工作管理的领导机制，可以全面整合院系各部门的力量，使得院系教务、行政等各部门分工协调，促进基层院系学生工作管理的有序开展。在院系党政领导的共同负责下，使学生工作管理既不是单纯的思想教育工作，也不是单纯的行政管理工作，而应该既是思想教育工作，又是行政管理工作。为了确保党政共同负责落到实处，可以在院系党政联席会议上单列一项学生工作管理，用以保障学生工作管理顺利、高效开展。

需要说明的是，各项工作的开展需要学校学工处发挥指导功能。同时，学校有必要

赋予院系学生工作管理部门一定的行政权力和主动权，否则，仅作为与院系同级别的职能部门，其各项工作极有可能得不到有效开展，导致院系学生工作管理部门的职能与目标存在距离，从而达不到预期的管理目标。

院系基层学生工作管理必须建立在配备完善、工作得力的学生工作管理机构的基础上。长期以来，院系的学生工作管理机构虽然采取了不同的设置形式，可无论采取哪种设置形式都必须满足学生受教育的需要，满足一定的设立条件。例如，是否适合学生全面发展，是否能使学生工作管理人员顺利开展工作，是否能够使得院系学生工作管理部门达到预期的目的。

要加强院系一级的领导和管理。在机构上，成立院系学生工作管理办公室，与学校学生工作管理处相对应，院系党政负责人共同对本院系的学生工作管理负责，院系学生工作管理办公室的常务负责人是院系党委（党总支）副书记。成员包括院系学生工作管理办公室主任、团委书记、年级辅导员等，需注意的是，院系一级的本科生学生工作管理由党委（党总支）副书记负责，而一些高校的研究生学生工作管理由党委（党总支）书记负责，在管理中应当由院党委（党总支）书记对全院研究生、本科生的学生工作管理负责，在具体工作中一定要统筹兼顾、理顺研究生和本科生的管理机制。

目前，由于大学生数量不断增多，事务量也在增大。虽然学生工作管理组织近年来进一步扩大，学生工作管理人员数量进一步增多，可院系学生工作管理人员既要应付日常的学生工作管理，又要随时处理突发事件，往往有些力不从心。

为此，院系学生工作管理部门应当以管理职能化、规范化为目标设置部门，细化管理职能，以更好地满足学生的需要。具体来说，院系层面要成立或者设立三个与学生利益相关的办公机构。

（1）成立院系资助工作办公室。在院系层面上成立院系资助工作办公室，专门负责管理院系学生的各种经济资助事务。具体职能是做好与学校的资助管理办公室的任务衔接，同时，根据本学院的专业特点与有意向资助的单位联络，负责资助信息的收集和发布。同时，要做好学校奖学金、助学金的发放工作，适时提供一些勤工助学岗位信息等。

（2）建立院系心理健康辅导室。当前由于经济社会快速发展，学生的心理健康问题越来越具有独特性和复杂性，当代大学生需要专门化的心理辅导。院系直接接触学生，需要成立针对各院系特点的专门的健康和发展咨询部门，配备既了解心理辅导知识，也了解本院系特点的专门人员。院系层面的心理辅导室，可以借助学校心理辅导中心的力量，为本院系的每个学生建立心理健康档案，使得院系心理辅导工作成为学校心理辅导的有效补充，同时，也能在第一时间为院系学生提供心理帮助。

（3）成立院系就业创业指导中心。在院系层面设立就业创业指导中心，其职责是利用相关学生工作管理人员的专业优势，指导院系学生制订职业生涯发展规划，为毕业生提供与专业相关的求职技能和就业信息，指导学生从事创业活动等事务。院系就业创业指导中心应加强与学校就业创业指导中心的合作，利用院系的专业优势，加强与相关企业的联系，为学生提供高质量的就业创业服务。院系就业创业指导中心要牢牢抓住就业创业服务和就业创业指导这两条主线开展工作，做到重点关注、重点服务、重点推荐，谋求整体突破，提高毕业生就业率。

（三）实现管理模式的法治化

1. 加快高校学生管理法治化进程

这是实现学生管理模式法治化的前提和基础。推进管理法治化是纠正高校学生管理制度建设弊端、堵塞制度漏洞的有效手段。学校教育是对"人"的教育，对人的教育必须建立在尊重人的基础之上，而对人的尊重首先是对人的权利的尊重。长期以来，教育道德化是我们一贯坚持的教育理念。在教育过程中，权利的设置和运用常常只受道德标准的衡量与限制，缺乏法律的规范。而在依法治国的环境下，学校与学生之间的关系已经不再是一种简单的管理者与被管理者之间的关系，而是一种对应的权利义务关系。因此，我们应当将教育关系作为一种法律关系来看待，应当将尊重受教育者的合法权益作为教育者的首要义务，在行使教育管理权时，首先考虑的不应当是如何"处置"受教育者，而应当是这样处置是否合法、是否会侵犯教育者的权利，真正将受教育者作为一个平等的法律主体来对待，这才是我们需要的符合时代发展要求、体现现代法治意识的教育理念。高校学生管理的法制化需要管理者提高法治意识。高校管理者具有良好的法律意识是严格依法办事的重要前提，它可以促使管理者在依法行使自己管理职权的过程中，尊重和保护学生的法定权利，避免对学生的侵权。高校应该通过开展法学理论方面的专门化培训，敦促管理者自学等方式，培养管理者的法律意识，尤其是民主思想、平等观念、公正精神、法制理念等，从而自觉用法律法规来规范自己的言行，在管理工作中公正对待学生，尊重学生权利。同时，外聘一些司法工作者组成学生法律援助组织和仲裁机构，并与司法部门建立联系，协同接受各类申诉，立案处理一些案件，形成法治化的育人环境。

2. 建立正当的管理程序

这是实现高校学生管理模式法治化的关键所在。在具体的管理行为中，实现法治化的重中之重在于程序。这就要求，在处分学生时要及时将处分意见送达本人，确保学生的知情权不受侵犯；建立听证制度，充分保证学生的知情权；建立申诉机制，使学生有一个为自己辩护的机会；建立司法救济机制，保障学生的合法权益。正当程序原则可以追溯到英国普通法传统中的"自然正义"原则。从保障学生权利和维护学生尊严的角度来看，正当程序有利于保障学生的权利，特别是涉及学生的基本权利，更是如此。没有正当程序，受教育者在学校中的"机会均等"就难以实现，其"请求权""选择权""知情权"就难以得到保障和维护。另外，如果仅仅从工具性价值来理解正当程序的话，就贬低了正当程序的价值。

3. 建立科学的学生管理评价体系

这是实现高校学生管理法治化的重要保障。高校对学生的约束，主要依据是法律标准。特别是在学生处分问题上，道德品质评价不能作为处分学生的依据。在处分学生时，要就事论事，事实清楚、程序正当、依据明确、定性准确。在这个问题上，我们要改变既往惯常处分问题学生的教育管理模式，发挥思想政治工作的优势，在处分前要注重引导学生的不良思想倾向，在处分中要加强对学生的思想教育，调动学生主体的自我教育功能，引导学生强化社会责任感，处分后要做好后续的管理和服务，给予学生更多的人性化关怀。通过把思想教育"软件"与刚性管理"硬件"密切结合，营造良好的育人环境。另外，衡量高校学生管理好坏的重要标准一直是管理效率的高低，对公平、正义的维护则显得不够。确立科学的学生管理评价体系就是不仅要实现"管住人"，还要"管好人"，以德服人，以理服人，维护学生正当、合法的权益。

4. 构建多元化的学生权益救济机制

学校对学生的严重处分，不是对学生的受教育权的剥夺，而仅仅是对该学生在一个特定教育机构接受教育过程的终止，不涉及学生宪法权利的保障。因此，在构建不服处分的救济制度上，不需要考虑宪法上的救济即宪法诉讼或其他违宪审查方式的问题，却要考虑高校对学生的管理，在很大程度上具有行政管理的味道，法律、法规、规章对高校行政处分权的行使规定了严格的条件。行政处分的法定性特征具有对行政处分实施普通法律上救济的条件。就高等学校行政处分纠纷案件而言，行政诉讼和包括教育行政复议、学生申诉制度、教育仲裁制度、调解制度等在内的非诉讼机制都是学生可以利用的权益救济方式。建立多元化的学生权益救济机制，既是以法治校的重要体现，又是避免学校陷入司法审查陷阱的必要手段。

三、拓展多样化的学生管理渠道

高校的在校学生能够快速接受新事物,所以高校的学生管理工作者也必须适应管理客体的变化,在实际工作中创新使用多元化的学生管理工作方式方法。

(一)实施"多渠道"学生管理沟通方式

高校要在学生参与学校学生管理的方式方法上大胆尝试。根据目前的实际情况,高校可通过三种方式实现学生参与学校学生管理。

①建立学生代表列席学生管理工作月例会的制度。高校分管学生工作的副书记或学生管理部门组织召开学生管理月度例会时,可安排有关学生代表参加会议。在参会时,学生代表可以参与有关事项的讨论,提出自己的意见或看法;对学生代表持有不同意见的会议议题,会议不可做出决定,可由学生代表会后征求学生意见后反馈给有关部门再议。

②每学期不定期召开学生管理工作沟通会。以座谈会的形式进行,参与会议的人员为学校管理部门的工作人员及学生代表;会议的主要内容为听取学生代表对学校学生管理工作的意见或建议,会议对意见或建议能当场解决或答复的,要当场处理,不能及时解决的要在限定期限内答复学生。

③在其余时间段内,高校可通过设置学生意见收集箱、在校园网上开辟专区等方式,随时收集学生对学生管理工作的意见或建议,并答复学生。会议的参会学生代表可从四种方法中选其一确定。一是校方发布通知,明确学生代表的参会条件及参会名额,鼓励学生公开报名,依照报名顺序确定后邀请其参加会议。二是通过定向方式,指定学生参加会议。三是邀请经各系学生选举出来的学生代表参加会议。四是按照一定规则随机抽选,邀请被选中的学生参加会议。无论是哪种方式,都要保证确定参会学生代表的过程公开、透明,且保证参会学生代表的"五湖四海"。

通过这样的方式,一方面可以拓展学生参与学校学生管理工作的通道;另一方面,经会议通过且确定实施的议题,由于其内容经过了学生代表广泛的民主讨论,在执行过程中,参会学生代表自然成为该决议的推动者、宣传者,从而使决议执行得更加顺利。

(二)以高尚的校园文化引领学生

环境是人们赖以生存和发展的自然条件和社会条件的总和。校园文化环境是指与校园文化的形成与发展密切相关的外部条件,包括校园的物质环境和校园的精神环境两部分。校园的物质环境是以布局成型的姿态出现的物质环境，主要是指校容，如建筑物的布局，室外的绿化等。校园的精神环境主要是学校的传统习俗、校风、人际关系、心理氛围、文化品位及活动构成的气氛等。人的发展及才能的养成是遗传、教育、环境共同作用的结果。人不仅受其所处的环境的影响，也在不断地改变环境。这个环境又进一步地影响他人和自己。就学校而言，这种对人的发展以及才能的养成产生影响的环境，就是校园文化环境。校园文化环境对学校的教育工作及师生员工的生活有着不可低估的作用。开展多元化的学生集体活动能够培养学生崇高的理想和高尚的道德情操，能够使学生的兴趣爱好和特长得到良好的培养和充分的发挥。在一个健全的集体中，学生的不良习惯及意识也比较容易克服，因为集体的优良作风对学生思想品德的形成和发展能起到巨大的促进作用，充分调动学生的积极性、创造性，设法激发学生的思维兴奋点，组织开展丰富多彩的集体活动，在集体活动中教育、培养每个成员的集体主义精神，通过各项活动，积极发挥和发展学生的才干及特长，使活动和教育融为一体。

四、建设科学的学生管理评价体系

为衡量高校学生管理的实际效果，需要建立一个科学合理的多元化管理评价体系，以便客观公正地评价高校学生管理情况。

（一）构建多元化的学生管理评价主体

从学校外部来看，高校学生管理评价的主体主要包含政府即高等教育主管部门、用人单位等两个评估主体，被评估的对象均为高校。从学校内部来看，高校学生管理评价的主体则包括校领导、职能部门、系或学院等二级单位、辅导员、学生和实训基地等六个评价主体。

1. 外部评价主体

教育主管部门主要关注高校的综合实力且通过高校的评估工作全面地评估、评价学校，重点评价学生管理模式中的素质教育、学生管理的基本情况、就业率及社会声誉等四个指标。用人单位则主要关注高校毕业生的整体能力和职业素质或职业操守，重点关注学生的综合素质指标，且可评价毕业生质量和学校的社会声誉。

2. 内部评价主体

作为高校的校领导，既可评价所有的学生管理评价指标，又可评价负责学生管理工作的中层干部及其工作业绩；实训基地应评价学生在实训基地的表现情况，作为学生综合素质指标中的重要组成部分；职能部门及二级单位则可评价学生的综合素质情况；二级单位与学校职能部门可以相互评价；学生可评价二级单位及学校职能部门的工作情况。

（二）设置多元化的学生管理评价指标

鉴于高等教育部门对各高校的评估工作已经有了完善的流程、成熟的方法和健全的指标，因而在这里暂不探讨主管部门的评价指标。而高校学生综合素质的评价指标可以满足用人单位的关注需要，因而仅探讨内部评价主体的评价指标设置。

高校在设置评价指标时，要按照分层设置、全面公平的原则来确定指标设置的总体架构，同时又要兼顾阶段性操作原则，如学期考核和学年考核相结合，考虑考核指标可以实现量化考核与定性考核相结合的原则，同时兼顾各评价主体均可参与考核的原则。

由于各高校的具体情况不同，因而暂不详细阐述学生管理模式评价体系的整个评价指标设置，而是将以学生为评价对象的学生综合素质的评价指标设置作为例子开展说明，以便阐述管理模式评价指标的设置思路和方法。结合高校学生在实训基地工作的时间较长、社会对高校学生的技能要求等要素，笔者认为高校的学生综合素质评价指标体系应分三级设立，才能全面反映学生的思想道德素质、身心素质和专业素质，即学生综合素质的一级指标为道德、心智、技能等，在每个一级指标下再设置二级指标和三级指标。

按照上述原则，研究目前执行的学生综合素质评价体系后，提出三个优化、改进建议：一是在技能考评方面，降低学生在校成绩比重（考试课成绩由80%的比重降低为50%的比重、考察课成绩由20%的比重降低为10%的比重），增加学生在实训基地的职业技能评价（将其占比确定为40%）；二是在心智考评方面，增加学生心理素质测评指标，以鼓励学生全面发展；三是微调考核指标。

五、推行精致化的管理新模式

精致化管理是当前管理科学领域的一个重要思想，针对学生管理的复杂性，提出精致化管理有助于提高学生管理的整体质量，同时也是改善和提升学生管理工作效果的一项重要手段，为创新学生管理工作提供了重要思路。

精致化管理起源于日本，是一种企业管理的理念，主张最大限度地减少管理所占用的资源和降低管理成本。这一思想已经广泛应用于很多管理学的领域。它在常规管理的基础上，更加强调管理内容的细节化和精细化。在提升组织整体执行能力的过程中，精致化管理是一项十分重要的手段，其实质就是将任务具体化和精细化，它是一种分解细化和落实战略和目标的过程。在精致化管理中，组织的战略规划被贯彻落实到了管理过程中的每一个细微的环节，而且让每个环节都发挥作用。

精致化意味着精益求精。高校学生工作精致化管理就是要运用精致化理论，将高校学生管理做细。具体来说，就是能够了解每一名学生的状态，激发每位学生的潜能，使每位学生都能够找到适合自己发展的道路。要做到这一点非常不容易，因为高校学生的特点之一就是具有多样性。要做到精致化管理，需要在大学生培养的所有环节中都做到细致入微，这需要全员的参与，包括学生管理工作人员和任课教师。精致化管理是一种高度，体现在大学生培养教育的每个细节当中。

精致化管理是学生管理模式的创新。它强调学生管理工作的可持续发展，对学生和教师都提出了更高的要求，需要师生的密切配合和共同努力，从细节着眼，最终实现整体的共赢，是适应新时代要求的管理模式。高校学生精致化管理充分体现了当代高等教育改革的重要发展趋势。与以往的管理模式不同，精致化管理强调学生个性的发展，承认学生的差异性且致力于满足每一位学生的要求。

相比于传统死板的管理模式，精致化管理能够极大地调动学生的积极性和内驱力，使学生具备较强的创新能力和社会适应能力。高校学生精致化管理的最大特点在于它充分借鉴了科学管理模式，不是单方面地趋向于某一种管理方式，是注重个体差异的，强调以人为本。现在的大学生多为"00后"，与以往的大学生相比，由于他们接触到的信息量更大，思想也更加多元化，即便是同龄的学生，即便生活与成长的环境相似，其世界观、人生观和价值观也可能迥然不同，这就给学生管理工作带来了很大的困难。以往一刀切的传统模式，如果用在现在的大学生身上，势必会遏制一部分学生个性的发展。运用精致化管理的理念，可以引导大学生追求正确的价值观，促进学生自我发展、自我服务和自我完善。

精致化学生工作管理模式需要着力坚持"以人为本"的学生管理理念，是"以人为本"理念在高校学生管理中的生动体现，它要求做到"一切为了学生、为了一切学生、为了学生的一切"，把学生放在最重要的位置上。学校的根本任务是培养对祖国、对社会有用的人才，就是培养综合素质过硬的学生，因而不管是学校的什么工作，都要以学生的培养工作为中心。要贯彻落实精致化管理，需要科学制订精致化学生管理制度，保证在整个执行的过程中做到有章可循，有章可依。

要做到制度精致、准确，针对学生管理工作中可能出现的情况做好预判，力求保证管理过程井然有序，依靠制度来管理和约束学生。

精致化管理具有特殊性，在落实精致化管理时，要加强人员队伍建设，这包括学生管理人员队伍建设和学生干部队伍建设。要充分发挥辅导员和学生干部的作用，切实了解每一位学生的情况，包括其家庭条件、行为习惯、学习能力、经济状况、个人素质、个人特长、情感状况、心理状态等，同时针对学生的具体情况开展分析，找出适合学生个体发展的合理途径，而且对他们今后的发展开展必要的跟踪调查。这个工作量非常巨大，因而需要培养有力的学生干部队伍来辅助辅导员和学生管理工作人员做工作。

第八章

高校大学生管理队伍的建设

第一节　高校大学生管理队伍建设的重要性

一、符合高校培养人才及自身发展的客观要求

目前，高校学生接受信息的渠道很广，他们知识较宽、学习能力较强，再加上社会环境宽松，为学生的个性张扬、个人权利的保护和体现提供了条件。不过，由于现在的大学生基本上是独生子女，从小学到大学，一直生活在校园中，他们的社会生活能力相对而言较弱。这些年，由于高等教育的大幅度扩招和毕业生就业压力的加大，尽管现在的学生拥有父辈不可能拥有的物质条件，却很难找到上几代大学生拥有的天之骄子的幸福感和成就感，他们的压力很大、失落感较强，甚至有时会迷茫、无所适从，亟须得到心理健康、人际交往、社会适应和人生规划等方面的指导，迫切需要得到他人的关心和帮助。

纵观高校现状，高校学生管理队伍无论是数量还是质量，都需要着力加强和提高，只有不断加强高校学生管理工作队伍建设，才能适应培养人才的客观需要。高校学生工作管理队伍是高校学生日常管理和教育的主体，但目前这支队伍的现状不容乐观。目前，大部分人管理的学生超过教育部规定的标准，可他们的收入没有因为超负荷工作而改善，也没有得到培养或培养不足，所以他们中的大部分人员对目前学校和院系的培养、使用、发展和晋升政策不太满意或非常不满意，因而不能安心于学生工作。

学生管理工作队伍是学校重要的一支力量，如把学校的发展比作一辆车，学生管理工作就是与教学、科研、后勤工作一起构成四个轮子，满载学校这辆车向前行驶。可从目前情况看，高校学生工作管理队伍存在的问题还很多。因此，为了使这支队伍更加稳定，更好地发展，素质不断提高，必须采取有效的措施加强学生管理队伍的建设。

二、为高校大学生管理工作提供组织保证

（一）建立素质高专业强的管理队伍

素质高专业强的管理队伍要求做到"政治强""业务精""纪律严""作风正"四个方面。"政治强"要求学生管理工作者打好理论根底，具有坚定的共产主义信仰，具有正确的世界观、人生观和价值观，具有较高的马克思主义理论素养和政策理论水平。

"业务精"要求学生管理工作者打好知识根底，学习并熟练掌握学生工作的基本理论，掌握党的基本知识、基本理论，熟悉学生思政状况和学生成长成才规律，做到既懂政治，又学识渊博。当前，学生管理工作者尤其要掌握教育学和心理学知识，能够为大学生提供心理咨询服务和开展心理健康教育活动；要掌握就业指导方面的知识，能够引导学生树立正确的择业观和指导大学生健康择业。

"纪律严"要求学生管理工作者打好政策法规纪律根底，牢牢掌握党的路线、方针和政策，掌握国家的法律法规，不断增强纪律观念，在思想上、行动上始终同党中央保持高度一致。

"作风正"要求学生管理工作者打好群众观点根底，注意发扬民主，尊重人、理解人、关心人，平易近人、耐心细致，赢得学生的尊重和信任，还要注意培养高尚的道德情操和崇高的人格，正所谓"其身正，不令则行；其身不正，虽令不从"，依靠自己的人格力量，增强教育工作的说服力和感染力。

大学生是民族的希望和未来，把他们培养成为社会主义合格的建设者和接班人是高校的职责，只有按照"政治强、业务精、纪律严、作风正"的要求来加强高校学生管理队伍建设，才能承担起培养学生的历史重任。

（二）影响大学生管理工作的新局面

高校学生管理队伍是学生管理工作的直接组织者和担负者，学生管理工作的成败得失在很大程度上取决于队伍建设。加强和改进学生管理工作，必须切实加强队伍建设，要认真解决在学生管理工作队伍中存在的数量不足、结构不够合理、思想不够稳定、超负荷运转、重使用轻培养等问题，切实落实中央和各级有关学生管理工作队伍建设的有关文件精神，根据形势和任务的需要，按照以专职为主，专兼职相结合的原则，主要在品学兼优的硕士研究生，以及本科优秀毕业生、优秀中青年教师中补充学生管理人员；要不断优化

队伍结构，统筹规划，合理安排，保证学生管理工作者的学习培训，提高学生管理者的素质；实行倾斜政策，保证学生管理工作者的职称、职级、评优和收入等福利待遇；建立和完善学生管理工作者的考评体系，明确职责、规范要求、强化管理、严格奖惩，保证学生管理工作者的主要时间和精力真正投入在学生工作上。只有建设一支思想素质好、理论素养和政策水平高、业务能力强、信得过、靠得住、特别能战斗的学生管理工作队伍，才能不断开拓高校学生管理工作的新局面。

第二节　高校大学生管理队伍建设的内容

一、高校学生管理队伍建设的要求

（一）对高校学生管理者的素质要求

学生管理工作者要培养和造就高素质人才，自身必须具备较高的政治思想素质，合理的知识结构和较强的能力素质，且有较完善的自我形象和人格力量等，概括而言，高校学生管理者应具备六项素质。

1. 思想素质

（1）正确的思想意识。正确的思想意识即要树立社会主义思想意识，掌握马克思主义科学体系，自觉地传播社会主义、共产主义思想，牢记全心全意为人民服务的宗旨，正确处理个人利益和社会利益、集体利益和他人利益的矛盾关系，在实践中不断培养和发扬社会主义和共产主义的精神。

（2）科学的思想方法。科学的思想方法即要掌握马克思主义哲学的基本观点，提高自己认识问题、分析问题和解决问题的能力，运用马克思主义立场、观点和方法指导学生的教育管理工作。

（3）严谨的思想作风。严谨的思想作风即要有实事求是的思想作风，尊重客观事实，一切从实际出发，按照教育教学管理规律办事。

2. 政治素质

（1）坚定的政治方向。政治方向就是为着实现工人阶级的根本利益而必须遵循的政治要求，它是实现共同理想的保证，是建设有中国特色社会主义的精神支柱和力量源泉。高校学生管理者无论是在何时何地都要自觉地坚持社会主义的政治方向，做一个坚定的、清醒的社会主义的捍卫者和引路人。

（2）鲜明的政治立场。政治立场就是要始终站在广大人民的立场上来观察问题和处理问题，坚决维护党和人民群众的利益，为绝大多数人民群众谋利益。

（3）较强的政治原则。政治原则就是要坚持党性原则，革命性、科学性和实践性原则，自觉地为社会主义事业、为人民群众的根本利益而奋斗。

（4）坚定的政治信仰。人的信仰是原则性和坚韧性的基础。只有树立了崇高的政治信仰，才能产生强大的内驱力，以坚持不懈的意志和毅力去从事伟大的事业。

（5）良好的政治品质。良好的政治品质即要忠于党、忠于人民，忠于社会主义祖国，热爱真理，追求真理，坚持真理，服从真理，廉洁奉公，公正无私，襟怀坦白，光明磊落，表里如一，言行一致。

（6）较高的政策水平。高校学生管理者只有正确地掌握党的路线、方针、政策，不断提高自己的政策水平，才能通过教育管理活动引导广大学生认真贯彻执行党的路线、方针和政策。

3. 道德素质

（1）科学的道德认识。科学的道德认识是道德行为和道德习惯的先导，是形成道德品质的最基本的条件。高校学生管理工作者要在了解和掌握社会主义的道德价值体系的基础上，按照社会主义道德体系的要求和规范提高自己的道德修养。

（2）高尚的道德信念。道德信念较之道德认识、道德行为和道德意志，具有综合性、稳定性和持久性的特点，它在道德品质形成中居于主导地位，是道德认识转化为道德行为的重要精神力量。高校学生管理工作者应该确立高尚的社会主义、共产主义道德信念，具有真诚信仰和强烈的责任感。

（3）优秀的道德品质。优秀的道德品质是道德认识、道德情感、道德意志、道德信仰、道德信念、道德行为的集合体。高校学生管理工作者要树立优秀的道德品质，以自己的实践活动体现社会主义、共产主义的道德情操。

4. 心理素质

（1）坚忍的意志品格。高校学生管理者必须具有强烈的事业心和进取心，高度的热情和主动负责精神，坚定的信念和自信心，强烈的责任心和荣誉感。只有这样，才有克服困难的勇气，在困难面前，具有坚韧的忍耐力和坚定的毅力，面对成功与失败，顺境与逆境，都能沉着稳定，善于控制自己的情绪，保持冷静。

（2）开放稳重的性格特征。高校学生管理者要善于培养开放性、稳重而富有吸引力的性格特征，在教育实践中做到一丝不苟，踏实认真，在待人处事中要开朗热情，诚恳友善，乐于助人，严于律己，宽以待人。

（3）良好的心境。心境是一种比较持久的、稳定的、影响人的整个精神活动的情绪状态，对人的生活和工作有很大的影响。一般而言，积极、良好的心境有助于充分发挥自己的积极性与创造性，提高工作效率；相反，消极不良的心境则容易使人厌倦、悲观、消沉孤僻。因此，高校学生管理者应当学会做心境的主人，经常保持舒畅、乐观、开朗的良好心境，以利于有效地开展工作。

（4）广泛的兴趣爱好。高校学生管理者要具有广泛的兴趣爱好，以便在工作中与学生打成一片，寓教育于娱乐当中，使思想性、教育性与娱乐性融为一体，通过健康活泼的集体娱乐活动，潜移默化地影响学生的思政品德，达到提高学生的思政觉悟和认识能力的目的。

5. 知识素养

（1）牢固的理论知识。高校学生管理者要认真学习和掌握马列主义，用马克思主义中国化理论武装头脑。

（2）扎实的专业知识。高校学生管理者的专业知识的突出表现为思政教育学的基本理论和工作业务方面的知识，掌握专业知识，有利于提高高校学生管理者的业务能力和专业水平。

（3）广博的相关学科知识。高校学生管理者要掌握心理学、教育学、伦理学、政治学、社会学等相关学科的理论知识，同时，还要熟悉和了解与学生管理联系较为紧密的相关知识，如经济学、法学、历史学、美学、思维科学中的语言学、逻辑学、统计学和现代科学技术知识、电脑操作知识等，高校学生管理者懂得的知识越多，对工作越有利。

6. 能力素质

（1）组织管理能力。组织管理能力主要包括调动和组织各方面的能力；收集、整理各种思想信息，制订计划，选择时机实施计划，有较高的决策能力；熟练自如地独立组织各种思政教育活动的能力；具有创造良好的谈心气氛，掌握谈心技巧方面的能力；运用各种措施，通过民主管理激励学生参与管理的积极性的能力等。

（2）分析研究能力。高校学生管理者要有较强的调查研究能力，善于接触、观察、了解、分析问题，并作出正确的判断；要有较高的理论研究分析能力，善于结合实际运用思政教育的基本理论解决实际问题，并在实践中不断发展思政教育的科学理论；要有较强的逻辑分析能力，能够运用演绎法、归纳法及科学的思维方法归纳总结经验，综合分析问题，从中得出正确的结论，而且把它上升为理论，指导实践活动。

（3）语言表达能力。语言表达能力包括文字表达能力、口头语言表达能力和动作语言表达能力三个方面。高校学生管理者要有较高的动作语言表达能力，善于根据不同的场合和不同的对象，巧妙地运用动作姿势语言，如手势、眼神、面部表情，向学生暗示或阐明自己的工作意图。

（二）对高校辅导员队伍建设的要求

1. 重视高校辅导员队伍建设的必要性

此前，中共中央、国务院发出的《关于进一步加强和改进大学生思政教育的意见》（以下简称《意见》）强调指出：大学生是十分宝贵的人才资源，是民族的希望，是祖国的未来。加强和改进大学生思政教育，提高他们的思政素质，把他们培养成中国特色社会主义事业的建设者和接班人，对于全面实施科教兴国和人才强国战略，确保我国在激烈的国际竞争中始终立于不败之地，加快推进社会主义现代化的宏伟目标具有重大而深远的战略意义。《意见》指出，思政教育工作队伍是加强和改进大学生思政教育的组织保证。要采取有力措施，着力建设一支高水平的辅导员队伍，学校要从政治上、工作上、生活上关心他们，在政策和待遇方面给予适当倾斜。

为全面贯彻落实《意见》，教育部发出了《教育部关于加强高等学校辅导员队伍建设的意见》和《高等学校辅导员队伍建设的规定》，指出加强辅导员队伍建设，是加强和改进大学生思政教育的重要组织保证和长效机制，对全面贯彻党的教育方针，把大学生思政教育的各项任务落到实处，具有十分重要的意义。教育部要求各高校要认真做好辅导员的选聘配备工作，保证每个院（系）的每个年级都有专职辅导员，同时每个班级要配备一名兼职班主任。同时，教育部要求各地教育部门和高校要制订辅导员队伍的培训规划，建立分层次、多形式的培训体系；还要创造条件，积极组织辅导员参加社会实践和学习考察，提高解决实际问题的能力，为辅导员工作和发展创造必要条件，提供政策保障。

国家的大政方针一方面充分肯定了高校学生管理工作队伍的作用，将这支队伍建设的重要性上升到能够促进和保障科教兴国和人才强国战略的实施的高度，上升到中国特色社会主义事业的兴旺发达和后继有人的高度；另一方面明确提出了这支队伍建设和培养的具体方向。

2. 加强高校辅导员队伍建设的意义和要求

（1）加强辅导员队伍建设的重要意义。辅导员是高等学校教师队伍的重要组成部分，是高等学校从事德育工作，开展大学生思政教育的骨干力量，是高校学生日常思政教育和管理工作的组织者、实施者和指导者，是大学生健康成长的指导者和引路人。

（2）高度重视辅导员队伍的选聘配备。辅导员工作在大学生思政教育和管理的第一线，在思想、学习和生活等方面负有指导学生、关心学生的职责。学校要高度重视辅导员的选聘，要坚持政治强、业务精、纪律严、作风正的标准，把德才兼备、乐于奉献、潜心教书育人、热爱大学生思政教育事业接受过系统的上岗培训且取得合格证书人员选聘到辅导员队伍中来。要在保证数量的基础上，不断优化结构，提高辅导员的工作能力和水平。

（3）明确辅导员的工作要求和工作职责。辅导员的工作要求有五项：一是认真做好学生日常思政教育及服务育人工作，加强学生班级建设和管理；二是遵循大学生思政教育规律，坚持继承与创新相结合，创造性地开展工作，促进学生健康成长与成才；三是主动学习和掌握大学生思政教育方面的理论与方法，不断提高工作技能和水平；四是定期开展相关工作调查和研究，分析工作对象和工作条件的变化，及时调整工作思路和方法；五是注重运用各种新的工作载体，特别是网络等现代科学技术和手段，努力拓展工作途径，贴近实际、贴近生活、贴近学生，提高工作的针对性和实效性，增强工作的吸引力和感染力。

（4）大力加强培养辅导员队伍的培训。这是加强辅导员队伍建设的关键。要重点组织辅导员学习时事政策，学习管理学、教育学、社会学和心理学以及就业指导、学生事务管理等方面的知识，组织辅导员开展与工作相关的科学研究，不断提高辅导员的思政素质和业务素质。要制订并落实辅导员参加实践锻炼的具体办法，创造条件，积极组织辅导员参加社会实践和学习考察，使其开阔视野，拓展思路，提高解决实际问题的能力，增长做好学生管理工作的才干。

（5）切实为辅导员工作和发展提供政策保障。制订促进辅导员工作和发展的政策，是加强辅导员队伍建设的保障。要切实解决好辅导员评聘教师职务问题，根据辅导员岗位职责要求，进一步完善相应的专业技术职务评聘和辅导员的考核制度，定期对辅导员进行工作考核。

要完善辅导员评优奖励制度。优秀辅导员表彰奖励纳入各级教师、教育工作者表彰奖励体系中，树立辅导员先进典型，宣传其先进事迹，充分肯定辅导员在大学生思政教育中的贡献。

（三）对建设"职业化、专业化、专家化"队伍的要求

1. 符合大学生管理队伍建设的发展方向

专业是社会分工、职业分化的结果，是人类社会发展到一定文明程度必然出现的结果。从职业社会学来看，社会变革发展的一个重要特征就是许多职业都进入了"专业"的行列。"职业化"就是指把学生管理工作视为一种职业，把这支队伍建设为从事这一职业的教师。"专业化"是指用思政教育专业的知识和理论武装这支队伍的头脑，使他们成为具有较高专业素养的人。"专家化"是指要把高校学生管理者培养成为思政教育的专家，成为当代大学生的指导者和引路人。

一个职业是否专业，其特征与标准是运用专门的知识与技能；强调服务的理念和职业伦理；经过长期的培养与训练；需要不断地学习进修；享有有效的专业自治；形成坚强的专业团体。这样的专业队伍越稳定，出现的专家越多，对社会的进步与发展就越有利。既然职业化、专业化是社会分工的必然结果，高校学生管理队伍建设的方向也就应该朝职业化、专业化发展，而且，从培养高素质的社会主义建设者和接班人的目标和要求来看，也必然要求高校学生管理队伍向专家化发展。

2. 促进高校大学生管理队伍自身发展的需要

高校学生管理者与其他学科的专业教师一样，是高校教师的重要组成部分。学生管理工作具有很强的科学性与艺术性，在大学生教育管理中，在工作内容上，学生管理者会运用到许多涉及大学生健康成才的方方面面的知识。作为学生管理工作者，如果没有较高的业务素质与水平，没有比较全面的知识、能力和责任心，是不能顺利而有效地开展学生工作的。而解决这一问题的关键就是实现学生管理工作队伍的职业化、专业化以至专家化，使这支队伍工作有成效、干事有平台、发展有空间，这不仅是工作的需要，也是这支队伍自身发展的需要。

3. 推进高校改革，促进大学生成才的需要

当今国际社会呈现出"政治多元化、经济全球化、文化多元化、信息网络化"的新趋势，如何应对这一新趋势，每个国家都面临着机遇和挑战。我国高校肩负着培养中国特色社会主义建设者和接班人的重任。高校学生管理队伍工作在大学生思政教育管理的第一

线，高校的各种思政教育活动都要依靠他们去落实，其工作成效如何，直接影响到培养的大学生的质量好坏。从某种程度上可以这么说，高校学生管理队伍的素质决定了大学生的素质。高校学生工作队伍向职业化、专业化和专家化发展，是当今高校改革与发展和学生成长成才的需要。

建设高校学生管理"三化"队伍，同时也是坚持以人为本，实施人才兴国的战略思想，把高校学生管理队伍作为我国重要的人才资源来建设的具体体现。

二、高校学生管理队伍的选拔与培养

（一）人员选拔的意义、原则与方法

1. 人员选拔的意义

（1）搞好选拔工作是队伍建设的前提和基础。严格把好选拔关，是建设一支政治强、业务精、纪律严、作风正的学生管理队伍的关键，也才能确保队伍的质量。因此，选拔的对象应该具有为人师表的德行，这样才能在教育对象面前充分展现人格的力量，才能被教育对象接受和信任。要具有较高的理论水平和组织协调的能力，这样才能在学生管理过程中充分发挥主导作用，促使思政教育的经常化、系统化、科学化。

（2）公开选拔，有利于形成竞争上岗机制。在选拔中，要引进竞争机制，实行公开招聘。引进竞争机制公开选拔的意义在于：第一，应聘者是自愿的，指导思想明确，工作时就比较安心，工作中的主动性、积极性就能得到充分的发挥；第二，公开选拔相互比较应聘者，选择的余地比较大，能按选拔标准招聘理想的人选；第三，提高职业地位。经过竞争选拔上岗，优胜劣汰，人们才会感觉到它的价值所在，而这种竞争心态继续保持，有利于学生管理工作的发展。

（3）合理选拔人员，有利于优化学生管理队伍结构。高校学生管理队伍不仅有个体素质的要求，还有整体结构的要求，这就要求选拔时要考虑专兼比例、年龄、性别、专长、职称、学历上的补缺，促使队伍结构呈现最优状况。实践证明，队伍整体结构的合理与否，直接影响到管理工作的整体效应。因此，抓好合理选拔，促使队伍结构的优化是非常重要的。

2. 人员选拔的原则

队伍的选拔原则是队伍在选拔过程中必须遵循的具体指导思想和基本要求，它是

队伍选拔实践经验的科学概括和总结。只有坚持正确的选拔原则，才能取得最佳的选拔结果。

（1）德才兼备原则。德才兼备是选拔的标准，坚持这一选拔原则，就要正确理解和把握人才的德与才的辩证关系。在选拔过程中，一定要全面认识和评价选拔对象的表现，既不能重德轻才，也不能重才轻德，应把德与才很好地结合，宁缺毋滥。

（2）双向选择原则。一是要人员愿意；二是主管部门择优选拔。这两个方面缺一不可，只有互相认同，才能完成选拔任务。如果在选择中不以自愿为原则，带有一定强制性，必然造成录用者被动地应付，无法心情舒畅地努力工作。同样，主管部门在选拔中如果没有物色到理想的人选，也不要降低标准，否则就会影响队伍的合理结构和整体素质。

（3）择优选拔原则。择优是按照严格选拔标准和完善的择优程序录用人员过程。执行这一选拔原则不仅要量才使用，而且要发挥其优势；不仅要合理配备，而且要注重质量，要在人员数量上体现"精干"，在人才质量上体现"高效"。

3. 人员选拔的方法

高校学生管理队伍选拔的方法有任命、推荐、招聘、考核等方法，这些选拔方法既可以单独使用，又可以结合使用。

任命是经上级领导部门讨论、决定，指定任职。推荐是由基层经过群众评比，推荐优秀人员加入队伍，必须得到大家的认可和上级领导部门的审批同意。招聘一般指公开张贴布告或通过媒体发布信息，招收聘请队伍的成员。考核采用笔试或面试的方式考查、核定报考对象。

（二）高校学生管理队伍的培养方式

1. 重视管理队伍的职业素质培训

学生管理工作辛劳清苦，责任重大，职业素质极其重要。要成为学生的人生导师，一定要内强素质，外树形象，率先垂范，言传身教。一批好教师会造就一所好学校，一个好学生管理人员会影响一批学生的未来。如果学生管理人员事业心和责任心不够强，就会对学生的成长造成不良影响。抓学生管理队伍建设要从实际出发，制订培养规划，有计划、有步骤地开展各种形式的岗前和在岗培训，强化职业道德操守；要定期安排学习考察、经验交流活动，沟通信息，促进提高。

2. 加强管理队伍的专业化学习

加强专业化建设，鼓励学生管理人员成为思想教育、心理健康教育、职业生涯规划、学生事务管理等方面的专门人才。作为一名学生管理者要按职业要求成为学生政治上的引路人、学习和生活上的指导者、心理健康的辅导者和合法权益的保护人。光有热情和爱心，缺乏专业知识的支撑，不足以完成任务。高校要切实重视学生管理队伍的职业化、专业化、专家化建设，对学生管理队伍开展思政教育、时事政策、管理学、教育学、社会学和心理学以及就业指导、学生事务管理等方面的专业化辅导与培训，与学生管理工作相关的科学研究，使学生管理者成为行家里手，工作起来得心应手。

第三节 加强高校学生管理队伍建设的途径

一、高校学生管理队伍建设的策略

高校学生管理队伍建设的基本方法是高校学生管理队伍建设活动中需要依照的内在指引，而不是一种具体的、可以照搬照抄的方法体系。马克思唯物主义认识论认为，这样的方法根本就不存在。这一套内在方法贯穿于队伍建设过程的始终，指导整个高校学生管理队伍建设工作。这些方法主要包括方向策略与实效策略的结合，理论策略与渗透策略的结合，系统策略与针对策略的结合。

（一）方向策略与实效策略相结合

方向策略是指高校学生管理队伍建设工作中必须有明确的政治方向，它作为高校学生管理的一个基本方法，体现了高校学生管理目的的基本要求。马克思、恩格斯曾深刻地指出，"统治阶级的思想在每一时代都是占统治地位的思想""占统治地位的思想不过是占统治地位的物质关系在观念上的表现""一个阶级是社会上占统治地位的物质力量，同时也是社会上占统治地位的精神力量。支配着物质生产资料的阶级，同时也支配着精神生产资料"。因此，任何统治阶级都十分重视意识形态领域的工作，总是通过各种方式把代表本阶级意志和利益的思想向社会推广宣传，确保其在社会意识形态领域里的主导地位。我国社会主义基本制度规定的教育目的决定了高校学生管理队伍建设的方向，即必须把握社会主义方向，必须代表广大人民群众的根本利益，必须体现党的基本路线的要求。坚持高校学生管理的方向性准则，就必须通过实施科学管理、采取有效措施、建立完善机制，把方向性的基本要求贯穿高校学生管理的全过程，融汇到高校学生管理工作的全部内容中，使从事高校学生管理工作的老师和工作人员坚定社会主义的信念和理想，达到在实践中努力培养社会主义的可靠接班人和合格建设者的目的。

高校学生管理队伍建设在坚持社会主义政治方向的同时，还必须追求实效性，即注意高校学生管理队伍建设工作的实际效果。是否具有实效性和实效性的大小是检测评估高校学生管理队伍建设工作成功与否的重要尺度。这里的实际效果，既包括精神成果，又包括物质成果，既要看高校学生管理工作者思想道德境界的升华，精神世界和人格情感对高校学生管理工作的投入，又要考察高校学生管理工作者处理学生各方面问题的专业水平、工作技能等综合素质的提高。实效性还涉及效率和质量的问题。高校学生管理队伍建设工作不能满足于一般的效果，必须要求高标准、高效率、高质量，取得相对满意的效果。所谓相对满意的效果，就是在尽量考虑种种限制条件下，尽最大努力去达到最佳最优效果。追求实效性原则要求管理者在决策和拟订工作计划时，要从客观实际出发，对决策方案和教育计划开展可行性研究，事先预测实践效果，避免主观主义；在目标实施过程中，要通过一系列措施、方法监督、调控教育活动，使之按既定轨道运行；在总结工作时，应建立和完善信息反馈和评价机制，使管理者能及时获得准确的结果，并开展科学分析和评价。

（二）理论策略与渗透策略相结合

高校学生管理的理论性较强，这就要求高校学生管理必须始终贯彻理论性准则，坚持科学理论的指导，有效地组织实施学生管理工作。从某种意义上讲，高校学生管理队伍建设取得什么样的效果，依赖对理论的重视程度，依赖对理论的学习、研究情况和理论的应用情况。没有坚实理论基础的高校学生管理，是苍白无力的。在高校学生管理队伍建设实践中坚持使用理论策略，就要加强完整、系统的马克思主义理论教育，加强实体性的学生管理工作，使高校学生管理队伍认真学习马克思列宁主义、毛泽东思想、邓小平理论、"三个代表"重要思想，尤其是习近平新时代中国特色社会主义思想，完整、系统、准确地领会和掌握马克思主义理论这一认识世界、改造世界的强大思想武器；真正把握马克思主义的精髓和精神实质，且运用其解决高校学生管理中的现实问题，做好理论工作，充分发挥马克思主义理论对高校学生管理队伍建设的指导作用。

高校学生管理的理论策略与渗透策略是紧密联系在一起的。所谓渗透策略，就是要遵循人的思想发展规律，把高校学生管理渗透到大学生日常思想管理活动中去，与各种具体工作有机结合。融合各种教育因素和中介，用潜移默化的形式循序进行。坚持渗透策略，要求高校学生管理部门增强渗透意识，积极创设条件，利用社会调查、参观访问和开展创建文明城市、文明社区、文明单位活动等多种形式建设高校学生管理队伍。高校学生管理工作者要将马克思主义、毛泽东思想、邓小平理论、"三个代表"重要思想、习近平新时代中国特色社会主义思想内化到自己的实际工作中去，使自己的精神世界、人格情感、社会态度等方面更加符合一名教育工作者应有的素质。

（三）系统策略与针对策略相结合

高校学生管理队伍建设还必须坚持系统策略与针对策略结合的准则，也就是说，既要把高校学生管理队伍作为一个完整的统一体建设，又要根据自身学校的实际情况，有针对性地建设。

系统性是知识经济时代队伍建设与管理的基本特点，要求在管理中自觉运用系统理论和方法，系统分析管理对象、管理过程，通过管理功能的发挥取得较好的管理效果。高校学生管理队伍建设也应坚持系统性准则，其原因主要有三点。

1. 高校学生管理队伍建设是一个内在系统性建设过程

高校学生管理队伍建设的过程是一个复杂的系统工程，包括两课理论教师队伍建设、大学生党建、辅导员队伍建设、专业课教师队伍建设等多个基本因素，以及确定教育目标、制订教育计划、选择教育机制指导受教育者践行社会要求、检查总结等一系列制度建设的基本环节。这些因素和环节按一定的内在联系构成完整的教育过程体系。高校学生管理队伍建设中的各个因素都具有不稳定性，其组合是动态的组合，这就决定了整个教育过程体系必然呈现不断变化的态势。要想驾驭这样一个复杂的体系，就必须运用系统策略，从整体上对其实现动态的、层次性的把握。

2. 高校学生管理队伍建设是一个思想矛盾的运动过程

一方面，良好的思想政治品质的形成需要经过多个阶段的考验，是一个极其复杂的思想矛盾的运动过程，只有坚持系统管理，才能做好各个阶段的思想转化工作和各阶段之间的衔接工作。另一方面，人的思想认识具有个性差异，只有对高校学生实行系统管理，才能在承认个体性、差异性的前提下，为不同的教育对象创设先进性要求与广泛性要求相结合的教育条件和教育环境，使不同起点的人都能在原有基础上逐步提高，树立共同的理想信念和高尚的道德情操。

3. 高校学生管理队伍建设是一个内容和形式紧密联系的过程

高校学生教育管理包含着理论教育、政治教育、思想教育和道德教育等诸多内容。这些内容是一个有内在联系的整体，在实际教育过程中绝不能割裂开来。片面地、孤立地强调某一个或某几个内容，是不能起到好的教育效果的。如果对理论教育和政治教育不管不顾，单纯抓道德教育和思想教育，就会使整个教育缺乏动力和后劲；如果对道德教育和思想教育不闻不问，一味强调理论教育和政治教育，就会使整个教育缺乏目标和方向。因此，在高校学生管理中必须坚持联系性的观点和整体性的方法。

高校学生管理队伍建设的系统策略和针对策略是不可分割的有机统一体。在高校学生管理活动中，如果不能坚持系统性准则，就会缺乏大局观念，不能从宏观上把握整个教育活动，容易割断各个部分之间的联系，产生顾此失彼的现象，影响高校学生管理效果。然而，如果只强调宏观上的整体观念而不注重在微观上对具体问题的具体分析，则势必导致目标空泛抽象，目的性、针对性不强，产生"无的放矢"的现象，同样会影响高校学生管理效果。因此，高校学生管理队伍建设在采取系统策略的同时，还必须采取针对策略。坚持针对策略，就必须针对队伍建设的各个方面"有的放矢"地指导。

二、高校学生管理队伍建设的路径

在高校学生管理队伍的组成中，辅导员队伍和日常管理队伍是与学生接触最为频繁的。这两支队伍的建设应该成为高校学生管理队伍建设的重点。这两支队伍建设的路径可以采取以下几种形式：职业化建设路径、专业化建设路径、发展性建设路径、动态性建设路径。

（一）坚持职业化建设路径

实践证明，提高一类人员的素质，一条行之有效的路径就是实行职业化，对从业人员实行资格认定。例如，维护公民法律权利和法律尊严的律师，为企业理财聚财的会计人员，救死扶伤的医生，其素质的提高，无不归功于资格认定制度。因此，思想政治教育队伍要想有所作为，就必须走职业化之路。具体来说，职业化建设路径应从三个方面入手。

1. 树立高校学生管理队伍的职业形象

高校学生管理者的形象，不但直接影响高校学生管理这一职业，而且是高校学生管理队伍形象的重要组成部分。具有良好形象的高校学生管理者，既能使受教育者信服，具有强大的凝聚力，又能较容易地赢得社会各界的支持。一生获得7个荣誉博士学位，被认为是管理学界最有影响人物之一的美国管理学家巴纳德认为："一项命令是否具有权威，决定于命令的接受者，而不在于命令的发布者。"高校学生管理人员形象好坏的重要性，由此可见一斑。

2. 坚定高校学生管理队伍的职业理想

职业理想是指人们对未来工作部门和工作种类的向往，也是指人们对现行工作中想要达到的目标或者是实现的成绩。与职业认识、职业情感和道德意志相比，职业理想具有综合性、稳定性和持久性的特点，它在高校学生管理者的道德品质形成中居于主导地位，是道德认识转化为道德行为的重要力量。马克思主义认识论原理认为，职业理想是人的社会关系的"上层建筑"，职业理想是建立在人们对自身所处的政治经济环境的认识基础之上的，受自身的政治经济因素的影响，是个人思想政治素质中的高级层面。职业理想有高、中、低层次之分。在各个社会中，居于低层次的职业理想，往往把从事的职业视为维持自己和家庭生活的重要手段；居于中层次的职业理想，把职业主要当作发展自身的路径，是个人对自身开展个性化教育的手段；居于高层次的职业理想，是教育中的社会个性化部分，把自己的理想与社会实际相结合，立足本职工作，发挥自身工作对于社会的影响。

3. 培养高校学生管理队伍的职业技能

高校学生管理工作者必须学会多种本领，逐步提高自己的实际工作技能。高校学生管理者的职业技能主要包括三点。

（1）调查研究能力。高校学生管理者要有较强的调查研究能力，懂得社会调查原理和方法，重视实证研究，善于接触、观察、了解、分析教育对象和社会环境，做出正确的决断；要有较高的理论研究分析能力。调查研究是发挥马克思主义理论在高校学生管理工作中巨大作用的前提。我们党历来有调查研究的作风，毛泽东同志在延安整风运动中提出"没有调查，就没有发言权"的重要思想。在开展高校学生管理工作时，更要注意使用调查研究的方法。高校学生管理工作面对的是受各种思想影响的大学生群体，具有一定的辨别能力，用事实说话的方法也更加容易令其信服。

（2）思想宣传能力。这主要是指有较强的口头和文字表达能力，开会讲话能抓住要领，突出重点，富有鼓动性；做群众工作要热情、耐心、细致，能够理解人、关心人；写文章要深入浅出，联系实际，讲究逻辑，富有说服力。

（3）组织协调能力。高校学生管理工作是社会性的教育活动，它的教育对象同时又是以群体和个体形式出现的人，在高校学生管理过程中，既需要组织各种教育力量，以发挥教育合力的作用，又需要开展个别教育，深入细致地开展谈心活动，以取得良好的教育效果。

（二）坚持专业化建设路径

如果说高校学生管理者的职业建设路径侧重于外在的、表层的高校学生管理队伍建设，专业化建设路径就是重点定位在高校学生管理者内在的、深层的素质管理，具体来说有三个方面。

1. 构建符合高校学生管理工作要求的知识结构

管理学是一门综合性、实践性很强的应用性学科，从事高校学生管理工作的每一个教育者，都应该通过学习和锻炼，掌握丰富的知识，达到较高的水平。高校学生管理者必须具备合理的知识结构。

（1）具备高校学生管理工作要求的扎实的理论知识。扎实的高校学生管理专业知识，突出表现为具有扎实的马克思主义理论基础知识和良好的理论素养，具有高校学生管理的基本理论和工作业务方面的知识，包括党的思想政治教育的优良传统和基本经验，高校学生管理工作原理、方法论、学生管理教育发展历史的专门知识等。

（2）具备高校学生管理工作的相关学科知识。高校学生管理工作不仅承担着对大学生在校内的管理工作，还需要对大学生在校外的思想开展一定程度的指导，以方便其走上人生的大舞台。因此，高校学生管理者不仅要有扎实的专业理论知识功底，还要熟悉和了解与高校学生管理发生联系的一些辅助知识。例如，经济学、法学、历史学、美学、语言学、逻辑学、民族学、宗教学、文学，以及自然科学中的数学、统计学和现代科学技术知识、电脑操作知识等。这些相关科学知识，高校学生管理者懂得越多，对工作就越有利。

2. 培养符合高校学生管理工作要求的能力结构

高校学生管理者不仅要有广博精深的知识结构，还必须具备相应的工作能力。高校学生管理者的能力主要包括三点。

（1）思想预测决策能力。高校学生管理者要善于在调查研究的基础上，寻找事物内部、事物之间的内在联系，从中把握事物发展的客观规律。通过对客观事物现状的透彻观察和分析，正确估计和预测发展的趋势和结果，制订具有前瞻性的战略和策略，使自己的工作立于有利的地位。特别是在经济全球化、世界多极化的背景下，国际国内竞争日趋激烈、市场需求千变万化、发展机遇稍纵即逝的情况下，一个合格的高校学生管理者为了实行有效的管理，就必须具备很强的综合分析、预测预见能力。

（2）独立从事科学研究的能力。高校学生管理工作者应具有独立从事科学研究的能力。这是因为高校学生管理工作，是关于高校学生发展规律的科学，有其严密的逻辑结构和完整的科学体系。随着形势的变化与科技的进步，高校学生管理理论必然需要发展和创新，客观上需要从事高校学生管理工作的教职工具有较高的理论水平和较强的科研能力。

（3）运用现代化手段的能力。21世纪是知识经济的时代，随着科学技术日新月异的迅猛发展，促使人类实践活动的规模、范围空前扩大，社会的复杂程度也日益明显。以信息技术、微电子技术、通信技术、人工智能技术、生物技术、新材料技术、新能源技术和海洋开发技术等为标志的高技术群迅速发展，为高校学生管理工作进入崭新的时代奠定了科学的物质基础。

3. 建立符合高校学生管理工作者要求的评价机制

高校学生专业化管理的另一个体现是抓好专业职务和职称管理。通过专业职务、职称管理，让优秀的高校学生管理人员脱颖而出，受到表彰和奖励，及时调整不符合条件、表现不好的人员。建立职称制度，就是为了激励从事高校学生管理工作的教职工。高校学生管理工作一直存在着队伍不稳定，后备队伍匮乏的问题，职称制度就是解决这一问题的关键。而要做好这项工作，必须建立科学的考核标准。

（1）要坚持客观公平原则，全面准确、实事求是地反映高校学生管理工作者的状况，而且按照统一的标准，公平公正地做出对高校学生管理者的评价。

（2）要坚持民主公开原则，公开考核的内容和标准、方法和程序等，公开接受群众监督，而且通过征求意见、民主评议方式，让广大群众直接参与建立考核制度。

（3）要坚持注重实效原则，考核制度一旦制订，就要严格贯彻，反对任何形式主义的做法。

（4）要坚持依法考核原则，做到考核的公正，严禁任何形式的舞弊和弄虚作假。要把考核的结果和专业职务、职称评聘管理结合起来，作为对思想政治教育工作者奖惩、培训、辞退，以及调整职务、级别和工资的主要依据。

（三）坚持发展性建设路径

现代高校学生管理面对的是全球化、信息化、法治化及多元化的社会背景，尤其在社会转型时期的中国，社会生活发生了复杂而深刻的变化。经济成分和经济利益多样化、社会生活方式多样化、社会组织形式多样化、就业岗位和就业方式多样化日趋明显，出现了大量的、新的社会群体与社会组织，这种变化仍将持续下去，而且其方向是多样的。这将给高校学生管理带来大量新情况、新问题。因此，从事高校学生管理的教职员工要想在今后大有所为，就必须注重自身高校学生管理者素质的可持续发展。要做到学生管理工作以人为本，提升素质，增强本领，高校学生管理就必须做好两个方面的工作。

1. 加强高校学生管理队伍培训的规范化

高校学生管理队伍培训是指根据经济和社会发展的需要，按照职位的要求，通过各种形式，有组织地为提高高校学生管理者政治和业务素质而开展的培养、训练活动。在培训过程中，要力戒形式主义，要贯穿理论联系实际、学以致用、按需施教、讲求实效的原则。根据需要，建构完整的培训体系，制订科学的培训计划，精挑细选培训的内容，完善改良培训的形式，配备好教师和专家，做好培训后的追踪反馈和经验总结。培训一定要起到有效作用，切实增强高校学生管理者用理论指导工作的本领，观察形势的本领，用正确的价值观影响人们的思想和行为的本领，凝聚人心的本领，从群众中来、到群众中去的本领，善于调查研究总结经验的本领，抓落实求实效的本领，使高校学生管理者改变过去的中心意识，切实加强服务意识，在做具体工作时"给人喜欢，给人方便，给人信仰，给人希望"。

2. 加强高校学生管理队伍学习的主动性

未来的高校学生管理对象，将是一个智能化的群体，知识多、素质高、能力强，具有独立人格，具有现代意识，崇尚科学与理性，这就决定着高校学生管理的起点要高，高校学生管理者的素质要高。高校学生管理者要由单一型向复合型人才转变，要做技术业务管理的内行。这就要求高校学生管理者自身主动学习和思考，增强知识和素质，积极解决工作中面临的新问题和新情况。从事高校学生管理工作的教职员工要做到终身学习，切实做到活到老、学到老，跟上时代发展的步伐，培养时代需要的人才。

（四）坚持动态性建设路径

在新时期，我们要把竞争激励机制引入、贯穿于高校学生管理队伍建设的全过程，改变以往人事管理"能上不能下、能进不能出、干好干坏一个样"的局面，这对以往人事管理中领导职务实际存在的终身制和优秀人才难以脱颖而出等弊端是一次革命。因为只有高校学生管理队伍具有正常的新陈代谢机制，才能增强高校学生管理工作队伍的生机和活力。因此，必须保持高校学生管理队伍人员的正常流动，这既是优化队伍结构的需要，又是现代管理学主张的动态管理原则的要求。要做到动态性管理，应从三个方面入手。

1. 进一步优化高校学生管理队伍选聘机制

在当前发展社会主义市场经济的条件下，如何建立一个合格的流动制度，是增强队伍活力和生机，稳定和优化队伍的重要措施。要努力做到专职骨干队伍相对稳定，使其深入开展理论研究，积累经验，从而有效提高队伍的整体素质和工作水平。同时，要淘汰那些不适合从事高校学生管理工作的人员，健全优胜劣汰、良性竞争、动态管理机制，提升高校学生管理队伍人员的整体水平。

在这里，招聘优秀人员是提高队伍素质的重要一环。只有确保高素质的人才进入高校学生管理的队伍，才能在进一步培训的基础上构建一流的高校学生管理者队伍。选拔的目的是要建设好一支专兼结合、功能互补、信仰坚定、业务精湛的学生管理队伍。因此，开展好选拔工作是建设队伍的前提和基础，严格把好这一关，是高校学生管理队伍建设和管理的关键。在选拔的过程中，要切实坚持公开、平等、竞争、全面、择优原则，通过广揽人才，选贤任能，选拔出一流的学生管理工作者。

2. 大胆培育任用高校学生管理优秀人才

人才培训在高校学生管理队伍培养过程中是一项系统工程。确立培养目标和计划，根据目标推进状况适时调整和完善培养计划，并根据计划的执行情况定期回顾和总结，以切实做到高校学生管理人才培养的科学性。高校学生管理人才的培养应通过脱产学习、在职培训、挂职锻炼、组织参观访问等多路径、多渠道开展，以全面提高自身素质。

高校学生管理队伍要发展壮大，除了鼓励队伍骨干人员安心工作外，还应制订倾斜政策，吸引更多的优秀人才加入这支队伍，要按照革命化、知识化、专业化、年轻化的标准，注重从中青年中选拔优秀人才，配备到领导班子和各部门中去。对工作中表现突出、有显著成绩和贡献或有其他突出事迹的高校学生管理工作者要给予各项奖励；对在工作中取得突出成绩的优秀人员要大胆提拔使用，及时安排到领导岗位上去，以便发挥更大的作用。

3. 进一步扩大高校专兼职学生管理队伍交流

目前，我国高校学生管理队伍由两部分人员组成，一是专职人员，二是兼职人员。其中，专职人员是核心和骨干，在教育活动中起主导作用。兼职人员是指既担负着其他业务工作，又担负着高校学生管理任务的人员。尽管他们不是用全部精力和时间从事学生管理工作，却是这支队伍中一支重要的力量。做好兼职人员与专职人员的交流，既有利于调动更多的人来关心和参与群众性很强的学生管理活动,又有利于学生管理与业务工作相结合。过去长时间的实践证明,兼职人员在高校学生管理工作中发挥着专职人员不可替代的特殊作用。

因此,要扩大高校学生管理队伍的覆盖面和影响力,就必须坚持兼职与专职人员广泛交流的方式,不遗余力地把高校学生管理这项社会性很强的实践活动不断推向深入。

参考文献

[1] 奉中华，张巍，仲心. 大学生教育管理的创新与实践研究 [M]. 长春：吉林人民出版社，2021.

[2] 谢学. 高校大学生管理工作与传统文化融入 [M]. 北京：北京工业大学出版社，2023.

[3] 刘青春. 信息时代高校学生管理模式的转变及创新 [M]. 沈阳：辽宁大学出版社，2021.

[4] 杨道，林怡冰. 高校学生管理工作的行与思 [M]. 天津：天津科学技术出版社，2022.

[5] 刘苗，赵其勉，杨蓓. 大数据时代高校学生教育管理工作的创新研究 [M]. 长春：吉林出版集团股份有限公司，2022.

[6] 石月皎. 高校学生管理的法治化建设研究 [M]. 北京：北京工业大学出版社，2021.

[7] 甘雪梅，宗宝璟，王佳旭. 高校大学生管理研究 [M]. 长春：吉林出版集团股份有限公司，2022.

[8] 杨潇. 高校学生管理工作与法治化研究 [M]. 北京：北京工业大学出版社，2021.

[9] 赵威. 基于应用型人才培养的高校学生管理创新模式研究 [M]. 长春：吉林出版集团股份有限公司，2021.

[10] 吴文静. 高校学生管理与模式创新研究 [M]. 北京：北京工业大学出版社，2023.

[11] 李晓雯. 高校教育管理的理论探索与探究 [M]. 长春：吉林人民出版社，2021.

[12] 洪剑锋，屈先蓉，杨芳. 互联网时代下高校教育管理与评价创新 [M]. 延吉：延边大学出版社，2021.

[13] 王炳堃. 高校大学生管理教育与校园文化建设 [M]. 长春：吉林出版集团股份有限公司，2021.

[14] 李晓敏，栗晓亮. 大学生心理健康调适及其教育管理研究 [M]. 北京：中国纺织出版社，2022.

[15] 聂娟. 高校学生管理的艺术 [M]. 长春：吉林出版集团股份有限公司，2022.

[16] 李玲. 高校学生管理工作创新研究 [M]. 长春：吉林人民出版社，2020.

[17] 宋丽萍. 新媒体环境下高校学生教育管理工作创新研究 [M]. 长春：吉林大学出版社，

2020.

[18] 姚丹，孙洪波. 高校教育信息化管理与学生管理工作 [M]. 北京：中国纺织出版社，2021.

[19] 刘思延. 高校教育教学管理实践与创新发展 [M]. 哈尔滨：哈尔滨出版社，2021.

[20] 李志，陈培峰. 大学生创新素质培养与训练 [M]. 重庆：重庆大学出版社，2022.

[21] 丰娴静. 新时代高校学生管理中思想政治教育理论与实践研究 [M]. 长春：吉林大学出版社，2023.

[22] 戴月舟. 新时代高校教育管理与创新研究 [M]. 汕头：汕头大学出版社，2022.

[23] 刘萍萍，何莹. 现代高校教育教学管理现状与创新发展 [M]. 北京：中国原子能出版社，2021.